LIDANDO COM GRANDES EMOÇÕES

LIZ FOSSLIEN +
MOLLIE WEST DUFFY
Autoras de Sem Neura

LIDANDO COM GRANDES EMOÇÕES

Como Ficar Bem Quando as Coisas Não Estão Bem

ALTA BOOKS
GRUPO EDITORIAL
Rio de Janeiro, 2023

Lidando com Grandes Emoções

ISBN: 978-85-5081-750-7

Impresso no Brasil — 1ª Edição, 2023 — Edição revisada conforme o Acordo Ortográfico da Língua Portuguesa de 2009.

Dados Internacionais de Catalogação na Publicação (CIP) de acordo com ISBD

F752l Fosslien, Liz

Lidando com grandes emoções: como ficar bem quando as coisas não estão bem / Liz Fosslien, Mollie West Duffy ; traduzido por Vivian Sbravatti ; ilustrado por Liz Fosslien. - Rio de Janeiro : Alta Books, 2023.
288 p. : il. ; 15,7cm x 23cm.

Tradução de: Big Feelings
Inclui índice.
ISBN: 978-85-5081-750-7

1. Psicologia. 2. Emoções. 3. Sentimentos. 4. Negativismo. I. Duffy, Mollie West. II. Sbravatti, Vivian. III. Título.

2022-2656 CDD 152.4
CDU 159.942

Elaborado por Odilio Hilario Moreira Junior - CRB-8/9949

Índice para catálogo sistemático:
1. Psicologia: Emoções e sentimentos 152.4
2. Psicologia: Emoções e sentimentos 159.942

Produção Editorial
Grupo Editorial Alta Books

Diretor Editorial
Anderson Vieira
anderson.vieira@altabooks.com.br

Editor
José Ruggeri
j.ruggeri@altabooks.com.br

Gerência Comercial
Claudio Lima
claudio@altabooks.com.br

Gerência Marketing
Andréa Guatiello
andrea@altabooks.com.br

Coordenação Comercial
Thiago Biaggi

Coordenação de Eventos
Viviane Paiva
comercial@altabooks.com.br

Coordenação ADM/Finc.
Solange Souza

Coordenação Logística
Waldir Rodrigues

Gestão de Pessoas
Jairo Araújo

Direitos Autorais
Raquel Porto
rights@altabooks.com.br

Assistente Editorial
Gabriela Paiva

Produtores Editoriais
Illysabelle Trajano
Maria de Lourdes Borges
Paulo Gomes
Thales Silva
Thiê Alves

Equipe Comercial
Adenir Gomes
Ana Carolina Marinho
Ana Claudia Lima
Daiana Costa
Everson Sete
Kaique Luiz
Luana Santos
Maira Conceição
Natasha Sales

Equipe Editorial
Ana Clara Tambasco
Andreza Moraes
Arthur Candreva
Beatriz de Assis
Beatriz Frohe
Betânia Santos
Brenda Rodrigues
Caroline David
Erick Brandão
Elton Manhães
Fernanda Teixeira
Henrique Waldez
Karolayne Alves
Kelry Oliveira
Lorrahn Candido
Luana Maura
Marcelli Ferreira
Mariana Portugal
Matheus Mello
Milena Soares
Patricia Silvestre
Viviane Corrêa
Yasmin Sayonara

Marketing Editorial
Amanda Mucci
Guilherme Nunes
Livia Carvalho
Pedro Guimarães
Thiago Brito

Atuaram na edição desta obra:

Tradução
Vivian Sbravatti

Copidesque
Alessandro Thomé

Diagramação
Lucia Quaresma

Revisão Gramatical
Helen Suzuki
Thamiris Leiroza

Editora **afiliada à:**

ASSOCIADO

ALTA BOOKS
GRUPO EDITORIAL

Rua Viúva Cláudio, 291 — Bairro Industrial do Jacaré
CEP: 20.970-031 — Rio de Janeiro (RJ)
Tels.: (21) 3278-8069 / 3278-8419
www.altabooks.com.br — altabooks@altabooks.com.br
Ouvidoria: ouvidoria@altabooks.com.br

Aos nossos leitores, que compartilharam suas grandes emoções conosco.

SUMÁRIO

Introdução

Este livro quase não foi escrito.

Vendemos a ideia para este livro inicialmente em janeiro de 2020. Nosso primeiro livro, *Sem Neura: O Segredo para Lidar com as Emoções no Trabalho*, havia sido publicado em fevereiro de 2019, mas, nos meses subsequentes, nos pegamos lidando com emoções muito difíceis tanto no trabalho quanto na vida.

O sogro de Liz estava perdendo a batalha que lutava havia dez anos contra um câncer recorrente, e ela tinha acabado de aceitar um novo cargo mais estressante na empresa dela. Mollie havia se mudado para o outro lado do país e estava se sentindo isolada por ser a única pessoa da equipe trabalhando remotamente (antes da Covid-19). Nós duas estávamos enfrentando questões de saúde: Liz sentia dores tão severas no pulso e no pescoço, que tinha medo de ter que abandonar sua carreira por ficar tanto tempo em frente ao computador, e Mollie sofria com uma dor crônica que a levava a uma profunda depressão e, às vezes, a ideações suicidas.

Ainda assim, quem éramos nós para estarmos deprimidas ou ansiosas? Tínhamos convênio médico, havíamos acabado de publicar juntas um livro best-seller e estávamos em relacionamentos estáveis. Éramos pessoas de muita sorte. Então, fizemos tudo o que estava ao nosso alcance para sair do buraco. Contando com os seis anos que passamos pesquisando sobre as emoções e como elas impactam nossa vida, tentamos lidar com a situação à nossa maneira.

Mas, ainda assim, nos sentíamos consumidas pelas emoções. Às vezes parecia que nossos esforços eram um tiro pela culatra. A ansiedade de Liz atingia o pico nos sábados, sem os dispositivos de comunicação. Ela só pensava nos e-mails importantes que estava perdendo e em como sua caixa de entrada estaria lotada quando a verificasse de novo. E quando Mollie viu os detalhes de sua dor crônica escritos em um diário, sentiu-se ainda mais desesperançosa.

Sabíamos que não éramos as únicas a sofrer e queríamos descobrir o que havia dado certo para outras pessoas, então tivemos a ideia de escrever um livro sobre como lidar com as emoções difíceis. Grandes emoções.

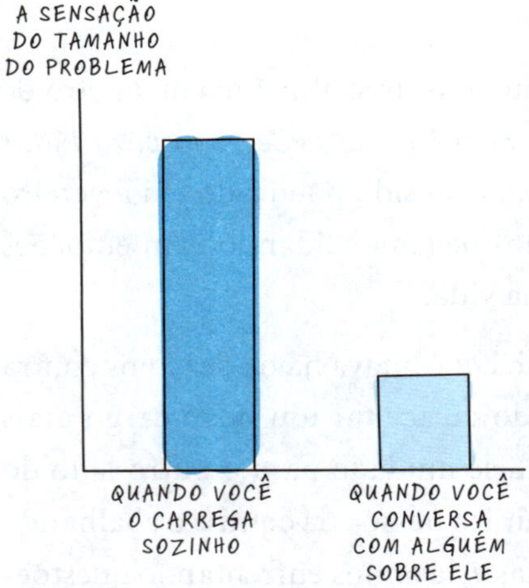

Quando contamos nossa ideia para nossos editores, eles ficaram céticos. "Para quem seria esse livro?", perguntou o editor. "E eles querem falar sobre emoções difíceis?" Então veio a pandemia, e ficou claro que muitas pessoas estavam enfrentando grandes emoções — e buscando não só alívio, mas reconhecimento. Em junho de 2020, nosso editor nos telefonou: "Vocês se lembram da ideia de um livro sobre emoções difíceis? Bem, esqueçam o que falamos. Estamos dentro!"

Enquanto a pandemia se desenrolava, nós continuamos fazendo o que estávamos fazendo: liderando workshops corporativos sobre emoções no trabalho (agora virtualmente). Notamos que os participantes estavam fazendo perguntas diferentes: em vez de procurar conselhos sobre como ter uma reunião cara a cara com seus gerentes, as pessoas queriam saber o que fazer agora que a vida havia virado de pernas para o ar. Depois de uma sessão, uma mulher nos enviou um e-mail: "Metade do meu time foi dispensada semana passada. Sinto uma profunda culpa do sobrevivente. Agora também estou fazendo o trabalho de três pessoas. Acordo pela manhã já me sentindo exausta. O que posso fazer para me sentir melhor?"

Todo mundo estava apavorado, por si mesmo e por seus entes queridos. As pessoas nos perguntavam sobre maneiras de lidar com uma mistura de perda, raiva e burnout que doía tanto, que era difícil de processar. Elas queriam conselhos sobre como lidar com a situação quando sua existência diária havia sido transformada por grandes emoções. De repente, todo mundo estava falando sobre esses sentimentos difíceis, em casa e no trabalho (que, para muitas pessoas, tinha se tornado o mesmo lugar).

A culpa e os segredos com relação a emoções difíceis certamente diminuíram nas últimas décadas, mas esses estigmas ainda são uma força importante na cultura moderna. Grandes emoções não podem ser eliminadas; elas sempre estarão presentes, apesar de nossas melhores intenções de dissipá-las. Parte de estar "bem" é aprender a viver com essas emoções, em vez de tentar se livrar delas. Outra parte é reconhecê-las em voz alta, pois o silêncio as torna muito piores.

Honestamente, escrevemos este livro para nos convencer de que ficaríamos bem. Queríamos falar abertamente sobre nossas dificuldades na esperança de que outras pessoas fariam o mesmo, e assim talvez pudéssemos aprender uns com os outros. Estamos aqui para dizer que você não está sozinho e também para ajudá-lo a entender como lidar com suas grandes emoções. Queríamos muito que lidar com emoções desconfortáveis fosse tão fácil quanto ler uma lista de palavras de afirmação ou agendar uma caminhada com um amigo. Este livro seria curto e simples. Mas o processo será mais complicado e confuso, e nós mesmas às vezes choramos enquanto o escrevíamos. Não faz mal! Isso. Respire fundo. Vamos nessa.

• • •

Este livro é sobre o que nós chamamos de *grandes emoções*: incerteza, comparação, raiva, burnout, perfeccionismo, desespero e arrependimento. Essas sete emoções apareceram várias e várias vezes em nossas conversas com outras pessoas e são especialmente salientes no mundo moderno. Também falaremos sobre o luto e a culpa, mas sem tanta profundidade, pois já há excelentes livros que tratam desses assuntos (veja "Recursos sobre o luto" e "Recursos sobre a vergonha e a culpa" nas páginas 245–247).

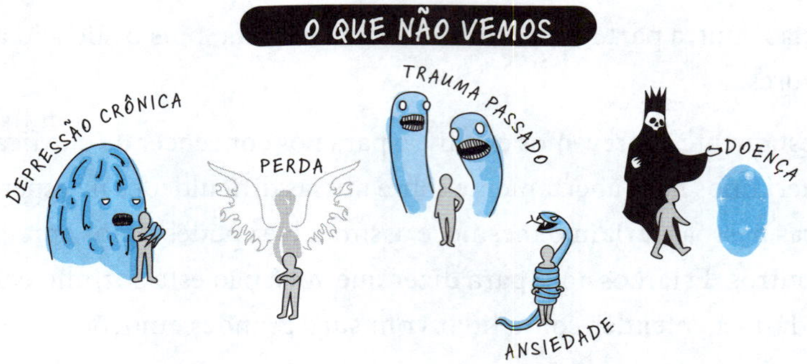

Começamos entrevistando psicólogos, terapeutas e acadêmicos sobre como lidar com emoções difíceis. Além disso, falamos com centenas de pessoas que leram nosso primeiro livro ou que nos seguiam nas redes sociais. Ficamos impressionadas com a variedade de respostas e com o fato de que, mesmo nas diferenças demográficas, como conhecimento cultural, raça, gênero e sexualidade, parecia que todo mundo falava uma versão da mesma coisa: no mundo atual, nos deparamos com emoções difíceis o tempo todo. E quando isso acontece, nos sentimos paralisados, envergonhados e isolados. Nunca aprendemos a reconhecer sentimentos desagradáveis, que dirá entendê-los efetivamente e dominá-los.

Então, antes de mergulhar em grandes emoções específicas, queremos romper três mitos universais e prejudiciais sobre elas.

O primeiro: grandes emoções são "negativas". Desde criança, a maioria de nós aprende que se sentir mal é ruim. No primeiro semestre de 2021, como parte de nossa pesquisa para este livro, convidamos leitores para responder a uma pesquisa sobre suas experiências emocionais. Mais de 1.500 pessoas responderam, e 97% disseram que ouviram as grandes emoções sendo descritas como "ruins" ou "negativas".

Apesar de grandes emoções serem desconfortáveis — às vezes podem até ser insuportáveis —, elas não são inerentemente positivas ou negativas. Quando nos dedicamos a entendê-las, grandes emoções como raiva e arrependimento podem ser de grande valia para nós. A raiva pode nos levar a defender o que importa, e o arrependimento pode nos oferecer ideias de como viver uma vida com mais significado.

PASSOS EM DIREÇÃO À CURA

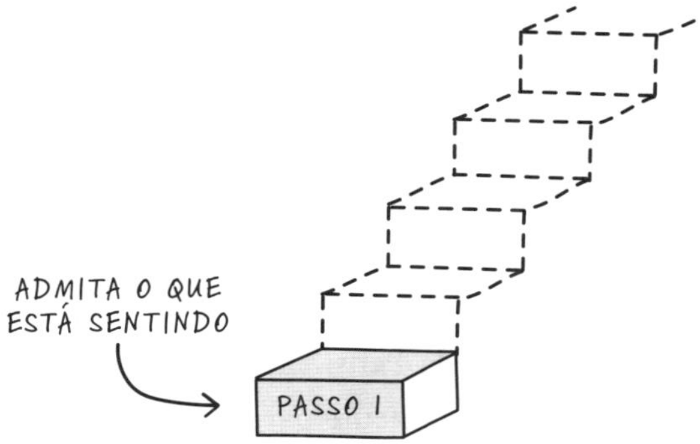

Quando mudamos a forma de nos relacionar com as grandes emoções, eliminamos um pouco de seu poder destrutivo. Pesquisas mostram que, quando reconhecemos e aceitamos o que sentimos em momentos desafiadores, começamos a nos sentir melhor. Como diz uma manchete do *Washington Post*, "se sentir mal por estar se sentindo mal pode te deixar muito, muito mal".[1]

O segundo: você deve ser forte o bastante para parar de sentir essas emoções difíceis. Quantas vezes alguém já lhe disse "Pense positivo" ou "Se anima"? "Há um quê ideológico nesse foco no esforço individual e na negação de que as circunstâncias são importantes para a felicidade", escreve a jornalista Ruth Whippman em seu livro *America the Anxious* [sem publicação no Brasil].[2] "E talvez essa tendência filosófica não seja surpreendente, dada a natureza altamente conservadora dos principais financiadores do movimento acadêmico da psicologia positiva."

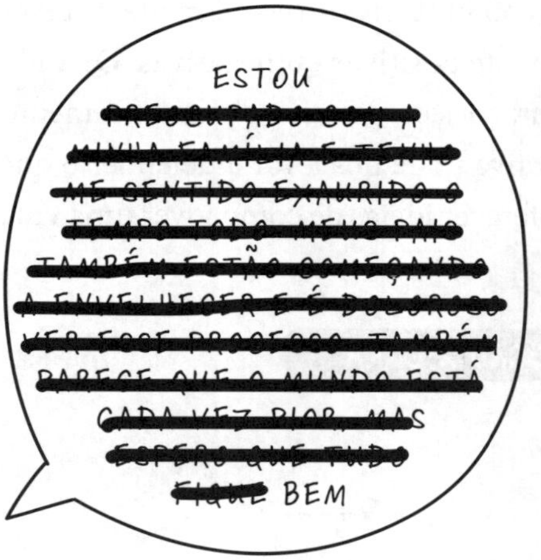

Pensar diferente não garante que você se sentirá diferente. A vida é difícil. Se vivermos o bastante, veremos morrer algumas pessoas que amamos. Sofreremos dor física e teremos que suportar situações extremamente desafiadoras. Nesses casos, pode ser que você se despedace um pouco, ou tenha que viver uma situação nada saudável, ou procure ajuda profissional. Tudo isso é normal.

Também é impossível falar sobre grandes emoções sem reconhecer que as forças estruturais são importantes. Muito importantes. Se você trabalha em um ambiente sexista ou racista, sua saúde mental sofrerá. Se seu chefe constantemente lhe pede que faça mais e você não pode pedir demissão, é muito provável que sofra um burnout. O psicólogo James Coyne, da Universidade da Pensilvânia, vai mais direto ao ponto: "A psicologia positiva serve principalmente para pessoas brancas e ricas."[3]

E o terceiro: seus sentimentos são mais intensos e voláteis do que os da maioria das outras pessoas. Em nossa pesquisa de 2021, 99% das pessoas compartilharam que tiveram dificuldade com uma grande emoção no mês anterior, o mais comum sendo incerteza, burnout e perfeccionismo. Os motivos variaram de "Agenda apertada e muito trabalho" e "Desejando o salário das pessoas do Glassdoor" a "Constantemente fazendo coisas" e "Outras pessoas dependem de mim".

Quando guardamos tudo o que estamos sentindo, sofremos em silêncio — e perdemos a chance de nos conectar com outras pessoas e permitir que elas nos deem apoio. Nós (Liz e Mollie) somos encorajadas a ver que isso está mudando aos poucos: nos últimos anos, celebridades como o rapper Bad Bunny e a jogadora de tênis Naomi Osaka falaram abertamente sobre suas lutas contra a ansiedade e a depressão, e empresas como o LinkedIn e a Bumble deram a toda sua força de trabalho folgas remuneradas para ajudar a combater o burnout. No começo de 2020, a pandemia forçou conversas sobre saúde mental que encorajamos a todos que continuem.

• • •

Até agora, nós (assim esperamos) o convencemos de que não há problema em ter grandes emoções. Não vamos ser condescendentes e dizer: "Faça uma pose e respire fundo quatro vezes. Isso deve resolver tudo!" Em vez disso, apresentaremos a você uma série de estratégias com a intenção de ajudá-lo a reobter um senso de controle e esperança quando você mais precisar.

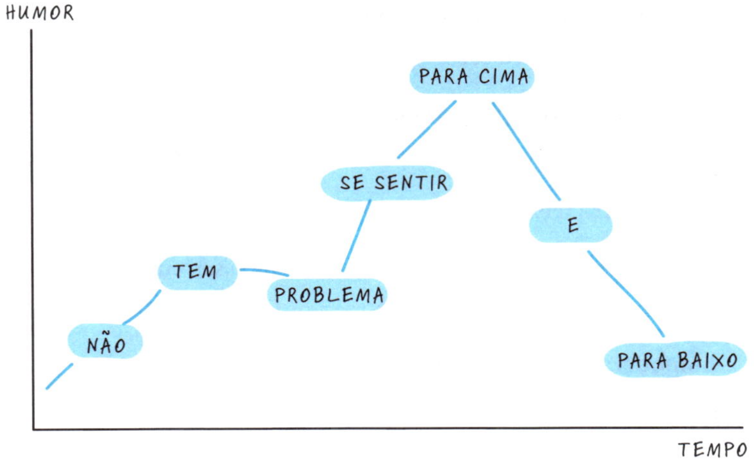

Fazemos distinção entre as sete grandes emoções, apesar de elas geralmente não aparecerem isoladas, porque é útil saber como lidar com cada uma delas. Dessa forma, quando você se pegar inundado em emoções, saberá melhor de qual ferramenta de sua caixa de ferramentas emocional você precisa. Os psicólogos chamam o ato de especificar o que você está sentindo de *granularidade emocional*, e é o primeiro passo para lidar com grandes emoções. Um grande corpo de pesquisa mostra que a habilidade de identificar precisamente o que estamos sentindo melhora nosso bem-estar, nossa saúde física e nossa satisfação de vida.

Então aí vão nossas promessas para você. Este livro fará o seguinte:

- **Analisará cuidadosamente as sete grandes emoções do mundo moderno**: incerteza, comparação, raiva, burnout, perfeccionismo, desespero e arrependimento.
- **Dará as ferramentas de que você precisa para lidar melhor com essas emoções**, aprender com elas e começar o processo de recuperação.
- **Jogará fora a ideia de uma solução só que cura tudo**. Em vez disso, ofereceremos uma variedade de conselhos, para que você possa descobrir o que funciona no seu caso.
- **Detalhará nossas próprias experiências e compartilhará histórias** de muitas pessoas para normalizar as grandes emoções.
- **Não tornará trivial o impacto das forças estruturais.**
- **Ajudará você a entender a que propósitos essas emoções servem** e a comunicar efetivamente seus sentimentos para outras pessoas.
- **Empoderará você para oferecer suporte** para alguém em sua vida que possa estar vivenciando uma grande emoção.

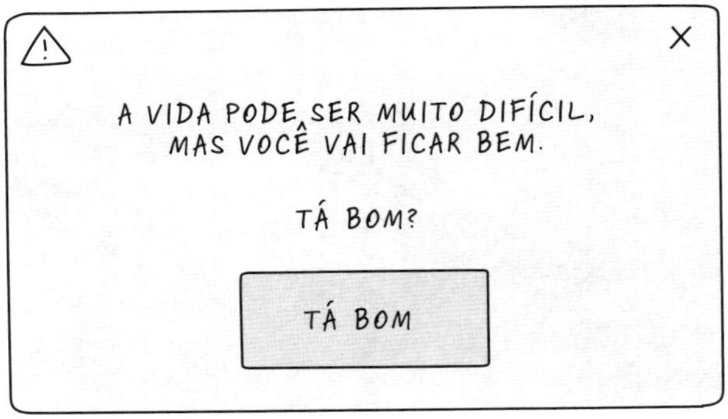

O objetivo deste livro é ser amplamente útil sem tentar disfarçar como nossas emoções são impactadas por nossos papéis e por nossas identidades na sociedade. Apesar de nós (Liz e Mollie) termos diferentes emoções e tendências emocionais, somos duas mulheres brancas norte-americanas com cerca de trinta anos que, com certeza, têm pontos cegos. Nós contamos nossas experiências e as de uma gama bem abrangente de nossos leitores para representar o máximo de experiências possíveis e mostrar que elementos de grandes emoções são muito mais comuns do que pensávamos.

Esperamos que você encontre dicas e histórias que ressoem com você e que isso faça com que vivenciar grandes emoções seja menos solitário. "Há dois tipos de pessoas que não vivenciam emoções dolorosas como a ansiedade e a decepção, tristeza ou inveja", escreve o psicólogo Tal Ben-Shahar. "Os psicopatas e os mortos."[4]

CAPÍTULO 1

Incerteza

Tudo está ótimo, e eu estou bem.

Tudo está uma m*rda, e eu estou bem.

Jerry Colonna

LIZ: *A primeira dor de cabeça parecia uma britadeira, e eu fui aos tropeços para o banheiro, com tontura e engasgando.*

Uma semana depois, a segunda me enviou para o pronto-socorro. Depois de uma bateria de exames de sangue e tomografias, os médicos descartaram uma lista de problemas fatais — embolia pulmonar, aneurisma cerebral, tumor — e me categorizaram como um mistério médico.

A busca por um diagnóstico é excruciante. "Não se preocupe até ter com o que se preocupar", um colega de trabalho me falou. Mas eu me preocupava o tempo todo. Eu oscilava entre imaginar o pior resultado possível e me sentir uma dramática. Eu ia morrer? Ou não era nada?

Essa foi a minha vida durante meses. Ficava me consultando com neurologistas, otorrinolaringologistas e oftalmologistas. Um neurologista deu 36 injeções de botox na minha cabeça, ombros e costas para evitar que os neurotransmissores enviassem sinais de dor para o meu cérebro. Um oftalmologista pensou que os músculos ao redor dos meus olhos pudessem estar inflamados e prescreveu esteroides, que deram picos de pressão sanguínea e fizeram minhas bochechas ficarem rosa-escuro.

Então um interno sugeriu que eu tinha um caso atípico de enxaqueca e me deu uma alta dosagem de Topamax, um remédio anticonvulsivo. O tilintar no meu crânio finalmente se aquietou, mas os efeitos colaterais que surgiram me deixaram desorientada. Minhas emoções explodiram. Certa tarde, estava no metrô de Chicago e tive um dos piores ataques de pânico que já vivenciei. Eu me agarrei a um balaústre do teto e, quando as portas se abriram, fui me arrastando para a plataforma da estação Merchandise Mart, colocando um pé na frente do outro, até que finalmente cheguei ao meu apartamento. Passei o resto do dia na cama, tremendo e envergonhada.

Na manhã seguinte, joguei todos os comprimidos na privada. Não ia mais tomar o Topamax.

Eu não sabia que parar de tomar uma medicação de repente pode ser uma ameaça à vida.

Às 4h da tarde do dia seguinte, tive uma taquicardia. Consegui chegar à entrada do meu prédio antes de perder a consciência. Quando voltei, estava amarrada a uma maca dentro de uma ambulância. Vi o rosto de uma enfermeira na minha frente, que disse que meus pais estavam a caminho.

"Vou morrer?" Senti um pânico quando uma pontada no meu pescoço fez com que minha visão escurecesse novamente.

A enfermeira olhou para as linhas irregulares do monitor: "Eu não sei."

"Não quero morrer antes que minha mãe chegue", tentei falar para ela, mas não conseguia mais mexer a boca. Então tudo ficou preto.

• • •

"Este é um período de extrema incerteza, de uma magnitude muito maior do que a que estamos acostumados", disse Adam Tooze, historiador da Columbia University, em abril de 2020.[1] Naquele outubro, uma manchete do *New York Times* anunciou: "Acordado às 3h da manhã? Também estamos."[2] Naquele mesmo ano, os artigos mais populares da *Harvard Business Review* eram sobre como lidar com épocas turbulentas e passar pelo luto da perda de um futuro garantido.

Como somos millennials — "a nova geração perdida", de acordo com o *Atlantic*[3] —, nós (Liz e Mollie) passamos por três recessões econômicas importantes, ficamos de quarentena por mais de um ano durante uma pandemia e uma temporada de incêndios florestais devastadores na Califórnia e vimos a aposentadoria (para não mencionar as pensões) se tornar uma relíquia. Nós consideramos que estamos entre os mais privilegiados, e ainda assim nos sentimos dominadas pela incerteza.

Psicólogos que estudam o estresse identificaram três principais fatores que fazem com que nos sintamos terríveis: falta de controle, imprevisibilidade e a percepção de que as coisas estão piorando.[4] Em outras palavras: incerteza.

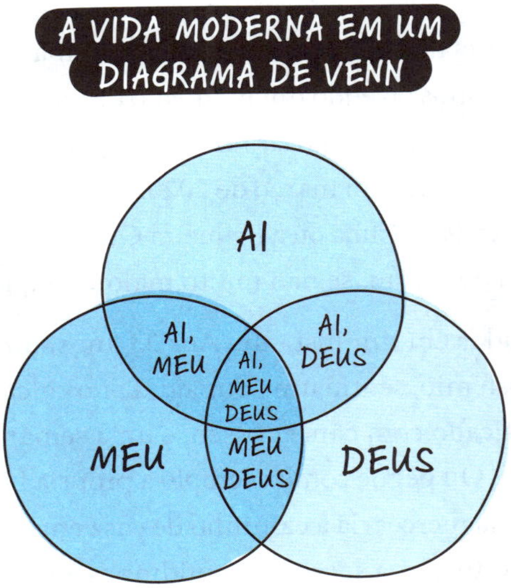

Neste capítulo, desconstruiremos a incerteza e a emoção central: ansiedade.[5] Para esclarecer as definições antes de continuar:

- **Ansiedade** é uma inquietação generalizada por causa de um resultado incerto. Nós nos sentimos ansiosos quando não temos certeza de como as forças maiores interferirão em nossa vida.
- **Medo** é quando acreditamos que alguma coisa específica acontecerá (como se embananar nas palavras em uma apresentação importante ou uma pessoa que você ama morrer).

Começaremos abordando os três mitos comuns sobre a incerteza e a ansiedade que ela causa e, então, apresentaremos algumas maneiras de fincar o pé no chão quando o mundo está se movendo embaixo de você.

MITOS SOBRE A INCERTEZA

Mito nº1: É possível ter certeza

Enquanto nos abrigamos durante as primeiras semanas da pandemia, sentimos que estávamos vivendo um momento de incerteza sem precedentes. (Não estávamos sozinhas: as pesquisas no Google para "sem precedentes" teve picos, bem, sem precedentes em março de 2020.[6]) Mas o nível de incerteza durante a Crise dos Mísseis de Cuba ou a Primeira Guerra Mundial ou até mesmo a peste bubônica foi o mesmo, se não muito maior, do que o de hoje em dia.

A vida pode mudar em um instante. Aos 33 anos, um amigo de Liz, que ama CrossFit e é abstêmio, sentiu uma dor aguda no calcanhar. Três semanas depois, foi diagnosticado com câncer ósseo, e uma semana depois, sua perna direita foi amputada. Ou pegue como exemplo a própria Liz, que decidiu comprar um doce em uma mercearia a caminho de casa em um dia especialmente exaustivo. Enquanto fuçava a seção de comidinhas, encontrou um amigo de um amigo que havia conhecido anos antes. Ele sugeriu que fossem tomar um café qualquer hora. Cinco anos depois, ela se casou com ele.

Tendemos a confiar muito na nossa habilidade de prever o futuro. Cientistas do comportamento já provaram que ficamos muito otimistas com relação às coisas que queremos que aconteçam, notamos mudanças imediatas, mas tendemos a ignorar mudanças de longo prazo e superestimamos a importância de novas informações que casam com nossas crenças. Se você *realmente* quer viajar a Paris, provavelmente verá os preços dos voos diminuindo como um sinal, mas dará de ombros e ignorará se a estadia do hotel de repente ficar mais cara. O histórico de analistas "especialistas" (pense em economistas e meteorologistas) é tão desanimador, que alguns dizem que ser especialista em alguma coisa te torna pior em prever o futuro do que se você fosse generalista.[7]

Os ensinamentos antigos do budismo estão centrados nesse problema fundamental. "Podemos tentar controlar o incontrolável ao buscar segurança e habilidade de previsão", escreve a professora budista Pema Chödrön, "sempre esperando estar confortáveis e seguros. Mas a verdade é que nunca podemos evitar a incerteza, o não saber faz parte da aventura".[8] Precisamente o que nos deixa ansiosos.

Mito nº2: A ansiedade reflete os riscos com precisão

Com frequência há um desencontro entre o quanto nos *sentimos* estressados com a possibilidade de alguma coisa acontecer e a probabilidade de que essa coisa de fato aconteça. Em um experimento,[9] pesquisadores falaram para um grupo de pessoas que elas tinham 99% de chance de receber um choque elétrico doloroso (mas seguro), e disseram para o outro grupo que tinham 1% de chance. Surpreendentemente, os dois grupos estavam dispostos a pagar a mesma quantia para evitar o choque. Em outras palavras, a *probabilidade* de se machucar não afetou a *ansiedade* das pessoas quanto a se machucar — ou o que fariam para evitar esse cenário.

Quanto mais incerteza enfrentamos, pior nos sentimos. Quando o nível de risco de uma decisão é desconhecido, a atividade cerebral sofre um pico na área que processa as emoções.[10] Pesquisas até mostram que preferimos ter certeza absoluta de que alguma coisa acontecerá a lidar com a ambiguidade.[11] Cientistas descobriram que as pessoas que tinham 50% de chance de receber um choque elétrico ficavam *três vezes* mais estressadas do que as pessoas que tinham 90% de chance de receber o choque.[12] (Parece que temos 100% de certeza de que pesquisadores da incerteza amam dar choques elétricos.)

Se sabemos o que acontecerá de ruim, podemos nos planejar para isso. Mas quando não sabemos o que acontecerá, entramos em parafuso. "Eu já sabia há muito tempo que eu tinha que me demitir", contou-nos nossa leitora Carmen depois de finalmente pedir demissão de um emprego que a deixava infeliz. "Mas eu estava tão ansiosa por ter que descobrir quais seriam meus próximos passos, que escolhi a infelicidade, em vez da incerteza, por *quatro* anos."

Então, embora seja normal a gente se apavorar diante da incerteza, sua reação emocional pode ser desproporcional à realidade. Não saber é a pior coisa. Mas pode ser útil dizer a si mesmo: "O fato de eu estar preocupado com o futuro não garante que o futuro será ruim." Perto do dia de seu casamento, a leitora Marcie teve dificuldade para dormir. "Não lido bem com mudanças e fico muito nervosa antes de qualquer evento grandioso", ela nos contou. Mas Marcie, que agora está casada e contente há 25 anos, percebeu que "minha insônia não se tratava de eu duvidar do meu relacionamento".

Mito nº3: Você só precisa ser mais resiliente

Nos últimos anos, "resiliência" aparece em todo lugar como a resposta para tudo. Está tendo dificuldade por causa de um ambiente tóxico? Seja resiliente. Está tendo dificuldades para educar seus filhos em casa enquanto trabalha 55 horas semanais durante uma pandemia mundial? Tente ser mais resiliente.

A resiliência, ou a habilidade de suportar adversidades e dar a volta por cima depois de eventos difíceis, *é* útil, mas costuma ser apresentada de uma maneira que ignora problemas sistêmicos e encoraja indivíduos a sorrir e suportar o que quer que apareça na frente deles. Em um artigo intitulado "Sorria! Você

Tem Câncer", a autora Barbara Ehrenreich escreve: "Não há nenhum tipo de problema ou obstáculo para os quais o pensamento ou atitude positivos não foram propostos como uma cura."[13]

Ouvir que você precisa ver o lado positivo quando está sofrendo pode ser frustrante quando vem de um amigo, familiar ou conhecido, mas é especialmente revoltante quando instituições e a sociedade como um todo usam a resiliência como uma forma de se afastar da responsabilidade de proteger o bem-estar mental das pessoas. Em 2020, em meio às preocupações com relação à economia, suas famílias e sua saúde, as pessoas tiveram duas vezes mais chances de se sentirem sobrecarregadas com mudanças no trabalho.[14] No mesmo ano, quase 75% dos empregados relataram burnout ao menos uma vez.[15] E, apesar de o burnout ter sido quase universal, foi especialmente ruim para as mães que trabalham fora: quase 3 milhões de mulheres saíram da força de trabalho durante a pandemia.[16] Como uma fonte contou para a psiquiatra especialista em saúde mental das mulheres, Pooja Lakshmin, para um artigo sobre as dificuldades de seus pacientes durante a Covid-19: "O preço alto sobre a saúde mental das mães que trabalham fora reflete um nível de traição da sociedade."[17]

Então nós defendemos a resiliência, mas não a do tipo que coloca a culpa no indivíduo ou que absolve os líderes e as instituições de sua obrigação de fazer melhorias estruturais. Há uma lacuna enorme entre exigir que todos tenham força mental e ajudá-los a cuidar de sua saúde mental. Passaremos o restante deste capítulo percorrendo algumas mentalidades e estratégias a respeito de como lidar melhor com a incerteza. Infelizmente, apesar de as forças que causam incerteza e ansiedade geralmente não serem culpa sua, a sua resposta a elas *é* responsabilidade sua. Mas nosso objetivo não é ajudá-lo a continuar batalhando pela sobrevivência em um ambiente tóxico. Queremos ajudá-lo a atingir o melhor resultado para você. Pode ser que seja preciso ressignificar seus pensamentos para se sentir menos ansioso. Ou simplesmente se afastar completamente de uma situação que não é saudável.

• • •

LIZ: *Obviamente, eu não morri na ambulância. Passei um dia no hospital e recebi alta para ficar na incerteza.*

Depois do meu ataque de pânico no metrô, me recusei a tomar medicação que altera o humor, mesmo quando minha enxaqueca voltou. Nos meses seguintes, tudo estava envolto em dor. Eu começava a prestar atenção no meu corpo assim que acordava. Isso era um pequeno espasmo muscular normal ou os primeiros sinais de algo mais sinistro? Ia trabalhar, mas logo corria de volta para o aconchego quieto e escuro do meu apartamento. Estava muito envergonhada para responder a e-mails e mensagens que demonstravam preocupação. Como eu poderia explicar o que estava acontecendo? De fora, eu parecia completamente saudável.

Tive um colapso emocional alguns meses depois, no meu aniversário. Já eram 3h da tarde e eu ainda não tinha saído da cama. Minha mãe me ligava de hora em hora, e a cada vez que eu atendia, ela parecia mais preocupada. Eu também estava preocupada, porque nunca tinha me sentido tão para baixo. Seria assim pelo resto da minha vida? Uma mistura triste de trabalho e me esconder embaixo das cobertas com as persianas fechadas?

Pensando bem, acho que algum tipo de mecanismo instintivo de sobrevivência entrou em ação naquele dia. De repente, eu estava completamente fora de mim. A força da minha fúria me fez sentar na cama. Aquilo era injusto e nada divertido, e eu já estava de saco cheio. Eu queria abraçar minha mãe e fazer as unhas e ir jantar com meus amigos e engolir um hambúrguer bem gorduroso. Queria retomar o controle da minha vida.

Nas cinco semanas seguintes, rastreei religiosamente minha agenda, meu humor e minha enxaqueca para ver como poderiam estar relacionados. Vasculhei o site WebMD e fóruns sobre enxaqueca atrás de opções de tratamentos sem o uso de remédios. Com base no que aprendi, cortei o álcool e o chocolate, evitei o sol como um vampiro e garanti que fosse dormir às 9h da noite para ter uma boa noite de sono. Comecei a fazer acupuntura às terças e quintas e ir à academia perto de casa para fazer trinta minutos de exercícios diários.

Decidi manter minha rotina religiosamente por seis meses e ver o que aconteceria. Nesse momento, se minha enxaqueca ainda estivesse atacando, eu consideraria tomar medicação ou procuraria outras opções de tratamentos mais intensos.

Isso também significou desistir da faculdade de administração. Eu havia sido aprovada em Stanford, mas o estilo de vida que eu precisava seguir para ser bem-sucedida lá parecia completamente desproporcional com aquilo de que eu precisava para cuidar de mim.

Também adotei medidas de proteção para quando minha ansiedade ameaçasse atacar. Fiz uma lista de "algodão-doce mental", que incluía memes do Twitter, o subreddit r/aww (fotos de animais fofos) e notícias sobre as Kardashians. Nos momentos em que eu começava a me entregar para a ruminação, me forçava a pegar meu aparelho celular e ingerir algodão doce mental. Comecei a sair com meus amigos de novo, mas geralmente para almoçar em lugar com ar-condicionado, em vez de jantares às 8h da noite ao ar livre, no calor e na umidade.

Estou longe de estar "curada". Nunca mais poderei deitar em uma praia em um dia de sol sem ter que pagar por isso depois. Eu ainda tenho crises de vez em quando, mas consigo gerenciar minhas enxaquecas atípicas e viver a vida, e não permito mais que preocupações sobre o futuro me consumam. Cuido de mim e vivo dia após dia.

COMO LIDAR COM ISSO

"Há uma arte em estar confortável com o desconhecimento", escreve a autora Rebecca Solnit, "então estar no meio disso tudo não é motivo para pânico ou sofrimento".[18] As pessoas que aprendem a ficar confortáveis com o desconhecido tendem a confiar em processos que as ajudem a sobreviver ao caos. Esses processos costumam focar duas coisas: diminuir a quantidade de risco esperado e aumentar nossa crença de que podemos lidar com a incerteza. É preciso prática, mas, com o tempo, você pode se sentir mais confiante e começar a ver a incerteza como menos aterrorizante.

Quando confrontamos um mar de incerteza e ansiedade, não existe nenhuma palavra mágica que faça tudo desaparecer. Presuma que você pode atravessar o mar com "uma série de braçadas de controle", escreve Robert Sapolsky, neurocientista da Stanford, "cada uma delas pequenas, mas ainda assim capazes de te levar para a frente".[19] Veja algumas dessas braçadas.

1. Pare e se sente com a incerteza

Para lidar com a incerteza, temos que primeiro nos desvencilhar do impulso natural de correr do desconforto. A leitora Alisa nos contou que costumava fazer isso — correr do desconforto — *todas as vezes* com o que os psicólogos chamam de *fixação ansiosa*. Ela sentia uma pontinha de ansiedade e instantaneamente entrava em modo de ação. Ela definia pequenos objetivos — enviar uma carta, passar aspirador na sala, finalmente participar do grupo do aplicativo de conversas — e corria para completá-los. Na hora, era ótimo riscar as coisas da lista de afazeres. Mas também significava que Alisa não estava trabalhando na raiz da ansiedade. Então, mesmo depois de uma rodada de atividades, ela não sentia nenhum alívio.

Em essência, a fixação ansiosa se trata de retomar o senso de controle e progresso. Às vezes pode aparecer de maneiras que não sejam somente definir objetivos: no começo da pandemia, Liz começou a consultar seu horóscopo pela primeira vez na vida, enquanto Mollie mergulhou em livros de história que tentavam explicar como nossa sociedade chegou a esse nível de incerteza. Nenhum desses mecanismos para lidar com a situação era necessariamente ruim, mas mesmo a distração mais inofensiva pode tirar seu foco do que importa de verdade. Saber que haveria uma nova lua em sagitário distraía Liz por uma hora, mas não a ajudava a se sentir mais segura com relação ao seu futuro.

Em vez de ficar se ocupando para evitar a ansiedade, pare, a reconheça e se sente com ela. Até te encorajamos a honrá-la. Afinal de contas, ela está tentando te proteger de alguma coisa. "Se você estiver muito confortável com a incerteza", explica a professora de psicologia Kate Sweeny, "não fará nada para resolvê-la — e então muito mais coisas ruins podem acontecer".[20]

A autora Sarah Wilson gosta de escrever uma carta "Não Me Admiro" para sua ansiedade. "Eu começo: *Querida Ansiedade, coisinha engraçada...* E sigo reconhecendo o que está acontecendo, o que está sentindo, e valido porque ela deu as caras. *Não me admiro que esteja oscilante — mais uma vez, você ficou em um limbo por três dias devido a um resultado do trabalho. Além do mais, você se sente em um impasse, incapaz de ter uma visão clara de por que está vivendo.*"[21]

Se sua ansiedade fica tão intensa em face à incerteza a ponto de ter de se sentar com ela soar insuportável, lembre-se disto: as emoções fortes — as que causam uma sensação física no seu corpo — duram cerca de noventa segundos.[22] Sabemos que o ímpeto de fazer alguma coisa (qualquer coisa!) quando você está no pico do pânico pode ser avassalador. O melhor conselho que temos é se forçar a fazer uma pausa e ficar parado. Diga a si mesmo: "Isso vai passar." Conte até noventa. Ou, se parecer muito, conte até cinco. Faça isso uma vez e você perceberá que pode fazer de novo. Fortaleça o músculo da existência e lembre-se de que, se você agir por impulso, estará perpetuando um ciclo em que se sente mal. Você precisa interrompê-lo para começar a fazer uma mudança.

Outras opções para sentir seu desconforto incluem meditação guiada (veja nossa "Lista de meditações guiadas favoritas" na página 243), escrever um diário,* fazer terapia e se abrir para um amigo. Ou todas as opções. Nenhuma delas são curas milagrosas. Mas você não pode pular o aprender a ficar consigo mesmo. Você precisa olhar a ansiedade nos olhos e dizer: "Muito obrigada por tentar me proteger. Reconheço você."

2. Adote o mantra "Sou uma pessoa que está aprendendo ______"

Sentar-se com a incerteza o força a confrontar o fato de que você não tem todas as respostas. Especialmente se você tem um alto desempenho e gosta de se sentir no controle, isso pode ser aterrorizante. Não é possível prever o futuro, o que significa que você também não pode se planejar perfeitamente para ele.

---

* Nota: Pesquisas, na verdade, sugerem que manter um diário nem sempre é útil, especialmente se você está preso em um looping de ansiedade. O diário pode deixá-lo superfocado em analisar o que quer que esteja causando sua ansiedade (sobre o que pode ser que você não tenha nenhum controle), levando à ruminação. Uma maneira de evitar isso é escrever no diário conforme o necessário, em vez de todos os dias. Para mais informações, recomendamos o livro da Tasha Eurich, *Insight*.

O QUE EU ACHAVA QUE TINHA QUE SABER PARA COMEÇAR
TUDO

A VERDADE
É ÚTIL TER UMA IDEIA DO QUE VOCÊ QUER FAZER
E ALGUMAS COISAS VOCÊ NUNCA SABERÁ
MAS VOCÊ APRENDERÁ MUITA COISA AO COMEÇAR
E CONTINUARÁ APRENDENDO NO CAMINHO

Mas o negócio é o seguinte: você não precisa ter todas as respostas agora. Em vez de ficar se culpando por se sentir ansioso ou por não saber o que acontecerá em seguida, ressignifique a situação. Quando falamos para nós mesmos que "Sou uma pessoa que está aprendendo __________", em vez de "Não consigo fazer isso" ou "Preciso resolver isso agora mesmo", começamos a nos enxergar como agentes empoderados de mudança.

Na maioria dos momentos de ansiedade, quando as enxaquecas estavam muito ruins, Liz lembrava: "Sou uma pessoa que está aprendendo a lidar com a incerteza extrema e o estresse. Estou procurando entender como evitar, ou às vezes viver com muita dor física."

Veja alguns exemplos de como você pode ressignificar sua conversa interior negativa:

- "Me sinto muito solitário, não deveria ter me mudado." → "Estou aprendendo a me acomodar em uma nova cidade."
- "Sou um péssimo pai/mãe." → "Estou aprendendo a cuidar de uma criança e fazendo a transição para uma nova vida."
- "Não sei o suficiente para gerenciar pessoas; não posso fazer isso." → "Estou aprendendo a ser um ótimo gerente."
- "Sou uma pilha de nervos." → "Estou aprendendo a lidar com as minhas emoções."

Quando começamos a nos ver como pessoas que estão constantemente aprendendo e melhorando, adotamos o que os psicólogos chamam de *mentalidade de crescimento*. Ela nos permite ver o território incerto como uma oportunidade de aprender algo novo. A incerteza pode até continuar sendo desafiadora, mas não será tão ameaçadora. Uma mentalidade de crescimento é a diferença entre encontrar um obstáculo e pensar imediatamente "Não sei o que fazer agora, o que significa que não posso continuar" e dizer para nós mesmos "Posso desenvolver as habilidades de que preciso para superar isso".

(Queremos deixar um conselho: você nunca deveria se convencer de que está aprendendo a lidar com uma situação que claramente é prejudicial. Se você sente que está sendo manipulado para fazer algo que não quer, se seu ambiente está drenando sua autoestima, ou se você está em uma situação que frequentemente o deixa emocional ou fisicamente doente, procure maneiras de sair disso.)

Pequenas maneiras de manter os pés no chão quando está tudo de pernas para o ar

Quando você enfrenta incerteza extrema, ter rotinas pode ajudar — bem como intencionalmente se livrar de algumas coisas. Ambas são maneiras de criar estabilidade o suficiente para amenizar sua ansiedade.

Pesquisas mostram que rituais ou hábitos podem ajudar muito na redução de nossos níveis de estresse. Na verdade, psicólogos descobriram que nem importa quais são esses rituais. Simplesmente fazer a mesma coisa no mesmo horário pode melhorar sua saúde mental. Não acredita na gente? Não tem problema. Estudos também provaram que os rituais ajudam as pessoas a se sentirem melhor mesmo quando não acreditam que eles funcionam![23] Antes da Covid-19, a professora de uma escola pública de Houston, Maxie Hollingsworth, não usava muita maquiagem, porque estava sempre correndo de um lugar para outro. Mas, enquanto ficou de quarentena, descobriu que usar maquiagem era uma forma de "desacelerar e prestar atenção nela mesma".[24] Veja alguns outros exemplos de rituais aconchegantes sobre os quais nossos leitores nos falaram:

- Comprometer-se a cozinhar algo delicioso toda quarta-feira à noite.
- Criar uma playlist com três músicas e ouvi-las e dançar depois do trabalho.
- Dedicar uma hora nas tardes de domingo para organizar uma parte específica de sua casa.
- Fazer um treino de sete minutos (você pode encontrar no YouTube) todos os dias da semana.
- Tomar o mesmo café da manhã todos os dias.

Por outro lado, também recomendamos ajustar suas expectativas com relação a si mesmo ao intencionalmente se livrar de algumas coisas. Em relação ao início da pandemia de Covid-19, a escritora e palestrante Ijeoma Oluo relembra: "Me preparei para depilar as per-

nas. E foi tipo: 'Ah, eu não quero.' Então não depilei."[25] Antes de se mudar para o outro lado do país, a amiga de Liz decidiu começar a pedir comida para o jantar às terças e quintas e não se preocupar em cozinhar. "Me dei permissão de colocar algumas partes da minha vida no piloto automático", ela nos disse.

Da próxima vez que estiver enfrentando a incerteza, reconheça que tem lidado com muita coisa. E então diga: "Simplesmente não vou focar isso agora, e tudo bem."

3. Traduza sua ansiedade em medos específicos

"Me lembro de estar me debulhando em lágrimas na minha cozinha laranja", nossa amiga Caribay nos contou. "Eu só pensava: 'Não consigo'."

Alguns dias antes, Caribay havia saído da Venezuela com o pai dela para se mudar para os Estados Unidos e começar a faculdade na Penn State. Mas, na fila para pegar seu cartão universitário, ela entrou em pânico. O pai dela gentilmente a tirou da fila e a levou para um restaurante de comida chinesa.

"Você não precisa fazer isso", o pai da Caribay disse quando se sentaram. "Você pode voltar para casa comigo esta tarde. Quero que você saiba que, independentemente do que escolher, você ficará bem." Quando Caribay se acalmou, o pai perguntou se ela queria voltar para a fila, mas o pensamento fez com que respirar voltasse a ser difícil.

Em vez disso, Caribay e o pai decidiram dar uma volta pelo campus. "Vamos olhar algumas salas de aula", o pai sugeriu, "para que você possa imaginar como seria estudar aqui". Eles deram uma olhadinha na biblioteca e então em um grande auditório. "Também foi arrebatador de início", Caribay relembra. Até aquele momento, ela só tinha frequentado uma escola pequena com as mesmas vinte meninas desde a terceira série. "Mas ver onde eu poderia me sentar todos os dias me deixou um pouco melhor."

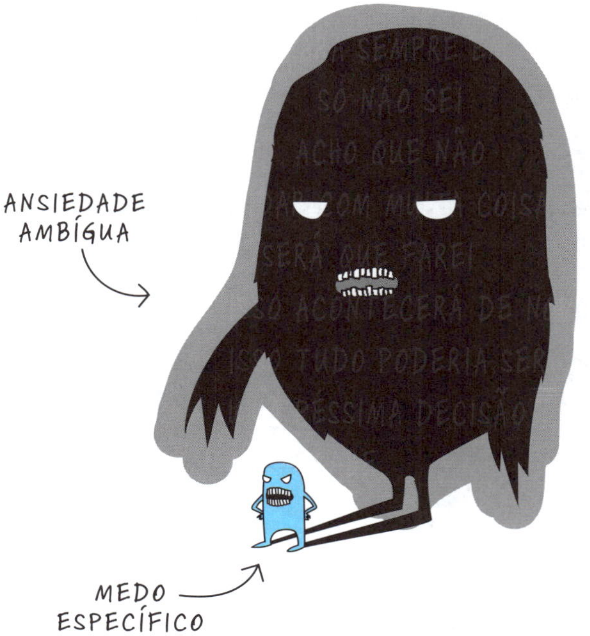

Aos poucos, a apreensão da Caribay começou a diminuir. "Quando conheci minhas colegas de quarto", ela disse, "elas foram muito gentis. Comecei a ter a sensação de que 'Ah, posso me enxergar aqui. Posso me ver fazendo isso'". Alguns dias depois, Caribay voltou para a fila para obter sua identidade universitária — e dessa vez estava cheia de entusiasmo.

"Não resistimos à mudança", nos contou a psicóloga organizacional Laura Gallaher. "Resistimos à perda." Ao converter sua ansiedade em medos mais específicos, você pode mapear exatamente o que você tem medo de perder e como você pode evitar algumas dessas circunstâncias. Com frequência, você perceberá que tem medo de perder uma parte da sua identidade ou de vivenciar emoções desconfortáveis no futuro.

Para gentilmente tocar nas histórias que fazem seu coração acelerar, pergunte-se:

- Do que eu tenho medo?
- O que eu imagino que poderia acontecer?
- Como exatamente seriam esses cenários e como eu me sentiria?

QUANDO VOCÊ SE PEGAR PENSANDO:

TAMBÉM SE PERGUNTE:

Se vai começar em um cargo novo, pode escrever algo como: "As responsabilidades que estou assumindo estão fora de minhas experiências anteriores. Posso não saber o que estou fazendo ou posso parecer tola. Tenho muito medo de fracassar e ser demitida." Se estiver se mudando para uma cidade nova, suas respostas podem ser: "Tenho medo de não me sentir tão em casa. Temo que não faça novos amigos. Nesses cenários, me sentiria muito solitária, e posso sentir que tomei a decisão errada ao me mudar. Tenho muito medo de me arrepender da minha decisão."

"Ainda fico ansiosa quando tenho que tomar uma grande decisão", Caribay nos disse. "Mas aquela caminhada pelo campus me ensinou a pensar no que poderia acontecer no futuro e a me visualizar nesses cenários." Anos depois, quando Caribay estava decidindo onde fazer a pós, ela tentou pintar uma imagem bastante vívida de cada opção. Uma das escolas ficava em Chicago, mas ela não podia pagar a visita, então visitou a vizinhança usando o Google's Street View, leu listas de "10 Melhores Coisas para Fazer em Chicago" e fez um tour virtual pelo campus. E quando ela estava considerando se aceitaria um emprego em São Francisco e tinha um pouco mais de dinheiro, Caribay viajou para a cidade por uma semana. "Eu literalmente peguei o trem para o local onde eu trabalharia e tomei um *iced coffee* em uma cafeteria próxima. Tentei ter uma ideia bem concreta de como seria meu primeiro dia."

Enquanto estávamos fazendo entrevistas para este livro, muitas pessoas nos disseram que acham útil imaginar o que poderia acontecer de pior. Se isso funciona para você, ótimo. Mas se você é bastante propenso a sentir ansiedade, tenha muito cuidado para não começar a catastrofizar. "Cuidado com essa descida específica para o pior cenário possível, quase inimaginável", alerta a professora budista Sharon Salzberg.[26] É útil pensar naquilo que tem alta probabilidade de acontecer de ruim. É menos útil passar horas obcecado com um resultado realmente terrível que muito provavelmente nunca acontecerá.

Para ter certeza de que você não está criando ainda mais ansiedade para si mesmo, encorajamos que também pergunte:

- Há alguma evidência para o meu medo ou estou fazendo presunções?
- Qual é a probabilidade de o pior acontecer?
- Qual é o *melhor* que pode acontecer?
- O que tem mais chance de acontecer?

É claro, às vezes um cenário assustador não está fora da realidade. O que nos leva ao que pode e o que não pode acontecer.

4. Separe o que pode do que não pode acontecer

"Me dê a serenidade de aceitar o que não posso mudar, a coragem de mudar o que posso e a sabedoria para saber a diferença", diz uma oração atribuída ao teólogo Reinhold Niebuhr. Seus medos provavelmente ficarão em duas categorias: a das sobre as quais você pode fazer alguma coisa, que estão no seu controle (o que pode acontecer), e a das que fogem ao seu controle (o que não pode acontecer). Você precisa ser diligente para reconhecer o que não pode controlar. Se você se sente responsável pelo que não pode controlar, nunca dirá com confiança que fez o suficiente.

Depois de listar seus medos, analise cada um deles e os rotule como dentro ou fora de controle. Às vezes é difícil determinar. Se não tem certeza, tente ser mais específico. Por exemplo, você pode expandir "Tenho medo de ficar doente" para "Tenho medo de ficar doente porque estou assumindo muitos projetos" ou "Tenho medo de ficar doente porque estou ficando mais velho". Contaríamos o primeiro como uma possibilidade e o segundo como algo fora de seu controle. Dito isso, não há uma linha objetiva entre eles. Parte de distinguir entre os dois é pegar o que você pode assumir, e o resto é ser honesto a respeito do que pode ser muito para você lidar agora.

Categorizar seus medos pode ajudá-lo a estabelecer um curso de ação claro. "Senti uma ansiedade incapacitante por causa do estado do mundo em 2020", compartilhou conosco a leitora Susan. "Morava e trabalhava em Manhattan durante o pico da pandemia. Eu só escutava os sons das sirenes. E ler as notícias políticas nos Estados Unidos me causava muita ansiedade." A saúde mental de Susan sofreu um baque tão forte, que o marido dela a chamou para conversar sobre as opções. Eles categorizaram a pandemia e as políticas como fora do controle. Mas não tinham que ficar em Nova York; onde eles escolhiam morar era algo que estava sob o controle deles. "Decidimos nos mudar para Toronto para fugir disso e ficar perto da família — uma escolha que não pensei que faríamos."

É claro, nem sempre será possível fazer uma mudança tão grande. A leitora Jayna também se beneficiou com a quebra da ansiedade em medos específicos. "Eu não tinha saído com mais ninguém depois de me libertar de um relacionamento abusivo há quatro anos", ela nos contou. "Só de pensar nisso, eu já ficava ansiosa." Jayna decidiu fazer uma lista de todos seus medos com relação a encontros. Com base no que escreveu, ela criou uma estratégia de encontros para si mesma usando a mesma abordagem que usou para desenvolver um plano no trabalho: conheça seu público (ou seja, ela mesma), entenda os pontos de dor comuns (problemas de confiança, se apaixonar por quem tinha problemas de comprometimento) e desenvolver soluções de acordo com isso. Apesar de Jayna nunca ter certeza de como seria o encontro ou o que a outra pessoa poderia fazer — isso estava fora do controle dela —, ela tinha controle sobre onde o encontro aconteceria, quanto tempo duraria e as perguntas desconfortáveis que faria para conhecer melhor a pessoa. "Coloquei limites claros e valores para minha estratégia de encontros", ela nos contou. "Até agora, tem dado certo — e está bem longe da obrigação que costumava ser. Agora me pego me divertindo (!) e dedicando tempo apenas para as pessoas que estão alinhadas com o que estou procurando."

5. O que está sob seu controle: Faça um plano do qual você se desviará

Em face à incerteza, é necessário trabalhar muito mais para entender o que se deveria fazer em seguida. Somos programados para reconhecer padrões. Quando confrontado com um desafio conhecido (por exemplo, dirigir um carro ou planejar uma viagem), você pode simplesmente dizer: "Ah, tá bom, da última vez deu certo assim. Vamos fazer de novo." A incerteza rompe esse mecanismo. "Você sente que tem que prestar mais atenção a tudo que está acontecendo, porque não tem certeza a respeito do que deveria fazer", nos contou a psicóloga Molly Sands.[27] "É por isso que a incerteza é tão cansativa."

Também é por isso que pode ser que você comece a pensar: *Estou tão sobrecarregado! Não consigo fazer isso.* Sua mente trabalha a milhão enquanto percorre um milhão de possibilidades futuras. Antes que Liz soubesse que estava sofrendo com enxaquecas, ela passava horas ruminando a respeito de toda causa possível e imaginável para suas dores de cabeça, desde um tumor cerebral à sua imaginação. Focar o que você pode controlar e traçar um plano para como você poderia resolver cada uma dessas coisas pode lhe dar um descanso mental bastante merecido.

A melhor maneira de lidar com as coisas com as quais você pode controlar é transformar cada uma delas em uma pergunta acionável e respondê-la. Por exemplo, pegue o medo "Acho que serei demitido" e se pergunte: "O que eu faria se fosse demitido?" Comece a pensar em alguns próximos passos: você poderia fazer uma postagem no LinkedIn dizendo que está em busca de uma nova posição ou perguntar para seus amigos se as organizações em que eles trabalham estão contratando. "Por ser uma imigrante indiana nos Estados Unidos com um visto", contou a leitora Madhura, "meu futuro em longo prazo neste país é incerto". Quando ela começa a se preocupar com o futuro, Madhura se pergunta: "E se eu tivesse que deixar o país? De que recursos eu precisaria para garantir um bom futuro para minha família? E estou trabalhando para isso? O que eu perderia e o que eu ganharia? Ao passar essas perguntas em minha cabeça, não parece tão assustador."[28]

Seus planos e suas respostas não precisam ser altamente detalhados, então evite ser pego na paralisia da análise. O objetivo é só aumentar sua confiança na ideia de que você poderia lidar com a situação. "Quando nosso cérebro está cheio de perguntas sem respostas", compartilhou conosco a coach de vida Emily Nelson, "nos sentimos inquietos e nervosos. Nosso cérebro está tentando resolver alguma coisa. Sente-se, escreva uma resposta, mesmo que vaga, e recupere o seu poder".[29]

Você não deveria pensar em seus planos e em suas respostas como imutáveis. O objetivo desse exercício é mais o de reassegurar a si mesmo de que você está preparado para enfrentar o que virá em seguida. Na NASA, de acordo com o que a Dr. Laura Gallaher nos disse, as equipes chamam as agendas de "planos dos quais nos desviamos". Como ela explicou: "O benefício do planejamento é pensar no que faremos quando algo acontecer. O valor está no processo e na jornada, não na agenda em si."[30]

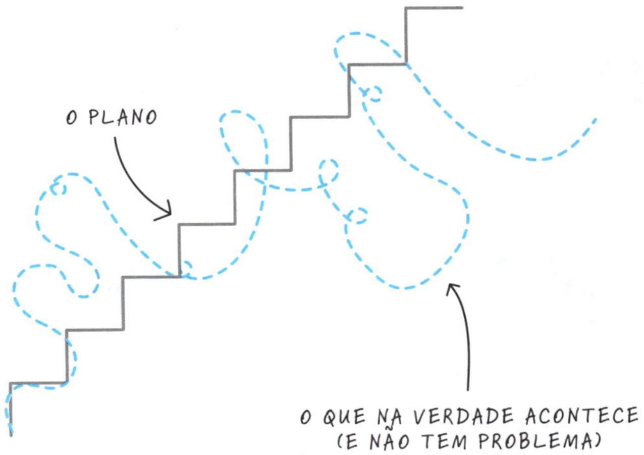

Fazer um plano do qual você se desviará é informativo e empoderador e pode te ajudar a se sentir calmo mesmo quando enfrenta um futuro incerto. Mas o principal é que você tem expectativas realistas; não se sentirá culpado quando as coisas não saírem perfeitas e estará mais disposto a ver a jornada como uma experiência de aprendizado. Também é importante se lembrar de que o objetivo desse trabalho não é ficar radiante com a mudança, mas reconhecer sua experiência autêntica e se preparar para dar os passos que sejam bons para você.

6. O que está fora do seu controle: Livre-se daquilo que não consegue controlar

Nós sabemos, é bem mais fácil falar do que fazer. Para aquilo que não podemos controlar, uma peça crucial no desprendimento é estabelecer limites sobre a preocupação — e mantê-los. Durante a Covid-19, nosso amigo Felix estava com medo por causa do pai, que não estava tomando nenhuma precaução de segurança. “Eu percebi que podia fazer as coisas até certo ponto”, Felix compartilhou com a gente. “Falei para o meu pai que o amava, que me preocupava com ele e que esperava que ele fosse mais cuidadoso para evitar ficar doente. Assim que decidi que seria isso, consegui seguir em frente. Acho que simplesmente me forcei a parar de pensar nisso.”

O QUE FAZER QUANDO SE SENTIR ANSIOSO
RESPIRE FUNDO
SAIA PARA UMA CAMINHADA
MEDITE BREVEMENTE
CONCENTRE-SE EM UM QUEBRA-CABEÇAS
CONVOQUE UM ESPÍRITO MALIGNO PARA ANIQUILAR SEUS INIMIGOS
ABRACE UM AMIGO PELUDO

Então como é possível parar de pensar em alguma coisa, principalmente quando gira em torno de um futuro assustador? “Constatar” pode ajudar. Constatar significa simplesmente nomear o que você está sentindo. Da próxima vez que sua mente começar a acelerar com pensamentos sobre algo que está fora de seu controle, dê ao seu sentimento um rótulo de uma palavra. *Resistência. Catastrofização. Fixação.* Ao reconhecer e nomear seus padrões de pensamento, você pode impedir que se renda completamente a eles. “Nesse momento, há a percepção de que não somos nossos pensamentos", explica Andy Puddicombe, o fundador do app de meditação Headspace. "E isso em si pode ter um efeito profundo na experiência do estresse e da ansiedade."[31]

Você pode experimentar esta técnica da terapia cognitivo-comportamental: dedique um tempo específico para se deixar preocupar com o que está fora de seu controle. Quando começar a ruminar, diga a si mesmo: "Volto a pensar nisso amanhã às 9h da manhã." Agendar um momento para quando você se dará permissão explícita de sentir suas ansiedades pode ajudá-lo a deixá-las de lado mais rapidamente no momento presente.

7. Reflita a respeito de momentos que te dão confiança

Apesar de não poder prever o futuro com precisão, você pode aumentar a confiança de que poderá passar por tudo o que a vida lhe trouxer.

Passar pela mudança com sucesso não se trata de confiar no mundo; se trata de confiar *em você mesmo*. Durante quarenta anos, pesquisadores acompanharam todas as crianças nascidas no Havaí em 1955. Os indivíduos que lidavam melhor com a incerteza tendiam a "ver o mundo nos seus próprios termos" e usar com eficácia "quaisquer habilidades que tinham".[32] Mas o mais importante é que acreditavam que suas ações podiam afetar o que acontecia.[33]

Uma maneira poderosa de criar confiança em si mesmo é olhar para tudo pelo que você já passou. Pergunte-se:

- Quando me senti inseguro com relação aos meus próximos passos?
- Como passei por aquilo?
- O que eu fiz bem?
- O que eu aprendi?

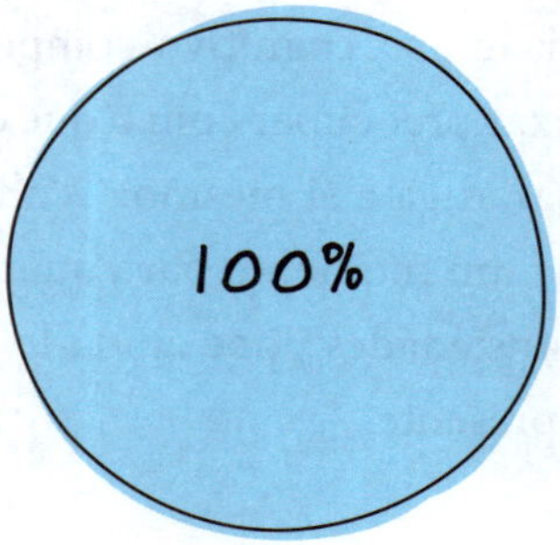

Lembrar-se de que você conseguiu lidar com a situação anteriormente pode ajudá-lo a ver que é capaz de fazer isso de novo. Com muita frequência, nossa própria narrativa frente à incerteza é “Não consigo fazer isso. Sou fraco e patético. Eu mereço me sentir mal comigo mesmo” (pensamento real de Liz). Ao se lembrar de que você passou por todos seus dias mais difíceis até agora, você pode mais facilmente mudar seu pensamento para: “Não tenho certeza sobre o que acontecerá, mas eu ficarei bem. Sei que consigo lidar com isso.”

Às vezes, pensar no que os outros superaram também pode te dar forças. “Quando meus pais vieram da Venezuela para Iowa com o intuito de fazer seu Ph.D., eles não sabiam falar inglês e tinham três filhos com menos de dez anos”, Caribay nos contou. “Tenho uma memória vívida de minha mãe em nossa velha cozinha, alinhando uma panela de fazer arroz, uma panela elétrica, uma torradeira, todos esses eletrodomésticos. Ela apertava um botão em cada máquina e então estudava e cozinhava para nós ao mesmo tempo. Ela deu um jeito.”

No último semestre da faculdade de Caribay, a situação política da Venezuela piorou tanto, que o governo congelou transferências bancárias para o exterior. Isso significava que seus pais, que haviam voltado para seu país no fim do curso, não podiam enviar o dinheiro para pagar a mensalidade. Caribay tinha alguns dias para conseguir US$18 mil ou não poderia se graduar. E ela conseguiu. Pegou dinheiro emprestado com seus amigos e com um professor cujo laboratório ela administrava. “Foi muito estressante”, ela relembra. “Mas agora, quando penso nos meus pais e nessa experiência de ter que me perguntar 'Você é muito orgulhosa para pedir ajuda?', eu sei que, não importa o que aconteça, eu saberei me virar."

Você também pode começar a dar pequenos passos consistentes para fora de sua zona de conforto. No meio de uma separação e de um semestre especialmente difícil na faculdade, a ansiedade da leitora Daniela sofreu um pico como nunca. "Me desafiei a experimentar uma coisa diferente por dia durante um mês", ela nos contou. "As coisas novas variavam de coisas simples, como experimentar uma nova cafeteria, a comer em um restaurante novo e começar um novo esporte." Pouco a pouco, Daniela aprendeu a confiar na sua habilidade de lidar com situações novas e estressantes.[34]

8. Arquitete sua vida com base em sua tolerância para a incerteza

O leitor Dylan queria uma carreira como comediante, mas começou a ter dificuldades com sua agenda irregular e receita imprevisível. Ainda que tenha marcado alguns shows de stand-up importantes, ele ficou frustrado, pois seu sucesso ainda dependia de ter sorte ou de ser escolhido por outra pessoa. Depois de dois anos como comediante, ele agora está mais feliz em uma carreira mais estável na medicina. Principalmente em nossos vinte anos, somos feitos para acreditar que a incerteza é divertida e aventureira. Estamos aqui para dizer: é 100% Ok ser "entendiante" se é o que o faz se sentir melhor.

A quantidade de incerteza com a qual podemos lidar varia de pessoa para pessoa (para nossa Avaliação de Tolerância à Incerteza, veja a página 237). E, apesar de não ser possível prever o futuro, algumas escolhas tendem a envolver menos riscos do que outras. Professores universitários e empregados governamentais geralmente têm empregos mais estáveis do que artistas e empresários. Nosso desejo por segurança também pode mudar e tende a aumentar com a idade (apesar de crises de meia-idade terem a possibilidade de causar uma queda). Allie, uma empresária, nos contou que começar seu próprio negócio "parecia sexy quando eu tinha vinte e poucos anos, mas nem tanto nos meus trinta. Eu costumava dizer: 'Eu não quero saber como será o resto da minha vida; isso é um saco.' Agora eu queria que as coisas fossem mais entediantes".

Não tem problema admitir para você mesmo que quer mais estabilidade em sua vida. Se sua situação atual envolve muita incerteza e está lhe causando estresse crônico, pode ser que você queira começar um caminho novo e menos cheio de perguntas. A leitora Sonja tem uma história nômade: ela se mudou dez vezes em oito anos, incluindo duas mudanças internacionais. Mas fazer as malas e viajar com frequência começou a cansar. Ela agora está no mesmo apartamento há mais de três anos. "Finalmente posso comprar plantas", ela falou para a gente.

• • •

A incerteza nos deixa ansiosos. E mesmo que a Covid-19 nunca tivesse acontecido, todos passaríamos por períodos longos de incerteza que nos deixariam confusos e temerosos com relação ao que viria a seguir. Mas com as ferramentas certas, podemos ganhar confiança em nossa habilidade de lidar melhor com o que quer que a vida nos traga — signifique isso estabelecer rituais para lidar com as situações ou iniciar um curso de vida completamente novo e menos estressante. Esperamos que o que abordamos neste capítulo possa te ajudar a começar a olhar para a incerteza com um senso de curiosidade, em vez de vê-la como uma força que o sobrecarrega e o faz pesquisar "Como dormir" às 3h da manhã.

APRENDIZADOS

- Não é possível prever ou planejar o futuro com perfeição.
- Enfrente suas ansiedades e as articule como medos ou estressores específicos.
- Faça a distinção entre os medos ou estressores que estão sob ou fora de seu controle.
- Para o que está sob seu controle, crie um plano do qual você se desviará.
- Para o que foge ao seu controle, tente se desapegar apenas constatando ou se distraindo.
- Para criar confiança, analise as situações nas quais você foi habilidoso.
- Pretenda criar um estilo de vida que complemente sua tolerância à incerteza.

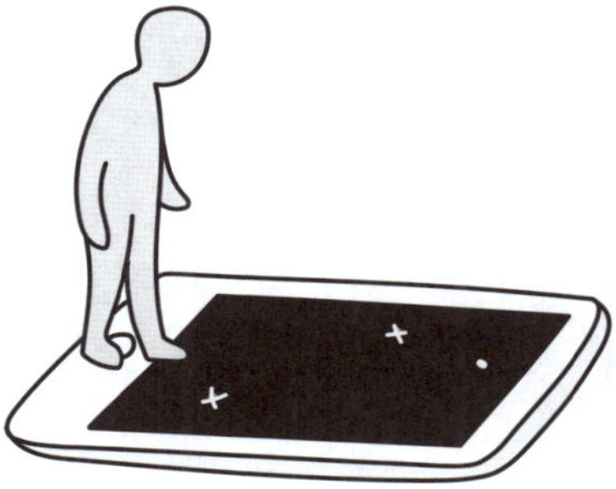

CAPÍTULO 2

Comparação

Nunca compare quem você é por dentro com o que você vê
por fora de outra pessoa.

Hugh MacLeod

MOLLIE: *"Sinto muito por não ter retornado suas ligações nem te procurado por tanto tempo. Mas não estou muito bem agora", foi a mensagem que enviei para Vanessa*, minha amiga do ensino médio. "Espero que você entenda."*

Normalmente, Vanessa e eu conversávamos por telefone pelo menos uma vez por semana. Depois de décadas de amizade, tínhamos um relacionamento sem conflitos e sabíamos todos os altos e baixos de nossa vida pessoal e profissional. Desde a faculdade, Vanessa e eu seguíamos rumos parecidos. Ela escreveu um livro, depois eu escrevi um livro. Ela se casou, então eu me casei. Vanessa engravidou, e eu não. Fui visitá-la no hospital depois do parto.

Naquele momento, eu estava muito feliz por ela e senti que estaríamos conectadas para sempre. Mas, logo depois, minha vida se despedaçou. Comecei a me sentir muito mal, decidi me mudar para o outro lado do país e fiquei tão estressada que parei até de menstruar. Enquanto isso, a Vanessa atingia conquista após conquista. Ela estava vivendo a vida que eu esperava viver também.

E, embora eu quisesse ficar feliz por ela e celebrar seu sucesso, conversar com ela começou a ser muito doloroso para mim. A cada ligação, eu era lembrada de como estava ficando para trás e, aos meus olhos, o quanto minha vida parecia miserável quando comparada com a dela. No fim, não era tão fácil sermos amigas quando minha vida e a dela não estavam mais em paralelo.

• • •

* O nome foi alterado.

Você já se sentiu extasiado depois de uma conquista pessoal ou profissional e logo depois, em menos de 24 horas, após abrir o Instagram, sentiu um buraco negro se abrir dentro de você em uma crise de "nunca serei bom o bastante"?

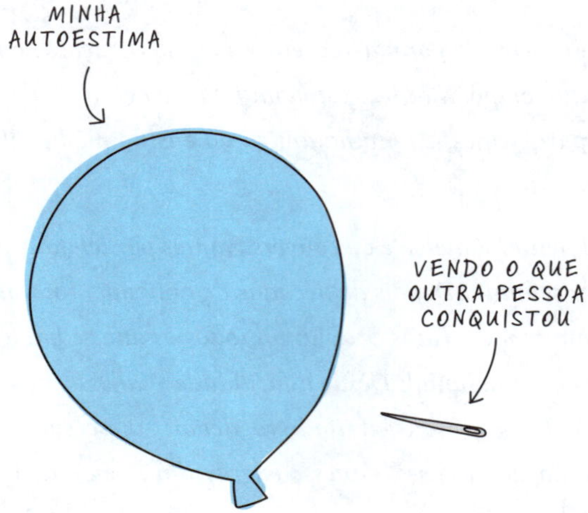

Você não está sozinho. Em um estudo, mais de 75% das pessoas relataram que haviam avaliado o próprio valor ao se comparar com outras pessoas.[1] O mundo moderno faz com que seja difícil *não* comparar seu progresso com o de outra pessoa: salários do Glassdoor, metros quadrados da residência, *selfies* de férias e a posição no futebol do ensino médio de seu contatinho do Bumble podem ser descobertos rapidamente com uma pesquisa no Google.

Mesmo que você não fique procurando os detalhes da vida de outra pessoa, acabará se deparando com eles. Mollie certa vez teve um vislumbre de uma estação de embrulho de presentes no *home office* de seu chefe durante uma chamada de vídeo e imediatamente se sentiu inadequada. "Não sou organizada nem tenho dons artesanais o suficiente para ter uma estação de embrulho de presentes", ela agonizou. "Será que algum dia chegarei a esse nível?" O que *nesse nível* significava não estava claro para ela: queria ser CEO, ter dons de artesanato ou ter um parceiro que teria uma estação de embrulho de presentes?

Acreditamos que você também se pegue nessa piração. Incansavelmente nos opor a outras pessoas pode nos deixar ressentidos, ansiosos e impulsivos (história real: as pessoas têm mais probabilidade de falir quando seu vizinho ganha na loteria).[2] A comparação e a inveja também fazem com que nos sintamos envergonhados. "A inveja é um monstro horrível de duas cabeças", diz a professora de psicologia Christine Harris. "Uma cabeça quer o que a outra pessoa tem. A outra cabeça morde a primeira por ter esse tipo de sentimentos negativos."[**3]

Então, como controlar o lado negativo da comparação? Contraintuitivamente, a ciência demonstra que o que nos deixa miseráveis não é a comparação em si, mas, sim, quando não nos comparamos *o suficiente* com os outros. Isso pode soar ridículo à primeira vista, principalmente se você acredita no ditado "A comparação é o ladrão da alegria" (que pode ter sido atribuído ao presidente Theodore Roosevelt e outros).

Mas a comparação não precisa gerar tanta dor. Os humanos são uma espécie que se relaciona, então é natural se perguntar como você está indo. E observar outras pessoas pode ser uma fonte de motivação: ver o nadador Michael Phelps ganhar um ouro olímpico depois de outro pode nos inspirar a cair na piscina. E escutar sobre como uma amiga negociou com sucesso um aumento estimulou Liz a fazer a mesma coisa alguns meses depois. É somente quando não sabemos decodificar nossas respostas emocionais que nos afogamos.

Neste capítulo, provaremos que a comparação é inevitável, e a chave para ser mais saudável e feliz é abraçá-la — sem permitir que ela saia de controle. Abordaremos alguns mal-entendidos frequentes a respeito da comparação e mostraremos os benefícios de usar a sua régua de medição com mais frequência.

** **Uma nota sobre as definições:** Costumamos usar as palavras *inveja* e *ciúme* intercambiavelmente, mas elas significam coisas levemente diferentes. A inveja é o sentimento de desejar ou idealizar as conquistas, vantagens ou riqueza de outra pessoa — por exemplo, você vê um amigo avançando na carreira e gostaria de poder avançar também. O ciúme é ver o que alguém tem e desejar que você estivesse no lugar dessa pessoa, como quando um colega recebe uma promoção e você gostaria de tê-la recebido no lugar dele. *Ciúme* também pode ser usado para descrever o sentimento quando você quer proteger de outras pessoas aquilo que você tem — por exemplo, se seu amado está flertando com outra pessoa.

Finalmente, apresentaremos uma lista com dicas práticas do que fazer quando seu monstro interno de olhos verdes estiver prestes a tomar conta do volante e jogá-lo de um barranco.

MITOS SOBRE A COMPARAÇÃO

Mito nº1: Saia das redes sociais e você se verá livre da comparação

As redes sociais são um solo bastante fértil para a comparação. Nós (Liz e Mollie) certamente já ficamos no *feed* nos odiando. E nós duas limitamos o uso das redes sociais: Liz tem um plug-in do Google Chrome que esconde o *feed* de notícias quando ela está no Facebook, e Mollie não tem o Instagram no celular.

Mas se livrar das mídias sociais não fará suas tendências de comparação desaparecerem magicamente. A menos que faça votos de viver na floresta sem sinal de celular, você sempre encontrará alguém que está vivendo um momento mais fabuloso do que o seu — ao mesmo tempo que parece sempre estar arrumada sem fazer esforço e subindo na carreira corporativa. Conforme mostra um estudo, é matematicamente provado que seus amigos provavelmente têm muito mais amigos do que você. (Dê uma olhada!)[4] E mais de 10% de nossos pensamentos diários envolvem a comparação, quer estejamos nas redes sociais ou não.[5]

A comparação é essencial para descobrirmos quem somos.[6] Nossas conquistas, nossas expectativas e nosso humor são todos afetados por como nos comparamos com outras pessoas. No trabalho de 1902 do psicólogo Charles Cooley, *Human Nature and the Social Order*, ele descobriu que nosso senso de valor é gerado, em parte, por nosso "*looking-glass self*" [algo como "espelho de si mesmo"], ou como imaginamos que outras pessoas nos veem.[7] Uma forma de as pessoas perceberem se são "boas" em alguma coisa — e então se sentir "bem" a respeito de suas habilidades — é verificando se são melhores do que outras pessoas ou recebendo elogios por seus talentos.

Não somos a única espécie cujas emoções são guiadas pela comparação. Pesquisadores da Emory University descobriram que os macacos julgavam sua comida ao observar o que outros macacos estavam mastigando. Quando todos os macacos recebiam uma fatia de pepino, o grupo rapidamente comia com felicidade. Mas quando alguns macacos recebiam uma uva doce e suculenta (uma melhoria incrível), aqueles que ficavam com as fatias de pepino basicamente se enfureciam.[8]

Também é uma vantagem evolucionária sermos duros com nós mesmos. Todos sofremos de um viés de negatividade, o que faz com que nossas experiências negativas sejam especialmente significativas emocionalmente. Depois que Liz fez uma apresentação no trabalho, seu gerente lhe deu um feedback maravilhoso — e uma pequena crítica. Adivinha por qual comentário Liz passou o resto do dia obcecada? Em teoria, essa tendência deveria nos motivar a tentar com mais afinco e então garantir a continuação da sobrevivência. Mas no mundo moderno, estamos programados para ficar nos criticando quando achamos que fracassamos e não demos o nosso melhor.

Estudante de pós-graduação, a leitora Anna deletou o Facebook para evitar ver postagens destacando as publicações, apresentações, prêmios e descobertas de dissertações de seus pares. "Mas todas as minhas inseguranças voltavam durante uma temporada de conferências à medida que as pessoas falavam sobre o trabalho delas", ela nos contou. "Costumo ficar amarga por causa de ciúmes de inadequação nas conferências."[9]

Para simplificar: evitar as redes sociais por um tempo pode ser útil (falaremos mais sobre isso ainda neste capítulo), mas não significa que você não fará mais avaliações de você mesmo com base em outras pessoas.

Mito nº2: Quando você finalmente ________, irá parar de se comparar com outras pessoas e será feliz

"Se começa com 'Serei feliz quando…'", nos disse a coach de vida Tanya Geisler, "não é um objetivo. É uma armadilha".[10]

A comparação sofre mutações e evolui, então mesmo quando você cruzar aquela linha de chegada há muito sonhada, provavelmente logo começará a desejar outra. A leitora Maggie contou para a gente que, quando ela tinha 26 anos e estava solteira, sentava em frente à sua irmã mais velha e seu cunhado em eventos de família e cobiçava seu casamento feliz. Mas depois que a Maggie conheceu e se casou com a sua cara-metade, a linha de chegada havia se transformado em filhos. Naquela época, sua irmã tinha dois pequenos arteiros, enquanto Maggie e o marido estavam apenas falando de momentos.

A natureza da comparação é continuamente reavaliar onde estamos.[11] Pesquisadores chamam as pessoas com as quais nos comparamos de *alvos de comparação* — e esses alvos mudam com o tempo e conforme nossas circunstâncias mudam. O alvo de comparação de Mollie era Vanessa, mas quando Vanessa teve filhos e Mollie não, isso mudou aos poucos. Isso também pode acontecer no trabalho. Digamos que finalmente você foi promovido a gerente; outros gerentes serão seus pares. O que algum dia parecia fora de alcance agora é algo que a maioria das pessoas ao seu redor conquistou. Isso é chamado de fenômeno "*new level, new devil*" ["novo nível, novo demônio", em tradução literal]: sempre que você subir de nível, estará rodeado de um novo grupo de pessoas que conquistaram mais coisas — e começará a se comparar com elas.

Estudante de direito, a leitora Kristin sonhava em ser selecionada para o Presidential Management Fellows Program, um programa governamental norte-americano de prestígio, que oferece bolsas de estudos e que aceita apenas 3% dos inscritos. A faculdade em que ela estudava informou que nunca tinha conhecido ninguém que chegara à rodada de entrevistas finais nos últimos cinco anos. Mas Kristin estava determinada. Ela passou por vinte entrevistas em quatro semanas enquanto seguia com a faculdade, seu emprego de meio período e seu cargo de editora-chefe de um jornal acadêmico.

Certa noite, enquanto estava no bar com amigos, Kristin recebeu uma ligação. Era o coordenador do programa oferecendo a ela uma bolsa de estudos. "Sentei no saguão e chorei de alívio", ela nos contou. Para comemorar, foi almoçar com amigos no dia seguinte, bebeu muitos martinis e se presenteou com uma massagem.

Mas a euforia inicial de Kristin logo esmoreceu, e ela começou a invejar seus amigos advogados corporativos que, como descreve, "iam passar um mês na Grécia com o dinheiro que tinham ganhado com o bônus, que era mais de 50% do meu salário inicial. Ainda que tivesse escolhido uma carreira que significava muito para mim, pessoal e profissionalmente, de repente me senti como uma sombra. Senti que não iria a lugar nenhum".[12]

Mito nº3: Quanto menos você se comparar com as outras pessoas, melhor

Quando Priscilla se tornou a primeira pessoa da família dela a ter um diploma universitário, parte dela se sentiu uma fraude.

De fora, a vida da Priscilla parecia uma história de sucesso sobre o poder da perseverança. Ela tinha dois empregos de meio período para pagar pela faculdade, morava com os pais para não ter que se preocupar com o aluguel e frequentava a maioria das aulas em uma faculdade comunitária. Depois de receber quatro *graus de associado* e um certificado de negócio, Priscilla assegurou ganhos o suficiente para pagar pela matrícula na universidade estadual local. Lá, ela terminou o bacharelado em somente um ano.

Mas Priscilla só conseguia focar o fato de que sua jornada para se graduar havia demorado longos sete anos. Quase todas as outras pessoas que ela conhecia tinham conseguido em quatro. Alguns anos antes, Priscilla havia passado por uma sequência infindável de fotos de seus amigos comemorando na festa de formatura, e ela tinha cedido ao desespero. "Eu quase desisti algumas vezes e quase abandonei", ela se recorda.

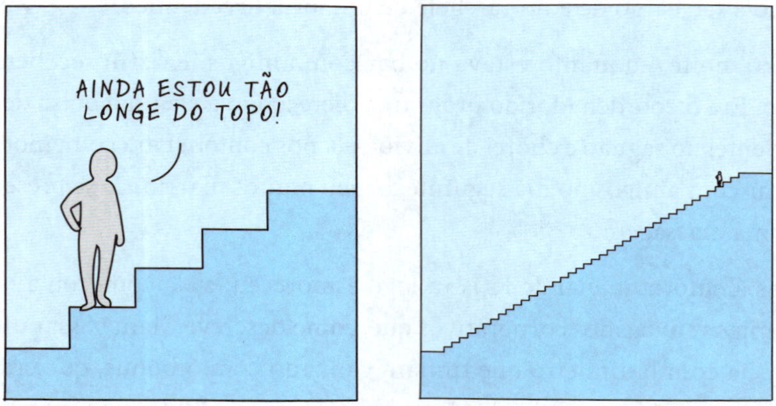

Na noite de sua graduação, Priscilla deitou na cama e colocou alguns filtros nas fotos que os pais dela haviam tirado. Mas não conseguiu postá-las no Instagram. "Como posso ficar animada por ter terminado quando todo mundo já o fez na metade do tempo?", ela pensou consigo mesma. Fechou o aplicativo e se enfiou embaixo das cobertas.

Com muita frequência, fazemos comparações que acabam com nossa autoestima. Mas há uma boa chance de que, quando a comparação o faz pirar, é porque você não está se comparando *o suficiente*. Você assiste a um pianista ridiculamente talentoso tocar o Concerto de Piano N.º 3 de Rachmaninoff e fala para si mesmo "Sou péssimo tocando piano", e para aí. Você não pensa no fato de que aquele pianista passa o dia todo, todos os dias, praticando por horas e que toca desde que estava no jardim de infância. Ou foca somente o tempo que você demorou para se graduar, sem dar o crédito pelo que conquistou.

Pesquisas mostram que tendemos a comparar nossas fraquezas com os pontos fortes das outras pessoas. Quando sua comparação é mais compreensiva, as coisas começam a ficar mais tangíveis. Priscilla precisava se comparar mais para entender que ela havia superado muito mais dificuldades financeiras do que seus pares. Quando ela começou a ler as estatísticas sobre como poucas pessoas cujos pais não fizeram faculdade conquistam um diploma de bacharelado, começou a se sentir orgulhosa. "Aquilo me ajudou a perceber que não importava quanto tempo demorou. Eu consegui." Um amigo da família também a lembrou de que a vida tem um prazo: quando você morre. Toda outra marca ou tempo é algo que você estabelece para si mesmo. Perceber que ela *havia* conquistado o objetivo dela a ajudou a começar a superar as dúvidas que tinha a respeito de si mesma.[13]

Falaremos mais sobre isso neste capítulo, mas aprender mais sobre o que os outros estão enfrentando também pode ajudar. Quando a escritora Aminatou Sow estava lutando contra o câncer, uma amiga se abriu para ela a respeito de problemas financeiros. "*Durante meu câncer, outras pessoas também estavam tendo problemas? Por favor, me conte tudo!*", Sow escreveu no seu blog, relembrando como tinha lhe trazido conforto perceber que ela não era a única pessoa no mundo que estava passando por um momento difícil.[14] "É possível que seus amigos não queiram aborrecê-lo com seus problemas", ela explicou. "É um ato de carinho, mas também é possível que isso esteja fazendo-o pensar que todo mundo está prosperando, menos você."

• • •

MOLLIE: *Meus alvos de comparação não se limitavam a uma amiga perfeita chamada Vanessa. Toda vez que eu abria o Instagram e via que outra pessoa estava grávida ou tinha um filho adorável, eu sentia um soco no estômago. Podia ser que eu estivesse tendo uma manhã boa, me entediasse e abrisse o Instagram, então o resto do meu dia seria arruinado. Me peguei tendo dificuldade para ser a amiga gentil e amorosa que eu queria ser. Quando minhas amigas começaram a ter bebês, enviava para elas um chapéu que minha mãe tricotava. Mas, à medida que o tempo passou, parei de contar para minha mãe sobre os recém-nascidos. Tinha que me forçar até mesmo para responder a e-mails de anúncios de gravidez ou aparecer nos chás de bebê. Eu me via como uma esposa e filha decepcionante porque não tínhamos um bebê. Eu ainda queria (e quero) ter filhos, mas sabia que precisava focar a cura de meu sofrimento primeiro (veja o Capítulo 6, sobre desespero). Na minha cabeça, meu fracasso por não ter um filho negava todos meus sucessos profissionais e pessoais. Era um marco de vida que todo mundo estava atingindo, menos eu.*

Percebi que a comparação estava tomando conta da minha vida e drenando toda a felicidade e energia. O primeiro passo que tomei foi parar de entrar no Instagram, simples assim. Isso fez com que o círculo de pessoas com as quais eu me comparava fosse muito menor. Encolheu o suficiente para haver menos chances de a comparação entrar de repente e arruinar meu dia. Eu ainda recebia mensagens e e-mails de amigos íntimos, mas não tinha que saber que o ex-namorado da minha colega de quarto da faculdade tinha acabado de ter gêmeos e se tornou milionário com Bitcoins.

De meses em meses, eu voltava ao Instagram para procurar alguma coisa e ficava maravilhada pelo tempo que as imagens ficavam na minha cabeça. Dez minutos seriam gatilho suficiente para sentimentos de comparação e inadequação por semanas. Os detalhes da vida das pessoas que eu não via há décadas invadiam meus sonhos.

Também tentei passar mais tempo perto de pessoas que tinham tomado um rumo diferente na vida. Na piscina comunitária, fiz amizade com uma mulher de 99 anos e uma de 65 anos, e nenhuma delas se casou nem teve filhos. As duas pareciam contentes com a vida delas, e aquilo não era um gatilho de comparação para mim. Eu me reconectei com uma amiga da faculdade que tinha se divorciado ainda bem nova e foquei minha energia em fazer amizade com pessoas que também se sentiam fora do rumo.

Foi só depois de muito tempo evitando conscientemente os tipos de comparação que eu costumava fazer e, ao mesmo tempo, trabalhando na terapia, que pude aceitar as circunstâncias da minha vida. Depois de mais de um ano, descobri que eu podia me envolver de novo com um círculo maior de amigos e até olhar as redes sociais ocasionalmente sem pirar.

Procurei Vanessa e fui honesta com ela a respeito de como tinha sido me afastar do caminho que ela seguiu. Contei que não estava falando com muitas pessoas ao telefone, mas que era especialmente difícil falar com ela porque ela me lembrava do que eu pensava que minha vida tinha que ser. Eu estava com medo de ter essa conversa. Adiei essa ligação por meses. Quando eu finalmente falei com Vanessa, ela me deu o presente de não me culpar por afastá-la. E estamos reconstruindo nossa amizade aos poucos e procurando maneiras de nos reconectar, muito embora estejamos em estágios muito diferentes de nossa vida. Sou grata por isso.

COMO LIDAR COM ISSO

"Acabei de descobrir que uma das meninas que meu namorado namorou antes de mim é bonita", tuitou a comediante Abby Govindan. "Estou nauseada."[15]

Se não for verificada, a comparação pode fazê-lo se sentir péssimo. Ver as pessoas serem melhores do que você pode parecer um vício perverso. Mas, com as ferramentas certas, você pode usar sua inveja para descobrir seu valor. Nesta seção, ajudaremos você a decodificar o que a inveja está tentando lhe falar e então transformar sua emoção em ação. Também mostraremos os pontos cegos que podem estar atrapalhando sua perspectiva sobre onde você está em relação a outras pessoas.

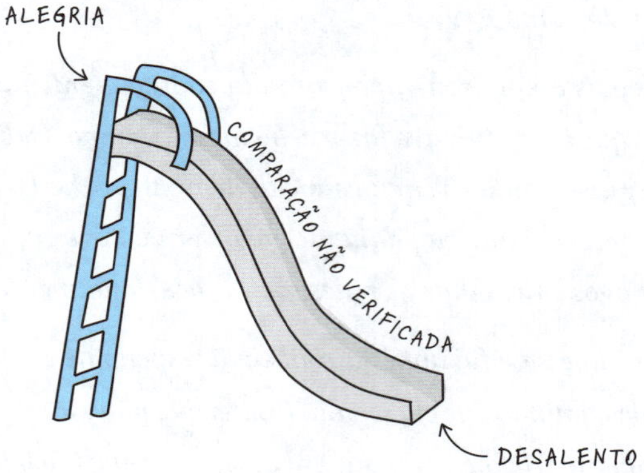

1. Ouça seus gatilhos mais fortes

Há vinte anos, enquanto coava o café, uma jovem advogada estava folheando a revista dos formados da faculdade de direito. Ela passou por um artigo de opinião a respeito do estado do colégio eleitoral, por uma longa lista de anúncios de casamento, fotos de uma reunião de cinquenta anos. E parou em uma seção na qual os ex-alunos compartilhavam atualizações de carreira. Não era nenhuma surpresa que muitos haviam continuado a exercer o direito. Ao ler a respeito de algumas de suas conquistas de prestígio, ela sentiu uma pontada de ciúmes.

Mas quando ela leu a respeito de um ex-aluno que tinha se tornado escritor em tempo integral, sentiu um frio na barriga como em uma montanha-russa. Ela há muito tempo flertava com a ideia de se tornar jornalista ou de escrever um livro, mas dado o tempo que havia investido na carreira, sempre relegava essa ideia ao mundo dos sonhos. Agora, lendo sobre alguém que *tinha* tentado, ela estava cheia de uma inveja tão poderosa, que a fez se debulhar em lágrimas.

Foi assim que a autora best-seller do *New York Times* Gretchen Rubin decidiu seguir a carreira de escritora. A mudança de carreira não aconteceu por causa de uma conversa com a chefe dela ou meses de consultas com um coach de vida. Ela aconteceu porque ela se sentiu com uma inveja desesperada da vida de outra pessoa.

A comparação pode lhe ensinar o seu valor: é mais provável que você sinta admiração quando vê alguém fazendo alguma coisa que quer fazer — ainda que você não se permita conscientemente querer isso.

O autoconhecimento o ajuda a transformar seus sentimentos em algo útil. Da próxima vez que a inveja der as caras, explore o que ela está lhe dizendo. Pergunte-se:

- O que eles têm que me faz me sentir menor do que eles?
- Que vazio eu acredito que isso preencheria?
- Realmente quero o que eles têm?
- Se sim, quanto? E vale a pena agir para tentar conquistar isso para mim?

Quanto mais específicas forem suas repostas, melhor você conseguirá redirecionar sua emoção em ações e estratégias. A leitora Helen nos contou que sentiu uma onda de inveja quando se encontrou no mercado com uma amiga recém-divorciada. “Ela estava reluzente”, lembra Helen. “O tempo todo, eu estava muito infeliz no meu casamento. Vê-la tão relaxada e feliz arruinou o meu dia.” Helen não queria se divorciar, mas queria reconstruir a conexão com o marido dela. Algumas semanas depois, o casal começou a fazer terapia junto.

Também pode ser útil notar o que você *não* inveja. Uma das amigas mais íntimas de Liz sabia desde cedo que não queria ter filhos. “Quando vejo fotos de alguém com um bebê, não sinto nenhuma pontinha de ciúmes”, contou para Liz. “Só me deixa ter mais certeza de que, embora fique feliz pelos meus amigos com filhos, definitivamente não é pra mim.”

2. Garanta que sua inveja não se torne maliciosa

A inveja que vem da comparação pode ser um ótimo motivador e guia. Também pode nos deixar amargos.

Psicólogos distinguem entre *inveja benigna*, quando admiramos alguém e tentamos imitá-lo, e *inveja maligna*, quando não gostamos e guardamos rancor da outra pessoa por ela ter o que queremos. É a diferença entre “Eles têm uma cobertura, e é incrível que tenham conseguido” e “Odeio o fato de a casa deles ter vista panorâmica, quero que sofram". Para deixar claro: ambas são dolorosas. Mas a inveja benigna nos motiva a trabalhar mais para melhorar, enquanto a inveja maligna nos torna desagradáveis.[16]

Costumamos sentir inveja maligna quando percebemos a escassez. Mas, em muitos casos, a habilidade de outra pessoa atingir alguma coisa é uma evidência de que isso é possível para você também. Um grupo de pesquisadores estudou mais de seiscentos pacientes com linfoma e câncer de mama para descobrir os efeitos das interações uns com os outros. Para a surpresa deles, descobriram que as atividades em grupo levavam a aumentos significativos na autoestima entre os pacientes que estavam na pior. Em vez de sentirem inveja daqueles que estavam melhorando, esses pacientes usaram os outros para inspirar esperança e motivação.[17]

Para mudar seu pensamento da inveja maligna para a benigna, tente estas frases que ouvimos da leitora Aya:

- "Eu me inspiro em _____. Talvez possa aprender com ele ou pedir para ser meu mentor."
- "AINDA não fiz o que eles fizeram."

- "Toda pessoa está em uma jornada própria. Sou grata pela minha."
- "Se meus exemplos favoritos parassem de fazer o que fazem, não poderia admirar seu belíssimo trabalho."

Dito isso, às vezes sua inveja maligna parecerá justificável. A leitora Ali fervilhava de ciúmes quando uma colega com melhores conexões mas menos competência foi promovida e ela não. E nosso amigo Paul, que desde criança via a mãe ter dificuldades para fechar as contas, nos contou que ele costuma se sentir ressentido com um colega que nasceu com um *trust fund****. A vida não é justa, e, infelizmente, esse fato será jogado na sua cara várias e várias vezes.

Quando você se sentir afundando na lama, pergunte-se: essa pessoa vale toda essa energia sua? Para recuperar sua atenção e seu foco, descubra que outras emoções você está sentindo e o que pode fazer para seguir em frente. A leitora Ali também sentia raiva, o que a motivava a enviar currículos para melhores empregos em outros lugares. E para combater a insegurança que costuma sentir, Paul fala para si mesmo: "Esse tipo de pensamento não é nada produtivo para mim."

3. Junte a filmagem que foi cortada dos melhores momentos de alguém

Em 2010, Johannes Haushofer, hoje professor associado de economia na Stockholm University, compôs seu "Currículo de Fracassos" para ajudar os alunos a perceberem que a rejeição é parte do caminho de sucesso. Uma versão atualizada, postada no site da universidade, inclui seções como "Programas de graduação em que não fui aceito" e "Cargos acadêmicos e bolsas que não consegui". Ele explica: "A maioria das coisas que eu tento é um fracasso, mas esses fracassos costumam ser invisíveis, enquanto os sucessos são visíveis. Notei que isso costuma dar para outras pessoas a impressão de

*** *Trust fund* é um contrato que tem personalidade jurídica, em que se estabelece a terceirização da administração de bens e direitos por meio da transferência de suas titularidades, cuja destinação será em benefício de um terceiro que não o administrador. (N. da T.)

que a maioria das coisas dá certo para mim. Como resultado, é mais provável que atribuam seus próprios fracassos a elas mesmas, em vez de se aterem ao do fato de que, bem... os currículos são um jogo de sorte e os comitês de seleção e juízes têm dias ruins."[18]

A maioria de nós acredita que outras pessoas vivem uma vida mais rica do que de fato vivem.[19] E por uma boa razão: em uma pesquisa recente, 82% de quem respondeu admitiu que deixava a vida parecer mais glamourosa do que era na realidade, seja omitindo as partes entediantes ou fazendo parecer que estiveram em mais passeios do que realmente fizeram.[20] A psicóloga Mai-Ly Nguyen Steers chama isso de ver "os melhores momentos de todo mundo".[21]

Mas geralmente não sabemos o que realmente está acontecendo na vida de alguém. E quando não pensamos nos bastidores de outra pessoa, temos muito mais propensão a sentir inveja maligna.[22] "Muitas pessoas que você pensa que são ricas não são ricas", escreve a autora Cheryl Strayed. "Muitas pessoas que parecem estar flutuando sofreram e estão sofrendo."[23]

Logo no começo de sua carreira de relações públicas, as páginas do Facebook de Maria Ramirez eram fabulosas. Ela postava fotos de si mesma com o músico Juanes, nos bastidores dos concertos do Madison Square Garden e bebericando coquetéis na beira da piscina em Miami.[24] Mas, offline, ela estava exausta. Ela trabalhava nos eventos até as 2h da manhã, estava constantemente viajando e quase não passava tempo com o noivo. Ficou "muito chato muito rápido", ela contou à *Fortune*. Atualmente, tem um trabalho com bem menos ostentação, mas está muito mais feliz.

Da próxima vez que ficar cheio de inveja por causa de um post ou comentário casual ou atualização do LinkedIn, dê um passo atrás e se pergunte:

- Como sei que essa pessoa não está tendo algum tipo de dificuldade?
- Do que eu tenho orgulho que não aparece nas redes sociais?
- Do que os outros teriam inveja se eu compartilhasse?

Uma última coisa: é possível ficar arrebatado pelos *seus próprios* melhores momentos. Se está aplicando filtros em todas as fotos que compartilha, ou só fala dos elogios que recebeu do seu chefe, corre o risco de se sentir mal por, na verdade, não viver a vida livre de preocupações que está representando. Para garantir que você não fique desejando sua própria fantasia, pense com um pouco mais de cuidado a respeito do que está tentando transmitir com as histórias públicas que você conta de si mesmo, e por quê. Não tem problema compartilhar atualizações incríveis de vida, mas talvez seja necessário equilibrar ou abaixar o tom da linguagem para que não fique muito radiante.

4. Evite ficar fazendo comparações quando estiver se sentindo para baixo

Nos dias ruins, é mais provável que você fervilhe de inveja.[25] Se sua voz interior já está em um fluxo de negatividade, ela distorcerá qualquer indicação de que alguém está se saindo melhor como prova de que você está destinado à miséria. A leitora Susan nos contou que, quando está para baixo, ela fica tão fixada nas conquistas dos amigos, que chega a se sentir desencorajada e deficiente. "Entro nos perfis do LinkedIn das pessoas e fico obcecada com o quanto todo mundo já conquistou."

Em seus momentos mais miseráveis, recomendamos evitar tudo o que provavelmente será um gatilho para algo chamado de *comparação para cima*, quando você se compara obsessivamente com pessoas que considera que estão "acima" de você de alguma forma. "Quando entro no Instagram, é como socializar todos os segundos com alguém que foi criado para me fazer sentir o pior de mim mesma", compartilha a atriz Cazzie David em uma entrevista.[26] "As novas namoradas dos meus ex, pessoas que têm as carreiras que eu quero, a Kylie Jenner."

É claro, é nos momentos em que você só quer se deitar na cama e se afogar em lágrimas que é mais fácil pegar seu celular e ficar rodando a página sem pensar muito. Os dados do Facebook mostram que as pessoas passam 225% mais tempo na plataforma depois de um término.[27] Esse comportamento pode se unir ao sentimento de solidão: pesquisadores da University of Houston descobriram que se sentir mal e então procurar as redes sociais tende a lhe dar uma perspectiva distorcida das vidas de seus amigos, fazendo com que você se sinta mais sozinho em suas lutas internas.[28]

Pode ser útil estabelecer limites melhores para si mesmo. Faça uma lista de pessoas, plataformas ou lugares que são um gatilho para essa comparação para cima e tenha um plano para evitá-los quando estiver se sentindo para baixo. Escutamos de muitos leitores que eles estabelecerem um tempo fixo (cinquenta minutos por dia) para as redes sociais. Você também pode estabelecer um limite de tempo de tela para aplicativos específicos nas configurações do seu celular.

5. Escolha uma referência mais ampla

Se vir um amigo atingindo um marco pessoal, é fácil sentir que você está atrás na vida. Mas, se você pensar em dez ou vinte amigos ou conhecidos, há uma boa chance de que um monte deles estejam no mesmo barco que você — e pode até ser que estejam velejando com felicidade.

Quando Liz tinha vinte e poucos anos e começou a desenhar, ela não se comparava com outros iniciantes. Ela comparava o trabalho dela com obras feitas por artistas de carreira, que haviam frequentado a faculdade de artes e aperfeiçoado sua arte por anos. Caímos nessa armadilha de vez em quando. Em um experimento, pesquisadores pediram para as pessoas avaliarem suas habilidades de corrida. Descobriram que os participantes espontaneamente se comparavam com *o melhor corredor em que pudessem pensar* e diziam que não eram tão bons.

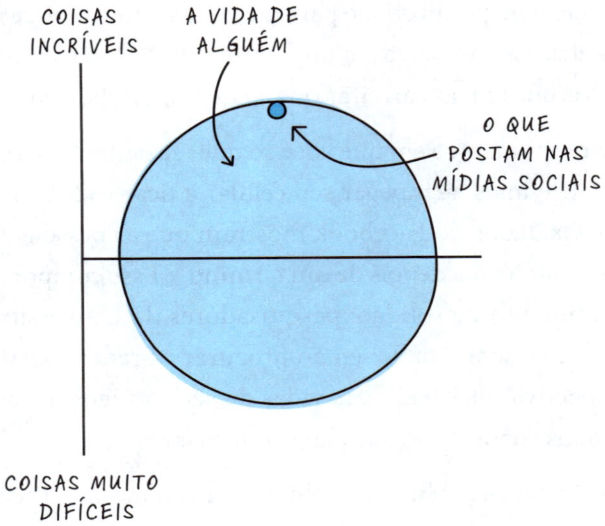

Os pesquisadores então incentivaram os participantes a listarem os dez melhores corredores que conheciam pessoalmente. Ao refletir a respeito do sétimo ou nono corredor com quem tinham se encontrado, as pessoas de repente se sentiam muito melhores. Comparar-se com um grupo maior diminuía o espaço enorme entre elas mesmas e o que pensavam como sendo "bom".[29]

Psicólogos também descobriram que ampliar a perspectiva pode ser útil quando você vivencia o que os psicólogos chamam de *intolerância à privação*: quando não consegue o que quer e isso faz com que você se afogue em um poço de desespero.[30] Da próxima vez que almejar desesperadamente o que outra pessoa tem, troque a pergunta "Por que não tenho isso?" por "Tenho o suficiente?". Há uma boa chance de que você possa sobreviver sem aquilo pelo qual você anseie, e não ter isso não tem nenhum impacto no seu valor enquanto pessoa.[31]

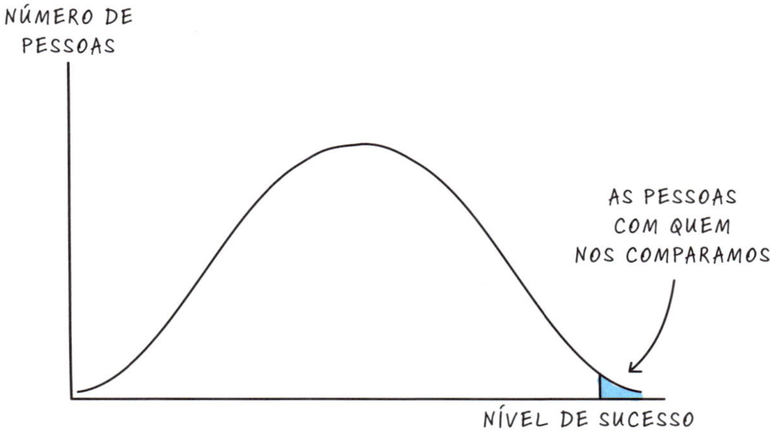

6. Compare os pormenores

É fácil desejar ganhar um milhão de dólares por ano no escritório da esquina e ignorar as responsabilidades, o estresse e as longas horas que vêm com o trabalho. Mas você precisa comparar as especificidades.

Há alguns anos, Liz ficou sabendo que a amiga de uma amiga tinha sido promovida e que logo lideraria um time de duzentas pessoas. Liz ficou tomada de inveja. Naquela noite, ela não conseguiu dormir, questionando todas as escolhas de carreira que havia feito. Liz sempre achou que ter uma reunião atrás da outra era muito cansativo, e geralmente prefere "botar a mão na massa" a "gerenciar as pessoas que estão botando a mão na massa". Ela nunca aspirou administrar tantas pessoas.

Mas lá estava ela, sem dormir e se sentindo miserável porque não estava gerenciando. "O meu ciúme significa que deveria mudar todos meus planos?", ela se perguntava. "Esse tempo todo, estive errada a respeito de quem eu sou e de onde eu quero estar?"

Na manhã seguinte, Liz acordou com a certeza de que ainda era a pessoa que evitava reuniões — e que ela não queria trocar de lugar com sua conhecida recém-promovida. Ela, na verdade, não desejava o dia a dia que vinha com ser gerente dos gerentes; ela só queria o prestígio e a validação social de poder anunciar uma conquista grande e empolgante.

Pensar em "um dia na vida de outra pessoa" ajudou Liz a perceber que ela não precisava trocar toda sua carreira, mas que deveria continuar seguindo no caminho atual e procurar mais oportunidades de se tornar mais visível. É útil entender que talvez você não queira a grande casa da sua amiga, mas o sinal de prestígio que ele comunica ou a segurança financeira que simboliza.

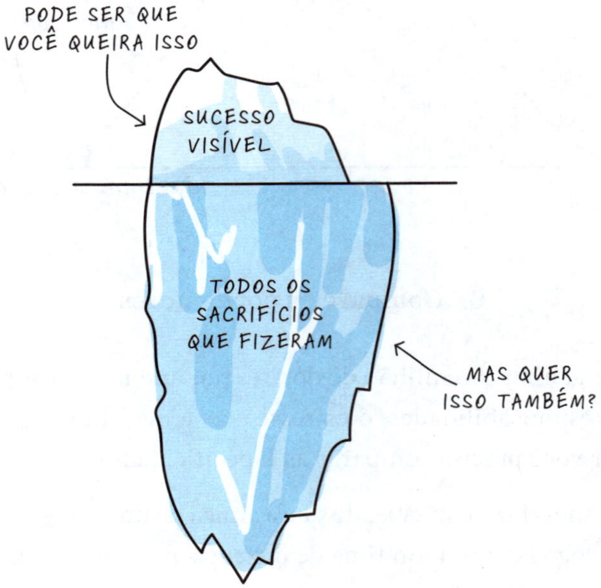

Kristin, a advogada que havia ficado com inveja das receitas de seus amigos advogados corporativos, também aprendeu a comparar melhor as especificidades da vida dela e as de outras pessoas. Quando ela pensou no quanto achava seu dia a dia significativo e no fato de que não tinha que sacrificar sua vida social para trabalhar mais de setenta horas semanais, percebeu que seu sonho estava no lugar certo: ela amava a carreira no serviço público.

Você também deveria considerar o nível de experiência e os esforços de seus alvos de comparação. Quando a leitora Aya estava procurando emprego no último ano da faculdade, ela sempre escutava falar de outra pessoa que havia conseguido uma vaga incrível e se sentia medíocre. Certa tarde, uma amiga contou para Aya que tinha conseguido um emprego na NASA. Aya sentiu os ciúmes dando as caras, até que sua amiga continuou: "Depois de me candidatar para noventa vagas, finalmente posso relaxar." Aya percebeu então que havia se candidatado a apenas algumas poucas vagas até então. "Facilmente vemos as conquistas das pessoas", Aya nos contou, "mas o trabalho que deu para chegar lá costuma ser invisível".[32]

Para resumir, veja uma lista de perguntas para o ajudar a fazer melhores comparações:

- Como seria "um dia na vida de outra pessoa"?
- Que partes específicas daquela vida eu quero?
- Que partes específicas daquela vida eu não quero?
- Que experiência tem essa pessoa?
- Essa comparação se baseia em alguma versão imaginada/melhor de mim mesmo ou na expectativa de outras pessoas/da sociedade sobre mim?
- Estou disposto a abrir mão das coisas boas na minha vida atual para ter aquilo?

7. Compare seu eu do presente com seu eu do passado

Pode ser que não esteja exatamente onde quer estar, mas há uma boa chance de que você não esteja onde *estava* também. Pausar para reconhecer suas conquistas — e as habilidades que desenvolveu como resultado — pode ajudá-lo a sentir orgulho de seu progresso e se desembaraçar da inveja maliciosa.[33]

Apesar de a leitora Eliza sempre ter amado montanhas, ela evitou correr ou fazer trilhas durante a maior parte de sua vida porque sua asma a deixava em desvantagem quando comparada com seus pares. Quando tinha quase trinta anos, finalmente decidiu ir em frente — mesmo que isso significasse ir em um ritmo mais lento do que a maioria das pessoas. "Nunca poderei fazer trilha na velocidade das outras pessoas", ela nos contou. "Sempre serei mais lenta por causa da minha baixa capacidade pulmonar. A única pessoa com quem eu posso e deveria me comparar sou eu mesma." A persistência e a nova atitude de Eliza compensaram: pouco antes do aniversário de trinta anos, ela completou uma trilha de cinco dias.[34]

Uma maneira simples de transformar em hábito esse tipo de autocomparação é tirar alguns minutos no final de cada mês para refletir no seguinte:

- O que aprendi nas últimas semanas?
- O que foi difícil, e de que outra forma eu teria lidado com isso dado o que sei agora?
- Qual foi meu progresso?

Lembre-se de que uma parte importante do progresso que você fez é o que você aprendeu. Pode ser que esteja começando em um novo lugar ou tenha trocado de carreira ou terminado um relacionamento. Isso não significa que está "atrás" de onde estava. Significa que você está começando de novo, desta vez com experiência.

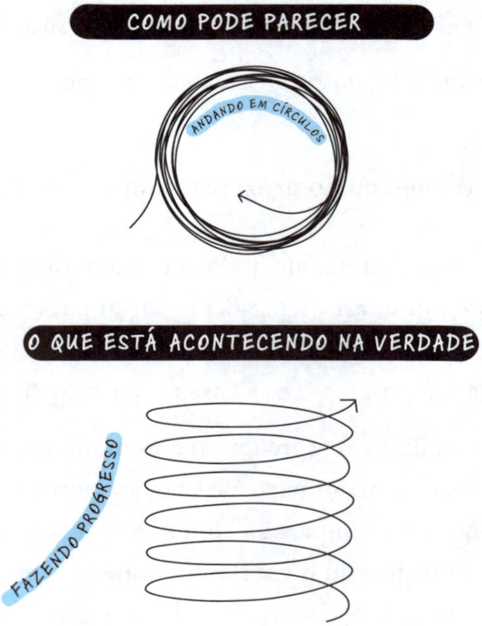

• • •

Se comparar com outras pessoas é inevitável, mas ao aplicar alguns dos conselhos listados anteriormente, esperamos que você possa aprender a usá-los a seu favor. Uma boa regra geral é equilibrar a comparação para cima (analisar pessoas que têm mais do que você) com a comparação para baixo (analisar quem está pior do que você). E, finalmente, lembre-se de que você só vê a ponta do iceberg. Pode ser que uma pessoa cuja vida pareça perfeita no Instagram esteja lidando com problemas que você nem imagina.

APRENDIZADOS

- Deletar o Instagram não vai curar seus males de comparação.
- Use a inveja para determinar exatamente o que você valoriza...
- ... e então trace um plano para seguir em frente
- Evite as comparações quando estiver triste.
- Lembre-se: você geralmente só verá os melhores momentos de outra pessoa.
- Escolha uma base maior e compare os pormenores.
- Analise a distância que você percorreu e celebre seu progresso.

CAPÍTULO 3

Raiva

A raiva é uma afirmação de direitos e valor...

Na raiva, goste ou não, há verdade.

Soraya Chemaly

LIZ: *Quando eu era criança, raramente via meu pai na cozinha. Apesar de ele sempre me apoiar como pessoa, ele tinha pensamentos tradicionais a respeito dos papéis de gênero. "Homens não cozinham nem limpam", ele me dizia. "Esse é o trabalho das mulheres. As mulheres foram feitas para ter filhos e cuidar da família. Você verá. Um dia, vai querer um marido e um bebê mais do que qualquer coisa. É simplesmente o que acontece."*

Eu o desafiava. Meu único propósito na vida era servir a um homem e estar cercada de crianças gritando? Eu achava que não. Eu nunca seria uma "Senhora Outra Pessoa" e não tinha planos para me jogar fora por um marido ou um bebê. "Você vai ver!", eu explodia.

Décadas depois, quando eu tinha 28 anos, conheci Maxim. No nosso primeiro encontro, ele fez uma salada de folhas verdes e misturou pesto no macarrão que tinha cozinhado. Depois do jantar, ele enxugava enquanto eu lavava a louça. Gostei dele.

Nós namoramos por quatro anos antes de o Maxim se ajoelhar e fazer o pedido. Fiquei surpresa pela quantidade de calafrios de felicidade que senti. Ia me casar, mas não sentia que estava perdendo pedaços de mim no processo. Eu estava feliz.

E então vieram os comentários.

"Parabéns por convencê-lo a se trancar!"

"Isso é incrível! Você tem tanta sorte! A Senhora Massenkoff tem um belo anel."

"Como vocês terão filhos em breve, recomendo uma cesárea. Todas as minhas amigas que tiveram parto natural basicamente não têm mais uma vagina." (Isso veio de alguém que eu nem conhecia direito.)

No começo, tentei me convencer de que as pessoas só estavam felizes e bem-intencionadas. Mas logo ficou claro que nada disso estava sendo dito ao Maxim. As pessoas diziam "Parabéns" a ele e seguiam em frente. Não tinha um "Você é sortudo". Nenhum conselho não solicitado sobre a paternidade.

Sempre que Maxim não precisava ouvir o papo de casamento e bebê, eu me sentia ressentida, mas tudo piorava por causa do fato de que, mesmo quando eu tentava explicar que eu não tinha planos para mudar meu nome nem fazer da maternidade minha prioridade principal, meus protestos eram ignorados.

"Minha esposa manteve o nome dela até que tivemos filhos. Então ela viu que fazia mais sentido sermos uma unidade familiar. Você vai mudar de ideia."

"Sim, definitivamente curta o período da lua de mel. Você não vai mais ter tempo para si mesma depois que tiver filhos! Quando vão começar a tentar?"

Meu sangue fervia. Meu pai estava certo? Esse seria o fim da "Liz"? De repente, as pessoas passaram a se referir a mim como a pessoa que logo vai se casar e logo vai ser mãe e mais. Também ficou implícito que eu deveria estar extasiada pela dissolução abrupta de todas as outras partes da minha identidade. Qualquer coisa menor faria com que eu fosse uma noiva ruim e uma mulher ruim.

"Você deve estar aliviada por finalmente estar se casando!" "Você vai começar a dieta para o casamento?"

Não tinha ideia. Eu só sabia que estava furiosa. Com os comentários, com o fato de que eu tinha concordado em me casar, e até (um pouco) com o Maxim.

• • •

Em 1977, o professor de psicologia James Averill estava frustrado. Quando se tratava de raiva, ele achava que os outros acadêmicos faziam uma mistureba. Os pesquisadores das conferências a que ia ficavam se referindo à raiva como um instinto que não tinha nenhum propósito e deveria sempre ser suprimido. Mas por que a raiva seria uma emoção tão comumente sentida se não fosse importante de certa forma?

Para testar seu palpite, Averill decidiu questionar os residentes em uma cidade próxima. O questionário que ele desenvolveu tinha quatorze páginas e pedia para as pessoas: "Lembre-se do número de vezes que você ficou irritado e/ou bravo na semana passada." E a responderem a coisas como: "Quando fica bravo, você deseja vingança?" Averill sabia que responder a tantas perguntas era pedir muito de alguém e imaginou que a maioria das pessoas simplesmente jogaria o questionário no lixo.

Ele estava errado.

"Foi o questionário com o melhor desempenho que já conduzi", ele contou à *The Atlantic* décadas depois. "Algumas pessoas até anexaram bilhetes de agradecimento. Elas ficaram muito agradecidas por falar a respeito de ficar com raiva."[1]

O questionário de Averill produziu duas descobertas importantes. Primeiro, a maioria das pessoas disse que se sentiram leve a moderadamente com raiva várias vezes na semana (e, com alguma frequência, várias vezes por dia). Segundo, Averill descobriu que, ao contrário do que seus colegas afirmavam, quando as pessoas ficavam com raiva, era mais provável que tentassem melhorar uma situação ruim.

Nos anos depois do questionário do Averill, uma ampla gama de pesquisas confirmou o que seus resultados revelaram: a raiva pode atender você caso a canalize produtivamente. "A raiva não é o guarda-costas da dor", diz o especialista em luto e perda David Kessler.[2] Ficar com raiva pode desencadear a criatividade, motivá-lo a advogar por você mesmo e o ajudar a ter um melhor desempenho em circunstâncias competitivas.

Claro, a fúria e a frustração podem comê-lo vivo se você permitir. Neste capítulo, quebraremos quatro mitos sobre a raiva e então lhe ofereceremos algumas estratégias para melhor identificar e satisfazer as necessidades não atendidas por trás de sua indignação.

Ofereceremos estratégias para comunicar seus sentimentos efetivamente e lhe mostraremos que às vezes a raiva é a chave com a qual você pode se libertar.

MITOS SOBRE A RAIVA

Mito nº1: Você deveria suprimir sua raiva

Quando somos crianças, nossos pais e outros adultos costumam nos dizer para *parar de sentir raiva!* E, embora as normas de gênero estejam mudando, as meninas tendem a ouvir isso com mais frequência do que os meninos. A raiva geralmente é apresentada como uma emoção particularmente feia e não feminina.

Também aprendemos logo cedo que a palavra *raiva* pode ser associada com violência irracional, o que nos faz acreditar que, quando estamos agitados, estamos no nosso pior. "Minha avó dizia que, quando estamos com raiva, magoamos pessoas", nos contou a leitora Karla sobre sua infância nas Filipinas. "Não sei muito bem se ela quis dizer que estar com raiva pode levá-lo a machucar fisicamente outra pessoa ou magoar seus sentimentos. Mas acredito que eram as duas coisas." Durante a maior parte da vida dela, quando ficava com raiva, Karla tentava suprimi-la. Raramente funcionava. Inevitavelmente ela explodiria, e no processo "emitiria palavras que nunca imaginei que falaria. Costumava me odiar sempre que ficava com raiva".[3]

A abordagem binária de Karla é mais comum do que gostamos de acreditar e é uma das principais razões pelas quais precisamos recuar na guerra à raiva. Isso porque a raiva é a maneira evolutiva de nos dizer: "Faça algo a respeito disso!" Quando você se sente ficando com raiva, "é automático, você não pode controlar", explica o neurocientista R. Douglas Fields. "Sua mente inconsciente absorve quantidades enormes de dados, determina que você está em uma situação ameaçadora e se prepara para responder fisicamente. A única maneira de esse circuito se comunicar com nossa consciência é pela emoção."[4] Pense na raiva como um alarme não específico que pretende tirá-lo do caminho do perigo.

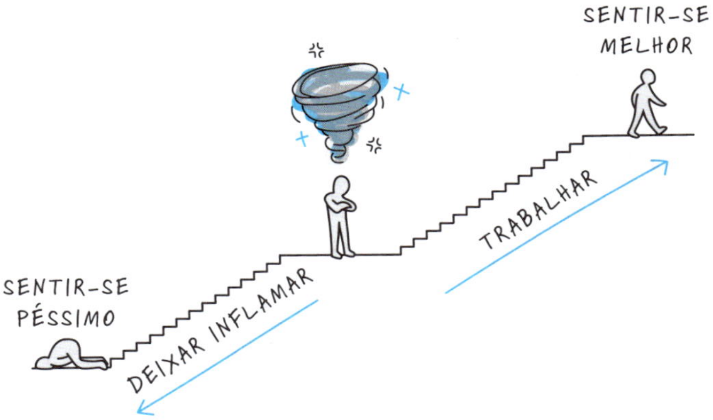

Em muitas situações, a raiva pode até ser uma forma de compaixão. Conforme escreve Myisha Cherry, professora de filosofia, a raiva costuma "expressar a compaixão pelos oprimidos e o desejo por um mundo melhor. A raiva contra a injustiça social deixa as pessoas ansiosas para fazer algo a respeito".[5] Em um famoso discurso de 1981, a escritora Audre Lorde também abordou "Os Usos da Raiva": "Toda mulher tem um arsenal bem montado de raiva potencialmente útil contra essas opressões, pessoais e institucionais, que fizeram com que essa raiva fosse carregada de informações e energia."[6]

Além do mais, nossas tentativas de suprimir nossa raiva não costumam funcionar. E o pior: quando fingimos que podemos deixá-la de lado, a raiva tende a inflamar até se tornar uma emoção maior e muito mais difícil, como ressentimento ou ódio. O autor Augusten Burroughs escreve sobre essa metamorfose perigosa: "O ressentimento é a raiva procurando vingança. É também uma emoção que ganha muito interesse. Cada novo ressentimento é acrescentado aos anteriores. Longos casamentos terminaram em ruínas por causa de pequenas e insignificantes queixas que nunca foram apropriadamente trabalhadas e acabaram crescendo em um vaso quebradiço de ódio. O ódio é a raiva fortalecida."[7] Em outras palavras, a ira que você sente quando seu parceiro enche a lava-louças "incorretamente" pode ser um sinal de que vale a pena lidar com isso.

Mito nº2: Somos juízes confiáveis de quem está com raiva

Pode ser que a gente pense que sabe quando alguém está bravo ou não, mas estudos mostram que estereótipos e vieses costumam anuviar nosso julgamento. Pesquisadores descobriram que rostos masculinos, da infância em diante, são percebidos como mais expressivos da raiva, ainda que os participantes acreditassem que os sujeitos masculinos e femininos *sentiam* o mesmo nível de raiva.[8] Mas pesquisas em 2015 e 2018 mostraram que as mulheres ficavam consistentemente mais bravas do que os homens.[9]

Estereótipos raciais sobre a raiva podem ser ainda mais nocivos. Quando a jogadora de tênis Serena Williams brigou com um árbitro no US Open em 2018, eles decidiram chamar de abuso verbal e aplicar a penalidade máxima, uma multa de US$17 mil.[10] "Serena agiu como uma má perdedora", acusou uma manchete no *New York Post*.[11] Em contraste, observe Novak Djokovic, um jogador de tênis sérvio branco, que teve uma explosão em quadra no mesmo torneio em 2020 depois de perder um set. Com raiva, ele jogou uma bola na direção da juíza de linha e *a acertou na garganta*. Depois de ser desqualificado, o *Post* publicou um artigo (do mesmo escritor) intitulado "A punição excessiva de Novak Djokovic é péssima para o US Open".[12]

Em nível nacional, administradores de escolas aplicam punições mais severas para estudantes negros do que para suas contrapartes brancas devido à agressão percebida. Estudos mostram que é muito mais provável que meninos negros do ensino fundamental e médio sejam vistos como "problemáticos" do que os meninos brancos, mesmo que exibam exatamente o mesmo comportamento.[13] E as meninas negras têm 5,5 mais chances de serem suspensas do que meninas brancas.[14] Una isso à pesquisa que mostra que as mulheres negras têm menos probabilidade do que uma amostra da população geral de relatar se sentir com raiva ao enfrentar crítica ou desrespeito, possivelmente para evitar o rótulo de "mulher negra raivosa".[15]

Asiático-americanos, por outro lado, são estereotipados como frios e competentes, em vez de raivosos.[16] "A figura do asiático-americano permanece uma lacuna no imaginário cultural dominante dos Estados Unidos", escreve o professor de estudos étnico-culturais Nan Ma.[17] Phil Yu, um blogueiro que escreve sobre as questões que afetam os asiático-americanos, escolheu chamar seu blog de *Angry Asian Man* [Homem Asiático Raivoso, em tradução livre] para combater esse estereótipo nocivo: o de que os asiáticos são quietos e passivos. A "ideia do asiático raivoso é uma afronta", ele escreve; "as pessoas normalmente não associam as duas palavras, então, quando veem isso, fica na cara que é uma provocação". Mas, mais do que uma provocação, o título do blog do Yu reflete uma verdade incontestável: "muitos asiáticos são... muito verbais, e podem ficar com raiva por causa de questões que afetam sua comunidade."[18]

Há muito mais que pode ser dito sobre esse assunto. Encorajamos que você verifique nossos recursos sobre a raiva na página 244.

Mito nº3: Desabafar faz com que você se sinta melhor

Desabafar não é tão produtivo quanto pode ser que você pense que é, ainda que há muito tempo o desabafo seja apresentado com uma atividade catártica. Nos anos de 1980, era possível comprar um saco de pancadas para esses momentos explosivos "quando você sente que tem que botar pra fora". Havia até um bolso de vinil nesses sacos para que fosse possível inserir uma foto para esmurrar.[19] Hoje em dia, é possível pagar para ir em "salas da raiva" e destruir televisões e pratos com um taco de beisebol.[20] Também é surpreendentemente comum escutar a respeito de pessoas que ficaram com tanta raiva, que abriram um buraco na parede com um soco.

Mas pesquisas mostram que esse tipo de "terapia da destruição" faz com que sua raiva aumente, em vez de diminuir.[21] O psicólogo Brad J. Bushman estudou pessoas que usavam um saco de pancadas para liberar a raiva e descobriu que "não fazer nada era mais eficaz" para dispersar a raiva.[22] Evidências médicas também sugerem que treinar na base da raiva aumenta em mais de oito vezes o risco de um ataque cardíaco.[23]

Quando você extravasa sua raiva, corre o risco de causar danos permanentes — e de criar hábitos prejudiciais. Não é útil deixar um buraco na parede da sua sala toda vez que você se chateia. Mesmo elevar a voz pode ser assustador ou danoso a outras pessoas. E algo dito em um momento de raiva é como uma pasta de dentes: não dá para colocar de volta no tubo.

Também foi provado que o desabafo crônico, quando você revive os mesmos problemas sem tentar entender ou resolvê-los, faz com que você e quem está escutando se sintam piores.[24] "Eu finalmente tive que colocar um limite no quanto eu jogava conversa fora com meus colegas", nos contou a leitora Paula. "Descobri que usar o tempo para focar como eu poderia aprender ou melhorar me fazia muito bem."[25]

Mito nº4: O gatilho da raiva costuma ser um evento específico

Sim, um evento específico pode deixá-lo furioso. Escutamos de leitores que eles perderam a paciência por coisas aparentemente pequenas: Wi-Fi inconsistente, embalagens que eram impossíveis de abrir, sorvete muito congelado entortando a colher, um e-mail do chefe com apenas um "?", o cônjuge perguntando a que horas o jantar ficaria pronto.

Mas o que nos faz ter raiva costuma ter motivos. O e-mail "?" veio depois de meses de interações condescendentes e rudes. Um exemplo em mais larga escala: quando Brett Kavanaugh se tornou juiz associado da Suprema Corte dos Estados Unidos, houve um protesto público ("Mulheres reagem à audiência de Kavanaugh com raiva e dor", informava uma manchete na revista *New York*[26]), tanto por causa de seu histórico pessoal quanto por séculos de mulheres sendo ignoradas depois de sofrerem assédio ou abuso sexual.

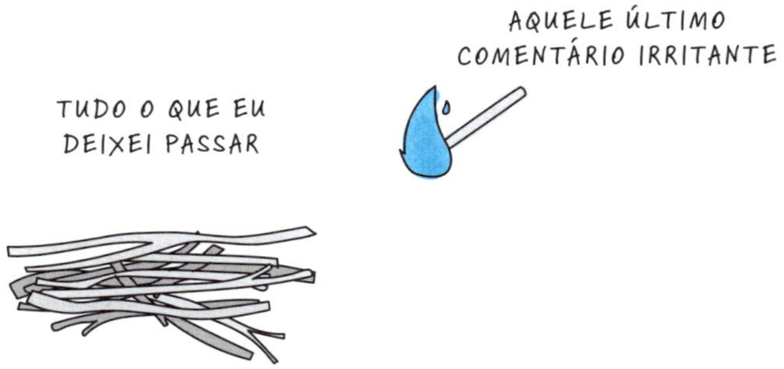

"O estresse crônico literalmente religa os circuitos de raiva no seu cérebro", escreve R. Douglas Fields em *Why We Snap*.[27] Se você está preso a um ambiente nada saudável ou sob muita pressão, desenvolve um pavio extremamente curto. Esse nível de estresse e medo contínuo que você vivencia todo dia esgota seus recursos emocionais, fazendo com que seja muito mais provável que você fique bravo, mesmo com provocações pequenas.[28] Quando você está se sentindo miserável no trabalho todo santo dia, é muito mais provável que exploda com seu cônjuge ou amigo por causa de um almoço no domingo.

Então, sim, um evento pode deixá-lo justificadamente chateado, mas quando analisar sua raiva, tente entender melhor o que pode ser que já estivesse cozinhando em você. Nós o ajudaremos a fazer isso na próxima seção.

• • •

LIZ: *Em uma caminhada com minha amiga Carly, eu estava furiosa a respeito dos comentários que tinha ouvido por ter ficado noiva. Quando finalmente acabei, ela perguntou: "O Maxim te pediu para mudar de nome?"*

"Não", admiti.

"Ele espera que você de repente faça com que servi-lo em cada necessidade dele seja seu único propósito?"

Considerei por um momento e balancei a cabeça. "Não."

"Certo. E ele espera que tenham filhos imediatamente ou que você deixe seu emprego quando tiverem?"

"Não, ele ama me ouvir falar sobre meu trabalho."

Carly balançou a cabeça. "Viu? Se casar, ou até ter filhos, não significa que você tenha que abrir mão de tudo aquilo com que você se importa. Conheço um casal que tem uma política 'Eu primeiro, nós segundo, filhos terceiro'. Você e Maxim podem decidir o que querem."

A caminho de casa, fiquei pasma quando percebi que estava me sentindo muito mais leve. Em algum momento nas últimas semanas, tinha começado a ver Maxim e o casamento como inimigos. Mas o que estava dentro do nosso relacionamento era bom. Eu estava com raiva das forças externas e aterrorizada com o que elas podiam fazer comigo e conosco. Perceber que Maxim podia ser meu parceiro no estabelecimento de limites e na criação de uma vida justa era um alívio.

Carly tinha razão: Maxim nunca tinha me pressionado — nem era provável que um dia o fizesse — para me tornar outra pessoa, mudar meu nome ou desistir da minha carreira se e quando tivéssemos filhos. Várias e várias vezes ele tinha me dito e mostrado que me amava por tudo o que me fazia ser a Liz, por tudo o que eu valorizava em mim também.

Naquela noite, Maxim e eu sentamos um ao lado do outro, abrimos um documento do Google e começamos a fazer um rascunho de uma lista intitulada "Partes de nós que amamos e não queremos perder (+ itens de ações)".

Conversamos por um bom tempo sobre o que estava causando minha ansiedade. Começamos com a enxurrada de perguntas sobre o bebê. No nosso documento do Google, Maxim digitou: "Liz não quer ter conversas focadas em casamento e bebês (se/quando a Liz engravidar, Maxim responderá todas as perguntas relacionadas ao bebê)." Seguimos para minha convicção de que eu queria continuar trabalhando, tanto no meu emprego quanto em meus projetos criativos. Ele escreveu:

- *Maxim e Liz querem continuar trabalhando (descobriremos o que fazer a respeito dos cuidados com a criança).*
- *Continuaremos a priorizar frugalidades (Liz não acabará comprando um monte de coisas fofas para bebês que o bebê usará uma vez só).*
- *Daremos tempo sozinho um para o outro quando necessário.*

Finalmente, tocamos na minha raiva de receber perguntas a respeito da troca do meu nome. Eu queria continuar sendo Liz Fosslien como um símbolo de que ainda era eu, um indivíduo, ainda que eu estivesse me casando. Acrescentamos: "Liz não mudará o nome dela."

"Tá se sentindo melhor?", Maxim me perguntou. Fechei o computador e me aproximei dele. "Estou", respondi.

COMO LIDAR COM ISSO

"A raiva é como água. Não importa o quanto as pessoas tentem represar, se afastar ou negar, ela encontrará um caminho", escreve a autora Soraya Chemaly em *Rage Becomes Her*. Quando internalizamos ou suprimimos nossa raiva por muito tempo, ela se "mostra em nossa aparência, corpo, hábitos de alimentação e relacionamentos, autoestima extremamente baixa, ansiedade, depressão, automutilação e doença física em si".[29]

Nesta seção, nós ajudaremos você a entender melhor seus gatilhos da raiva e tendências e então esboçar estratégias para mais efetivamente identificar e abordar as necessidades não atendidas por trás de sua fúria. Nosso objetivo é empoderá-lo a responder, em vez de a reagir ao que quer que o esteja deixando p*to da vida — e evitar aqueles momentos de jogar a cadeira e bater as portas dos quais você provavelmente se arrependerá depois.

1. Identifique seus gatilhos de raiva

Para lidar melhor com a raiva, comece a destacar exatamente o que o tira do sério. Seus gatilhos podem ser eventos (talvez você tenha sido dispensado injustamente de uma promoção) ou condições (por exemplo, você não come há um tempo). Se você tem dificuldade para fazer uma lista, peça a ajuda de alguém que more com você ou o ame — eles saberão. O marido de Liz, por exemplo, imediatamente respondeu: "Quando você sente que está sendo mal representada. E quando alguém masca chiclete perto de você."

Nossa amiga Candice costuma sentir que seus pais escutam apenas seus irmãos mais velhos, mesmo ela tendo um posicionamento mais razoável e tendendo a assumir o papel de organizar eventos e viagens. "Esse é um dos meus maiores gatilhos de raiva", ela nos contou. "Quando penso que as pessoas estão me ignorando ou não levando minhas sugestões a sério, perco a cabeça." Simplesmente reconhecer esse gatilho ajudou Candice a se autorregular no momento. "Costumava ser muito ruim para entender quando estou chegando perto do meu limite emocional", ela explicou. "Agora observo o que está acontecendo com muito mais antecedência e posso evitar ficar muito sobrecarregada."[30]

Veja alguns gatilhos de raiva comuns:

- Sentir que você não está sendo ouvido.
- Sentir que as decisões são tomadas injustamente.
- Estar em estado de ansiedade.
- Ouvir que deve se acalmar.
- Quando alguém o interrompe no meio da frase.
- Quando alguém faz alguma coisa que o afeta sem a sua permissão.
- Quando você está prestes a fazer alguma coisa e alguém lhe pede para fazer isso.

Identificar seus gatilhos pode ajudá-lo a antecipar quando seu sangue começará a ferver, o que faz com que seja menos provável que você vivencie o que os cientistas chamam de *sequestro da amígdala*, uma resposta emocional que é imediata e que sobrecarrega. Quando isso acontece, temos mais propensão a dizer ou fazer coisas de que nos arrependeremos.

Há alguns anos, nosso amigo Jake viu um motorista da faixa ao lado jogar todo o lixo do fast-food pela janela do carro. Quando Jake parou ao lado dele em um semáforo vermelho, abaixou o vidro e gritou: "Vai se f*der! Para de jogar lixo na rua!" O outro motorista ficou revoltado e começou a sair do carro, mas felizmente o semáforo ficou verde e Jake pode arrancar. Ao se lembrar da história, Jake fica envergonhado. "Eu perdi a cabeça, e isso quase me custou um incidente de ódio nas ruas."

Recomendamos manter um registro de raiva, um diário no qual você escreve momentos em que se sentiu frustrado ou irritado, por uma semana. Essa prática pode ajudá-lo a identificar padrões e então encontrar melhores maneiras de seguir em frente no momento. Fazer um diário ajudou o leitor Jesse a entender que ele tende a ficar muito mais irritado quando está cansado. Saber isso o ajuda a perceber que, se sentir uma pontinha de raiva por alguma coisa tarde da noite, ele não precisa agir. Ele só precisa ir para a cama. (Nota paralela: odiamos o conselho "Nunca vá para a cama com raiva". Vá para a cama com raiva! Às vezes você só precisa dormir.)

2. Entenda sua tendência de expressão da raiva

Além de seus gatilhos exclusivos, pode ser útil entender como você tende a expressar a raiva. (Você pode encontrar nossa avaliação de Tendência da Expressão da Raiva na página 230.) Veja algumas das tendências da expressão da raiva mais comuns.

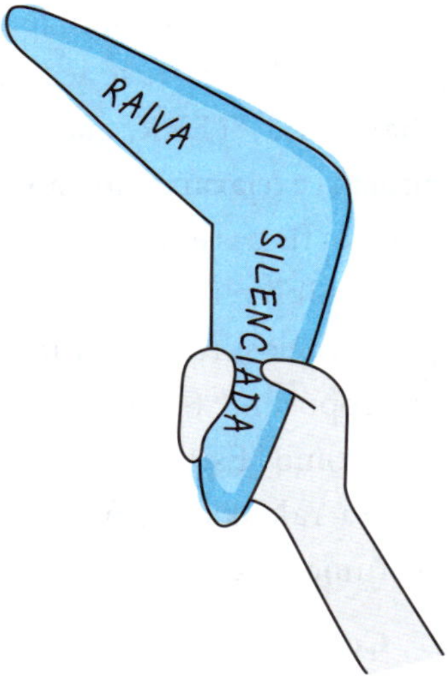

Silenciador da raiva: você corre para abafar sua raiva (isso costuma ser um processo inconsciente) e talvez tenha a tendência de se culpar pela situação que fez com que você ficasse chateado mesmo que não seja sua culpa. Em alguns casos, sua raiva o deixa tão desconfortável, que, em vez de senti-la livremente, você sente outra emoção, como tristeza ou culpa. Quando a raiva é silenciada, tende a gerar ansiedade e depressão. O silenciamento da raiva também está associado com a hipertensão.

Se você tende a silenciar sua raiva, pratique comunicá-la de maneiras seguras. Comece com algo pequeno, como pedir para seu parceiro parar de encher demais a lava-louças. Quando Liz estava tentando se tornar mais assertiva, achou esta fórmula de comunicar uma raiva específica muito útil:

O que a outra pessoa fez + o efeito negativo que teve em você + como fez com que você se sentisse

Por exemplo, Liz diria: "Você me interrompeu durante a nossa apresentação, então não tive a chance de terminar o que estava falando. Isso fez com que eu me sentisse dispensável." Apesar de essa estratégia ser simples, certamente não é fácil de implementar! Escutamos de muitos leitores que eles acharam útil tirar um tempo com o parceiro, amigos ou time para trabalhar especificamente nas frustrações. Por exemplo, um time marcava uma reunião de retrospectiva toda sexta-feira, na qual cada pessoa tinha a chance de compartilhar algo que deu certo na semana e algo que poderia ter sido melhor.

Projetor da raiva: você frequentemente expressa sua raiva com agressividade, seja em pessoas ou objetos. Pode ser que perca o controle fisicamente (batendo portas, por exemplo) ou verbalmente (insultos, profanidade, sarcasmo).

Objetive aumentar o tempo entre o gatilho da raiva e sua resposta para se dar uma chance de se acalmar. Recomendamos uma técnica que os psicólogos chamam de TERR, que significa temperatura, exercício intenso, respiração ritmada e relaxamento muscular progressivo. Como nosso cérebro traduz nossas reações físicas em emoções, você pode acalmar sua mente ao conscientemente diminuir o reflexo biológico de seu corpo. Jogar água fria no rosto, fazer dez polichinelos, respirar fundo e retrair e relaxar seus músculos podem servir ao propósito.[31] Se for incapaz de se retirar fisicamente da situação, pode dizer algo como "Estou tendo uma forte reação agora e preciso de um instante." A leitora Yalenka compartilhou que, para reagir com menos impulsividade, ela costuma dizer: "Gostaria de voltar a falar disso depois."

Controlador da raiva: você faz tudo o que pode para parecer calmo, não importa o quanto você esteja chateado. Você se concentra mais em monitorar e controlar suas expressões do que em explorar o que sua raiva está tentando lhe dizer. Pode ser que não esteja em sintonia com suas emoções e tenha a tendência de deixar não resolvidas as situações que causam raiva em você.

Encontre maneiras de ficar mais confortável com sua raiva. Isso pode ser simples, apenas diga para si mesmo: "Estou chateado, e não faz mal". Trabalhe na nomeação e na compreensão de seus sentimentos e deixe de se julgar. Tente descobrir o que está causando suas emoções preenchendo a frase "Agora eu me sinto _______________ porque _______________".

Transformador da raiva: sua tendência é resolver a raiva ao reconhecê-la e entender a necessidade mais profunda. Você usa técnicas como meditação, trabalho com a respiração e paciência para o ajudar a lidar com a raiva de uma maneira produtiva, em vez de silenciá-la. Você entende que a raiva pode ser esclarecedora e saudável (quando não é projetada em outras pessoas ou em si mesmo).

Se for um transformador da raiva, continue o que está fazendo. Note quando escorregar para maneiras menos saudáveis de expressar sua raiva e quais são os gatilhos.

• • •

O modo como você expressa a raiva costuma ser afetado pela maneira como foi criado. Algumas pessoas cresceram em famílias que expressavam a raiva gritando, então repetem essa expressão com base nesse exemplo. Em algumas famílias, não é seguro expressar a raiva, ou é aceitável que apenas uma pessoa o faça.

Por ter pais divorciados, Mollie sentia que tinha que bancar o papel de pacificadora e aprendeu a silenciar a própria raiva. Mas ela sabe como é importante poder expressar a raiva em um relacionamento, então ela e o marido, Chris, conversam sobre isso todos os domingos. Usam o tempo para dividir o que pensam que correu bem no relacionamento na última semana, o que poderia ter sido melhor e o que estão fazendo na vida particular de cada um. Para duas pessoas que tendem a evitar conflitos ou não expressam a raiva até que fiquem atolados até o pescoço e explodam, as verificações semanais criaram um espaço no qual se sentem seguros dando feedback um para o outro, e eles podem resolver as questões antes que fiquem gigantes.

Culturas diferentes expressam a raiva de maneiras muito diferentes. Como escreve Erin Meyer em *The Culture Map*, as pessoas na Rússia e em Israel costumam ficar mais confortáveis com o confronto, enquanto indivíduos que nasceram no Japão ou na Suécia tendem a evitar os conflitos. Vemos uma variação até mesmo em diferentes regiões geográficas dos Estados Unidos. Em Nova York, não é incomum ouvir as pessoas se xingando nas ruas, enquanto no Sul, pode ser que você ouça alguém falar "Não corra por minha causa" quando pensa que alguém está se movendo muito devagar.[32]

Uma observação final: as mulheres tendem a ficar no lado passivo do espectro da tendência da raiva.

Apesar de os meninos geralmente serem socializados para expressar a raiva (seja falando sobre ela ou lidando com ela competitivamente), as meninas geralmente são encorajadas a entender a perspectiva da outra pessoa. Na idade adulta, isso significa que as mulheres têm muito mais propensão a silenciar sua raiva, às vezes sem nem perceber. Para as mulheres, lágrimas costumam ser sinal de raiva, pois não são socializadas para expressar a raiva com a frustração ou grito.[33] Para os homens, a depressão costuma se manifestar como raiva, pois foram socializados para evitar aparentar tristeza.[34] Pode ser que as mulheres tenham que trabalhar mais arduamente para desenvolver o que Chemaly descreve como "competência da raiva". Ela escreve: "Queria dominar a minha raiva, porque isso me trazia de volta. Me dava clareza e propósito."[35]

3. Reconheça que houve uma violação

Agora que você entende um pouco mais sobre quando e como você fica com raiva, vamos falar sobre o que fazer no momento. A primeira coisa a se fazer é se dar permissão para sentir raiva. Como recebemos muitas mensagens de que a raiva é ruim, tentamos erradicar nossos sentimentos imediatamente, mesmo em situações nas quais merecemos estar enfurecidos.

Enquanto estava trabalhando no exterior para uma grande multinacional, nosso amigo Griffin foi convidado para almoçar com seu time. Quando o grupo entrou no elevador na saída do escritório, um vice-presidente de repente colocou as mãos na camisa de botões de Griffin e começou a acariciar seu peito enquanto entoava "Gay! Gay! Gay! Gay!", incitando os outros a acompanhá-lo.

Griffin passou a tarde cheio de vergonha e confusão. "Cresci em uma casa em que não podíamos ficar com raiva ou reclamar, principalmente a respeito do trabalho ou de outra pessoa", ele nos contou. "Então só fui direto para a ansiedade e a culpa."[36] Ele repassou várias e várias vezes o incidente, tentando entender como tinha causado aquilo para si mesmo. "Sou gay. Sou uma anomalia", ele pensou. "Talvez seja eu que não entenda." Mas quando ele finalmente contou para uma amiga o que tinha acontecido, ela ficou horrorizada. "Isso é assédio sexual."

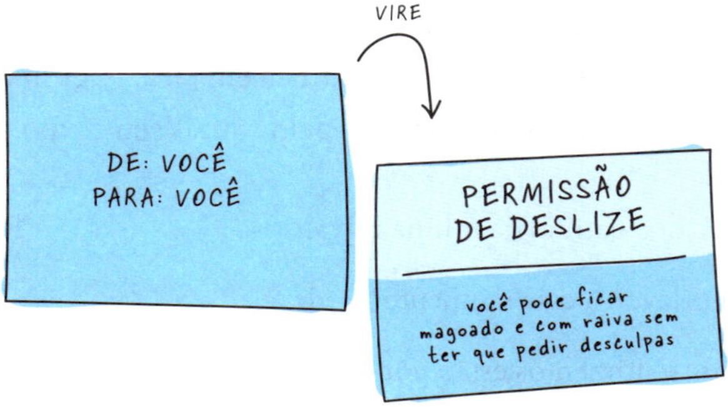

VIRE
DE: VOCÊ
PARA: VOCÊ
PERMISSÃO DE DESLIZE
você pode ficar magoado e com raiva sem ter que pedir desculpas

Quando ocorre uma violação, você tem permissão para ficar com raiva sem ter que se desculpar por isso. Ficar com ódio pode lhe dar uma noção de eu mais forte — e a motivação para se expressar. Em março de 2012, depois que um homem em Atlanta atirou e matou oito pessoas, seis delas mulheres asiáticas, um oficial de justiça local alegou que suas ações foram resultado de "um dia realmente muito ruim para ele".[37] O comentário causou comoção por dois motivos. Um, o oficial de justiça estava diminuindo os atos de um assassino branco. E dois, o incidente foi um exemplo de uma diminuição mais ampla e habitual das experiências dos asiático-americanos. "Vezes sem conta, as experiências e vozes dos asiático-americanos são diminuídas e ignoradas", explicou a escritora Jennifer Li em um artigo direcionado a meninas asiático-americanas. "Preciso lembrá-las de que ter emoções não as faz mimadas ou indignas. Vocês têm direito disso. A raiva é natural. A raiva é saudável. A raiva pode ser a justiça."[38]

Simplesmente reconhecer que você está chateado — e se dar permissão explícita de se sentir assim — pode ser catártico. "Só dizer: 'Estou com raiva!', para mim mesma, em voz alta na minha cabeça, já me ajuda muito", contou Karla para nós. "Quando admito, aceito aquela parte de mim que costumava odiar." E ela acha que consegue se sentir melhor mais rápido do que quando tentava amortecer sua raiva.

4. Identifique e resolva as necessidades por trás da sua raiva

Para identificar as necessidades específicas por trás da sua emoção, tente escrever uma carta com raiva e que você nunca enviará. Algumas perguntas que podem ajudá-lo a esclarecer os motivos pelos quais seu corpo começa a ferver:

- Qual foi o gatilho da minha raiva?
- O que levou a esse momento?
- Quais sentimentos estão por trás da minha raiva?
- Do que eu preciso para ficar bem agora?
- Que resultado de longo prazo faria com que eu me sentisse bem?
- Quais passos posso dar em direção a esse resultado?
- Para cada um desses passos, o que eu coloco em risco e o que eu ganho?

É necessário lidar com a raiva; caso contrário, ela se torna danosa. Dito isso, recomendamos que você se dê um tempo para se acalmar antes de fazer grandes movimentações. Quando estamos chateados, somos menos capazes de pensar estrategicamente. Se seu coração está acelerado ou seus punhos estão fechados, pause por alguns minutos. Liz aprendeu a avaliar a raiva dela em uma escala de 1 (irritada) a 10 (com ódio) e sempre procura esperar até que se acalme e chegue a 3 ou 4 antes de agir.

Ao comunicar sua raiva, você terá mais chance de sucesso e de esperar até que possa falar sobre suas emoções sem ficar muito emotivo. Mollie fica com raiva quando os médicos se recusam a admitir que não sabem alguma coisa. Ela agora aprendeu a dizer com calma: "Será mais útil para mim se você for honesto e me contar que não sabe por que ainda tenho dores e quando a dor vai passar. Sei que muitos pacientes não gostam de escutar isso, mas para mim a verdade é melhor." Mollie aprendeu que comunicar suas necessidades no começo de uma consulta fazia com que o resto da conversa fosse muito mais suave.

À PRIMEIRA VISTA

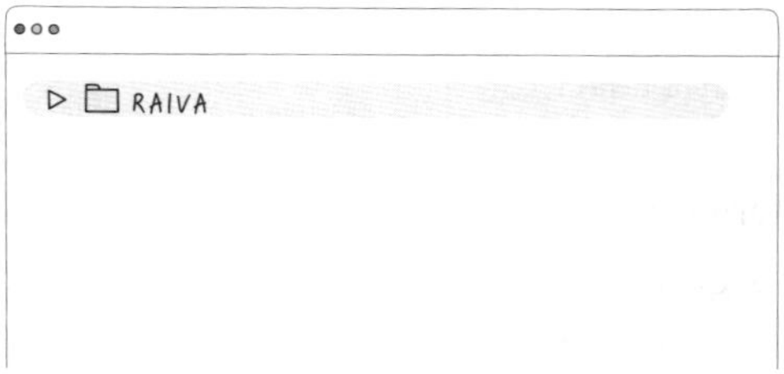

OLHANDO MAIS DE PERTO

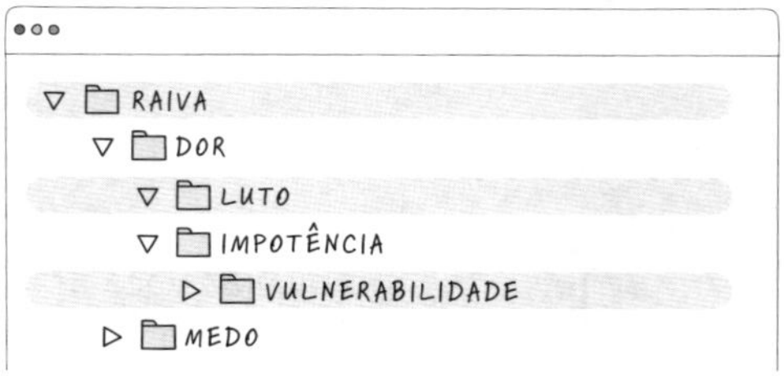

Se o gatilho de sua raiva foi a raiva de outra pessoa, pode ser que queira compartilhar como as ações dela refletiram em você. Quando nós (Liz e Mollie) estávamos dando um workshop, uma mulher perguntou o que fazer quando a chefe dela gritava com ela. Outra participante falou: "Sou assistente executiva, e meu chefe costumava gritar comigo", ela contou ao grupo. "Mesmo quando não estava bravo comigo, mas com outra coisa. Aquilo me deixava nervosa, depois frustrada por ele estar me deixando nervosa. Um dia eu finalmente disse a ele: 'Sei que está chateado agora, mas quando grita comigo, não consigo focar o meu trabalho'." O chefe dela pediu desculpas e percebeu que estava inadvertidamente prejudicando o desempenho dela. Seus rompantes se tornaram muito menos frequentes.

Recomendamos que você se faça estas quatro perguntas antes de comunicar sua raiva:

- Qual é o meu objetivo?
- O que posso dizer para atingir esse objetivo?
- Como deveria falar?
- Quando deveria falar?[39]

Às vezes você terá que enfrentar a verdade nua e crua de que você está bravo por causa de alguma coisa que não pode mudar — ou por causa de algo que *pode ser* que você consiga mudar, mas não no momento. Outras vezes, a pessoa que o magoou não admitirá ter causado dor em você. Nesses exemplos, procure maneiras de se retirar da situação ou, se não puder, resolva suas necessidades indiretamente.

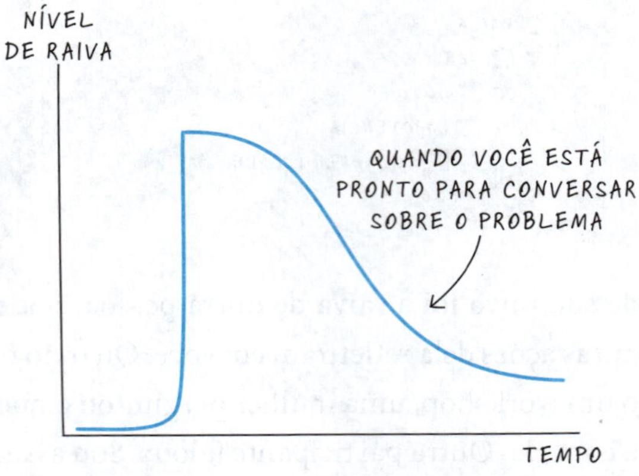

Depois de ser assediado no elevador, Griffin se consultou com seus pais e ativistas LGBTQIA+. Ele por fim decidiu não levar a situação para a frente. Mas isso não significava que ele permaneceria na empresa. Griffin passou um mês acordando às 2h da manhã para fazer entrevistas de emprego em outros fusos horários. "Mascarei a raiva com hiperatividade", ele nos contou. Quase uma década depois, com o apoio de seu noivo, ele compartilhou publicamente sua história como uma demonstração encorajadora de solidariedade.

Ou pegue o exemplo de leitore Rachel, que se sentiu impotente diante de um chefe difícil, mas não podia pedir demissão imediatamente. "As expectativas irreais e o estilo de liderança autoritária dele me deixavam em um ciclo constante de estresse e inadequação", nos contou. Rachel começou a dar pequenos passos para aumentar sua autoconfiança e se sentir mais valorizade no trabalho. Primeiro, reduziu o tempo que interagia com o chefe. "Também criei uma rede de mentores e colegas que me conheciam e me admiravam como meu chefe não fazia. Aquilo me ajudou a evitar que o feedback dele sabotasse minha autoestima."[40]

Expressando Sua Raiva

Por muitos anos, Mollie fez questão de evitar que percebessem que ela estava frustrada. Quer estivesse escrevendo um e-mail para um cliente ou falando com o proprietário do imóvel, ela diria coisas como "Tenho certeza de que você não quis dizer isso" ou "Adoraria se você fizesse isso, mas não tenha pressa".

Depois de pesquisar sobre a raiva para este capítulo, Mollie começou a testar uma comunicação mais direta. Ela fazia questão de nunca ser rude, mas utilizava sutilezas e qualificadores. Ela começou a falar: "Nossas luzes estão piscando. Quando você pode enviar alguém para arrumar?" ou "Discordo da conclusão dessa pesquisa. No que você a baseou?". Adotar um estilo de comunicação mais direto pode deixar algumas pessoas desconfortáveis, mas não é o fim do mundo. É uma maneira poderosa de comunicar com mais clareza o que está pensando e sentindo.

Muitos de nós nunca aprendemos como falar sobre nossa raiva usando vocabulário específico. Mas melhorar nossa habilidade de falar sobre emoções intensas é benéfico para nossa saúde mental e física. O neurocientista Matthew Lieberman descobriu que traduzir emoções em uma linguagem específica liberta nosso cérebro do duelo contra as emoções negativas. E a pesquisa "mostra que pessoas que expressam abertamente suas emoções são mais saudáveis do que as que habitualmente silenciam as fortes emoções".[41]

Para praticar a expressão de sua raiva, tente fazer um diário de suas emoções — sem usar a palavra *raiva*. Em vez disso, use outras palavras que podem descrever melhor suas emoções específicas. Alguns exemplos:

- desprazer
- descontentamento
- chateação
- frustração

- impotência
- ódio
- exasperação
- ressentimento
- indignação
- *Backpfeifengesicht* — uma palavra alemã que significa mais ou menos "uma cara que precisa de um tapa"
- *huǐhèn* — uma palavra em mandarim para raiva direcionada a si mesmo
- *kankan* — uma onomatopeia japonesa que descreve tanto a raiva furiosa quanto o resplandecer de algo em brasas
- *hifunkōgai* — um composto japonês que significa indignação sobre a perversidade do mundo ou direcionada a uma situação imutável
- *dépité* — um adjetivo francês que combina decepção, irritação e desmotivação[42]

5. Canalize sua energia da raiva estrategicamente

Por um bom tempo, Brittney Cooper, professora da Rutgers, pensava que precisava ter controle das emoções para ser respeitada — e para evitar ser rotulada de "mulher preta raivosa". Mas isso mudou quando um de seus alunos falou para ela: "Amo escutar suas palestras porque elas estão cheias de... um ódio muito eloquente."[43] A autenticidade da emoção da Cooper fazia com que seus alunos prestassem atenção. Agora ela pensa na raiva como um "superpoder" que pode dar às mulheres pretas a "força para lutar contra a injustiça e para imaginar e construir novos mundos".

A raiva pode ser uma ferramenta poderosa para mudança, no nível individual e de sociedade. Já ouviu a expressão "Não fique bravo; se vingue"? Gostamos de dizer: "Use sua raiva para se vingar."

A raiva pode esclarecer o tipo de mundo em que queremos viver. "Movimentos vêm da raiva", diz a psicóloga clínica Lina Perl. "Em vez de um indivíduo expressando sua necessidade ou estabelecendo um limite, é um grupo de pessoas estabelecendo limites."[44] Tome como exemplo o movimento Me Too, que foi o resultado direto da raiva das mulheres. Depois de a atriz Ashley Judd publicamente acusar o produtor cinematográfico Harvey Weinstein de assédio sexual, muitas mulheres apareceram com experiências semelhantes. Elas foram motivadas pela própria raiva, pela raiva em nome umas das outras e por sua dor coletiva. O medo que alimentava seu silêncio só podia ser superado com a raiva.

Depois que a Ku Klux Klan bombardeou uma igreja Batista em Birmingham, Alabama, em 1963, a cantora Nina Simone ficou com tanta raiva, que disse: "Estava com vontade de sair e matar alguém." O marido a encorajou a canalizar a raiva no que ela fazia de melhor. Ela escreveu a música "Mississippi Goddam", que se tornou uma das músicas de protesto mais conhecidas da era dos direitos civis nos Estados Unidos.[45]

Se formos abordar esse assunto, a raiva pode, na verdade, aumentar nossa confiança e nos fazer ter certeza de que somos capazes e fortes.[46] Pesquisadores descobriram que pessoas que sentem raiva também tinham a crença de que triunfarão em quaisquer circunstâncias.[47] Durante o treinamento dos Navy SEALs dos Estados Unidos, novos recrutas aprendem que podem usar as emoções intensas e a adrenalina que vem da raiva para obter energia quando enfrentam circunstâncias perigosas.[48] Você pode utilizar essa mesma estratégia para usar a raiva como motivação para efetivamente advogar por si mesmo.

Digamos que você sinta que merece uma promoção mas tem muito medo de pedir. Pense consigo mesmo: o que eu faria se fosse o tipo de pessoa que fica com raiva por causa disso? Ou o que eu sugeriria que um amigo fizesse nessa situação se eu estivesse com raiva por ele?

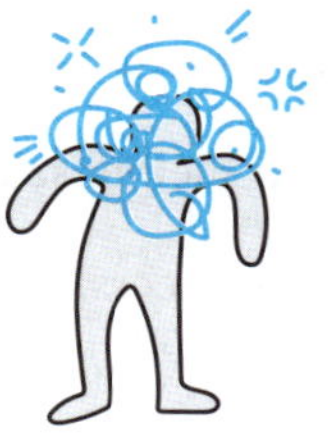

A raiva também demonstrou aumentar a criatividade. "Toda inovação vem da fúria", escreve o autor Tom Peters. Quando estamos com raiva do velho, somos levados a inventar o novo.[49] O executivo da Pixar Brad Bird intencionalmente recrutou animadores frustrados para trabalharem em um novo filme porque ele acreditava que eles seriam mais capazes de mudar as coisas para melhor.[50] O resultado? *Os Incríveis*, um filme que quebrou os recordes do escritório.

• • •

A maioria de nós foi criada para igualar a raiva com surtos fora de controle. Mas a raiva é um sinal importante de que alguma coisa está errada. E, ao ser lidada com eficácia, ela pode nos dar a força de que precisamos para fazer as coisas certas. Ao saber exatamente por que de repente você está chorando copiosamente de frustração sozinho no carro, descubra o que fazer em seguida e eventualmente se depare com um lugar mais saudável e feliz.

APRENDIZADOS

- A raiva é o alarme da evolução; escute o que ela está lhe dizendo.
- Vieses e estereótipos costumam anuviar nossos julgamentos a respeito de quem está com raiva.
- Descubra seus gatilhos para evitar explosões futuras.
- Entenda seu estilo de expressão para comunicar melhor seus sentimentos.
- Permita-se ficar chateado, e então exponha as necessidades por trás de suas emoções.
- Lide com suas necessidades, seja direta ou indiretamente.
- Use a raiva como um combustível para gerar mudança ou desencadear a criatividade.

CAPÍTULO 4

Burnout

Pensava que o burnout fosse como uma gripe, que você pega e depois se recupera — foi por isso que não tive o diagnóstico.

Anne Helen Petersen

MOLLIE: *Eu me lembro de ler, aos meus vinte e tantos anos, a respeito da ideia de roteiriste Joey Soloway para um adesivo de para-choque que dizia* "o tempo livre me deixa ansiose"[1] *e pensar com orgulho: "A MIM TAMBÉM!! Olho para todas essas pessoas que vão para casa e só assistem TV à noite." Minhas noites e finais de semanas estavam ocupados meses à frente. Estar ocupada era minha especialidade, apesar do fato de que eu era introvertida e caseira de coração. Como eu estava no início da minha vida ocupada, pensava que estava imune à exaustão por burnout.*

Mas, antes que eu conte sobre meu colapso, deixe-me contar o que levou a isso. Era 23 de dezembro de 2018, eu estava na primeira classe de um avião, indo para minha casa em Seattle para o Natal. Eu só estava na primeira classe porque, durante os três meses anteriores, eu tinha voado ida e volta entre Nova York e Montreal toda semana para um projeto de um cliente (estava trabalhando como consultora para a empresa de inovação global IDEO naquela época)... além de uma viagem para Shanghai para uma reunião de trabalho... MAIS uma viagem de final de semana para Washington, D.C., para fazer um workshop de treinamento de coaching de liderança. Olhei para todas as outras pessoas na primeira classe e notei a tensão no rosto delas enquanto trabalhavam em seus notebooks na escuridão da cabine. Suas expressões combinavam com o que eu estava sentindo: exaustão misturada com um pouco de adrenalina por causa dos novos e-mails que chegavam, dos projetos sobre os quais tinha que comentar e mensagens de chats para responder. A inveja que há décadas eu sentia de quem estava na primeira classe desapareceu. Se você está na primeira classe por causa das muitas milhas que voou, sua vida está fora de equilíbrio, quer você admita ou não.

A pessoa sentada ao meu lado no avião começou a tossir, e eu imediatamente cobri meu rosto com o cachecol e virei para o outro lado. Eu não podia ficar doente. Tinha muito a fazer antes do lançamento do nosso livro no final de janeiro e tinha que ir às festas de fim de ano. Eu já estava planejando tirar duas semanas de folga para a turnê de lançamento, então me sentiria culpada se faltasse mais no trabalho naquele mês porque estava doente. Meu ritmo alucinante estava me custando a habilidade de cuidar do meu corpo e descansar o quanto precisava.

Desliguei meu notebook e escutei um podcast para bloquear a ansiedade. Percebi que tinha uma semana pela frente, e isso aliviaria o estresse, certo?

• • •

Muitos livros, artigos e especialistas descrevem o burnout como se somente estivesse relacionado ao quanto trabalhamos — e que, se tirássemos um tempo de folga, retornaríamos logo, renascidos. Mas férias não curarão o burnout.

O burnout não tem a ver somente com as horas que você tem se dedicado; é também a respeito das histórias que você conta para si mesmo e sobre como você aborda o que faz — no escritório *e* em casa. Na verdade, as pessoas que pedem demissão do trabalho se encontram, seis meses depois, em um cargo diferente, mas se sentindo esgotadas do mesmo jeito.

O burnout, um sentimento crônico de exaustão e estresse, está aumentando. Na verdade, se tornou tão nocivo que, em 2019, foi oficialmente reconhecido como uma condição diagnosticável nos Estados Unidos (veja a página 223 para a avaliação e definição do diagnóstico).[2] Em 2020, mais de 70% das pessoas tiveram burnout pelo menos uma vez.[3] E uma pesquisa nacional norte-americana com estudantes universitários descobriu que gritantes 87% se sentiam sobrecarregados por tudo o que tinham que fazer.[4]

Em sua essência, o burnout é um sintoma do capitalismo. O pai de Mollie sempre a relembra de que ela nasceu no final dos anos 1980, depois que Reagan abraçou a economia pelo lado da oferta e a desinstitucionalização, por isso não pode compreender como é viver em uma sociedade com uma rede de segurança real. Mollie imagina que se sentiria muito menos estressada se o convênio médico, a aposentadoria e a habilidade de pagar a hipoteca de sua casa e a educação de uma criança no futuro não dependessem somente de sua habilidade de trabalhar o máximo de horas que pode pelo salário mais alto que conseguir, porque está vivendo em seus anos de geração de renda, sem filhos. (Respire fundo!)

COMO É O SENTIMENTO DE BURNOUT

E, assim como os benefícios do capitalismo tendem a se acumular desigualmente em relação à renda, ao gênero e à raça, o mesmo acontece com o fardo do burnout. O estresse de trabalhar em um emprego por um salário mínimo e viver de pagamento em pagamento é uma causa extrema de burnout. Assim como viver na falsidade, quando você sente que tem que silenciar todas suas emoções verdadeiras para se encaixar e ser ouvido enquanto lida com a discriminação descarada.[5] Não é de se surpreender que as mulheres e pessoas não brancas têm muito mais propensão a vivenciar o burnout do que suas contrapartes homens brancos.[6] "O burnout é algo que está incutido na forma de vida das mulheres negras", explica Kelly Pierre-Louis, executiva de marketing e empresária negra. "Como carregamos muita responsabilidade, deixamos nosso bem-estar pessoal lá no fundinho da nossa mente."[7]

Dadas todas essas forças estruturais, não seria um gerente, CEO ou político o único que poderia realmente curar seu burnout? Maiores mudanças na situação de seu emprego e de sua vida certamente ajudariam. Muito. Para isso, incluímos uma seção neste capítulo a respeito de como os gerentes e líderes podem dar um melhor apoio às pessoas de suas equipes.

Mas leva tempo para que outra pessoa resolva seu burnout, e (infelizmente) não é nenhuma garantia. É por isso que passaremos a maior parte deste capítulo focando o que você pode fazer para se sentir melhor. Isso envolve analisar e ajustar suas narrativas internas, desvincular seu valor do que você faz e estabelecer limites para si mesmo. Nós lhe ofereceremos alívio imediato ao romper mitos comuns a respeito do burnout e então o ajudaremos a seguir em frente de maneira sustentável para que você possa se priorizar.

Uma observação final: falaremos sobre o burnout principalmente no contexto do trabalho, mas usamos essa palavra liberalmente. Há muitos tipos de trabalho: seu emprego, cuidar das pessoas que você ama (os antropólogos chamam isso de *kinwork*), estar presente para seus amigos e cuidar de si mesmo. O conselho que damos pretende ser útil para lidar com o burnout em cada um desses domínios.

MITOS SOBRE O BURNOUT

Mito nº1: O burnout é óbvio

Pensamos que saberemos quando nosso cérebro vai fritar. Mas ficar em modo de sobrevivência enquanto recebe uma tempestade de notificações e corre de uma reunião para outra pode ser tão emocionalmente desgastante, que nem percebemos a extensão de nossa fadiga. É por isso que o burnout costuma parecer repentino: é a queda depois de ficar correndo no vazio por muito tempo sem perceber.

Um dos aspectos mais perigosos do burnout é que ele impacta nossa autoconsciência. Nele, você é abastecido pela adrenalina, e o ímpeto é tão estimulante, que você acaba colocando mais e mais tarefas na sua agenda. Foi só quando Mollie ficou doente e muito mal (falaremos mais disso depois) que ela olhou em retrospectiva e percebeu: "Meu Deus, por que eu me obriguei a fazer tudo isso?" Mas ela não se *sentia* prestes a ter um burnout na época. Ela se sentia como uma supermulher.

Quando o burnout bate, podem ser necessárias semanas ou meses para se recuperar. Então quais sinais precoces você deveria procurar? Veja algumas das dicas sutis que indicam que pode ser que você tenha que reavaliar quanta obrigação está assumindo:

- Atividades básicas como ir ao mercado parecem sobrecarregá-lo.
- Você se sente tão sobrecarregado, que começou a cortar atividades que sabe que lhe fazem bem (como fazer exercício ou ficar um tempo sozinho).
- Você tem os sentimentos ruins de domingo — no sábado.
- Você continua dizendo sim apesar de estar abarrotado de coisas para fazer.
- Você sente que está esgotado.
- Você acha que tudo e todos são irritantes.
- Ficar doente e ser forçado a desligar por um tempo começa a parecer uma boa ideia.
- Você está sofrendo da Síndrome de Dia da Marmota*: parece que todo dia é igual.
- Você está muito familiarizado com a "procrastinação da hora de dormir", quando teimosamente fica acordado até tarde porque não teve tempo para si mesmo durante o dia.[8]

---

* O Dia da Marmota é um festival anual norte-americano. Diz a tradição que as marmotas têm a capacidade de prever a duração do inverno. (N. da T.)

Ignoramos esses sinais porque geralmente nos acostumamos com eles. Mas são alarmes importantes. Como nos disse Naveed Ahmad, o fundador da Flourish, uma empresa que ajuda as pessoas a combaterem o burnout: "Às vezes a vida lhe dá um tapinha nas costas com uma pena, às vezes com um tijolo, e às vezes o atropela com um ônibus. Aprenda a escutar quando for só uma pena."

Mito nº2: Lidar com o burnout não é urgente se você não está se despedaçando

Relembrando uma época em que estava correndo com seu pai doente terminal de consulta em consulta enquanto lidava com o próprio vício, o ator Dax Shepard refletiu: "Só percebi muito depois que foi estressante. Na hora, ficava distraído pela logística. E conseguia controlá-la, então dizia para mim mesmo que estava tudo bem."[9]

Tendemos a acreditar que, desde que consigamos colocar um pé na frente do outro, não há motivo para se preocupar ou descansar. Então continuamos empurrando e empurrando: marcamos uma reunião com um cliente na hora do almoço, nos arrastamos para fora da cama no nascer do sol para participar de uma reunião internacional, nos sentimos responsáveis por apagar todo incêndio em casa e no trabalho. Mas, como Richard Gunderman escreve, *o* burnout "é a soma total de centenas e milhares de traições de propósito, cada uma tão minúscula, que mal atrai nossa atenção".[10]

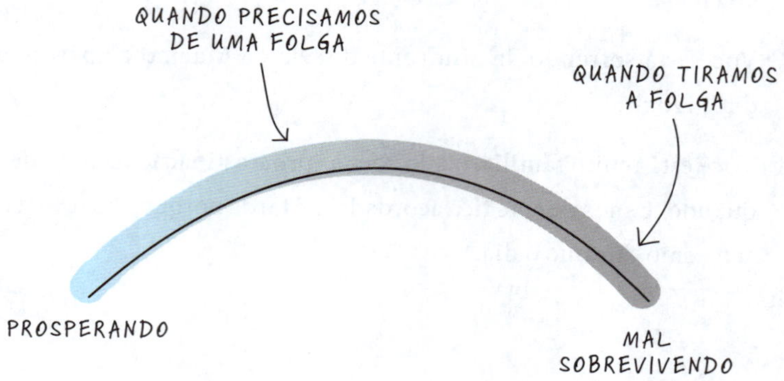

A tecnologia normalizou a operacionalização em um ritmo alucinante. Estudos mostram que verificamos nossos e-mails em média 74 vezes por dia e trocamos de tarefas a *cada três minutos.*[11] (Quantas vezes você checou seu telefone depois que começou este capítulo?) Nossos hábitos de estar "sempre on" significam que nossa mente nunca está quieta, e nos sentimos agitados quando tentamos desconectar. Então continuamos nos movendo a uma velocidade que evita a reflexão e o descanso.

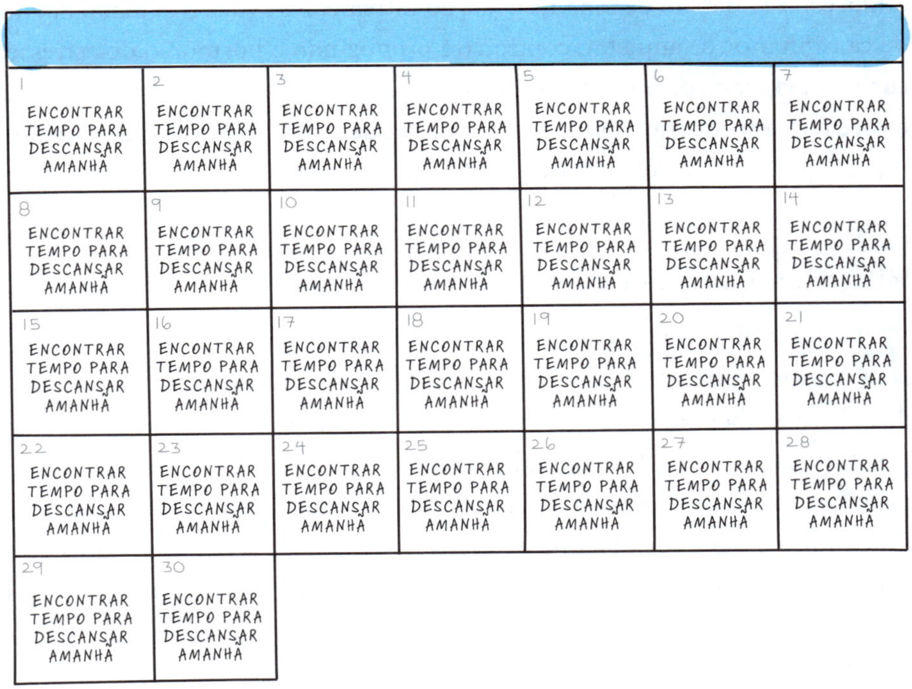
1 ENCONTRAR TEMPO PARA DESCANSAR AMANHÃ
2 ENCONTRAR TEMPO PARA DESCANSAR AMANHÃ
3 ENCONTRAR TEMPO PARA DESCANSAR AMANHÃ
4 ENCONTRAR TEMPO PARA DESCANSAR AMANHÃ
5 ENCONTRAR TEMPO PARA DESCANSAR AMANHÃ
6 ENCONTRAR TEMPO PARA DESCANSAR AMANHÃ
7 ENCONTRAR TEMPO PARA DESCANSAR AMANHÃ
8 ENCONTRAR TEMPO PARA DESCANSAR AMANHÃ
9 ENCONTRAR TEMPO PARA DESCANSAR AMANHÃ
10 ENCONTRAR TEMPO PARA DESCANSAR AMANHÃ
11 ENCONTRAR TEMPO PARA DESCANSAR AMANHÃ
12 ENCONTRAR TEMPO PARA DESCANSAR AMANHÃ
13 ENCONTRAR TEMPO PARA DESCANSAR AMANHÃ
14 ENCONTRAR TEMPO PARA DESCANSAR AMANHÃ
15 ENCONTRAR TEMPO PARA DESCANSAR AMANHÃ
16 ENCONTRAR TEMPO PARA DESCANSAR AMANHÃ
17 ENCONTRAR TEMPO PARA DESCANSAR AMANHÃ
18 ENCONTRAR TEMPO PARA DESCANSAR AMANHÃ
19 ENCONTRAR TEMPO PARA DESCANSAR AMANHÃ
20 ENCONTRAR TEMPO PARA DESCANSAR AMANHÃ
21 ENCONTRAR TEMPO PARA DESCANSAR AMANHÃ
22 ENCONTRAR TEMPO PARA DESCANSAR AMANHÃ
23 ENCONTRAR TEMPO PARA DESCANSAR AMANHÃ
24 ENCONTRAR TEMPO PARA DESCANSAR AMANHÃ
25 ENCONTRAR TEMPO PARA DESCANSAR AMANHÃ
26 ENCONTRAR TEMPO PARA DESCANSAR AMANHÃ
27 ENCONTRAR TEMPO PARA DESCANSAR AMANHÃ
28 ENCONTRAR TEMPO PARA DESCANSAR AMANHÃ
29 ENCONTRAR TEMPO PARA DESCANSAR AMANHÃ
30 ENCONTRAR TEMPO PARA DESCANSAR AMANHÃ

Quando ricocheteamos de uma coisa para a próxima, acumulamos estresse em nosso corpo. Em seu livro *Burnout*, as doutoras (e irmãs) Emily e Amelia Nagoski escrevem que, quando nossos ancestrais encaravam um predador, eles ou trabalhavam com outras pessoas para matar a besta ou fugiam: a resposta lutar ou fugir. Fazer isso requeria que eles usassem o que é chamado de *capacidade de pico*: o conjunto de sistemas adaptativos (uma descarga de adrenalina, batimentos cardíacos acelerados) com os quais os humanos contam para reagir a uma emergência.[12] Mas a capacidade de pico durava somente um instante, e nossos ancestrais a usavam apenas em curtos rompantes, para escapar da morte. Quando conseguiam sobreviver, sentiam-se extasiados e podiam relaxar novamente. E assim o ciclo de estresse se completaria.[13]

No mundo moderno, operamos na capacidade de pico *o tempo todo*, porque nunca completamos o ciclo de estresse. Se você está preso no trânsito durante horas, não se sentirá imediatamente melhor ao entrar na sua casa. Seu corpo ainda estará no meio de uma resposta ao estresse. E se você não tem o hábito de caminhar ou se aquietar, continuará produzindo o hormônio do estresse, cortisol, pelo resto da noite.[14] Por fim, todo esse estresse acumulado o dominará, e você terá um colapso. (Para saber maneiras de completar o ciclo do estresse, veja "Fique confortável vivendo em 80%", na página 104.)

Mito nº3: O burnout de todo mundo é igual

Burnout se tornou um termo guarda-chuva. Quando conversamos com nossos leitores, eles o usaram para dizer que estavam cansados, entediados, de saco cheio de seus gerentes, sobrecarregados com responsabilidades pessoais, deprimidos, trabalhando horas demais — a lista segue. Em outras palavras, há muitas facetas do burnout. É útil entender exatamente o que você está sentindo para que obtenha o apoio específico que será o mais eficaz. Se você sente que seu cérebro está fritando porque está trabalhando por longas horas, há implicações diferentes do que se você trabalhasse das 9h às 17h, mas se sente deprimido porque acha que seu cargo é insignificante.

O Maslach Burnout Inventory (MBI) — o primeiro parâmetro clinicamente baseado do burnout, criado pela psicóloga Christina Maslach — olha para as três dimensões do burnout:

1. Exaustão: você se sente constantemente esgotado.
2. Cinismo: você se sente desconectado do seu emprego e das pessoas ao seu redor.
3. Ineficácia: você sente que nunca fará um trabalho bom o suficiente.

O MBI costuma ser mal interpretado (e entendemos por quê — é complicado!). As pessoas tendem a focar somente a exaustão ou somar a pontuação de cada dimensão e presumir que há um limite claro entre "sem burnout" e "com burnout".[15] Mas, como explica Maslach, não existe uma divisão arbitrária. Em vez disso, sua pontuação em cada dimensão o coloca em um dos cinco perfis que estão em um *continuum* entre a experiência mais positiva, se sentindo engajado, e a menos positiva, se sentindo esgotado.

Para ajudá-lo a entender melhor o que está sentindo, incluímos nossa adaptação da avaliação MBI, Avaliação do Perfil de Burnout, na página 223. Depois de responder, escreva sua pontuação para cada dimensão e então use a lista a seguir para identificar qual dos cinco perfis do *continuum* do burnout representa melhor sua experiência.

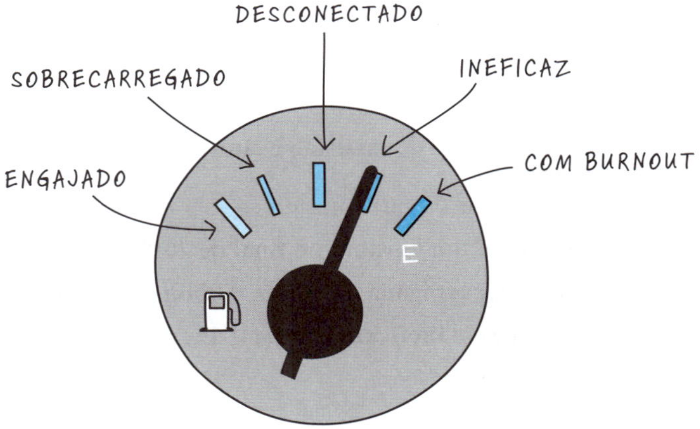

Cinco Perfis do Continuum *do Burnout, do Mais para o Menos Positivo*

1. **Engajado:** grau baixo a moderado de **exaustão** e **cinismo**, grau moderado a alto de **eficácia**
    - Você está indo muito bem ou, pelo menos, bem.

2. **Sobrecarregado:** alto grau de **exaustão**

    ◦ Parece que tudo o sobrecarrega, e você trabalha demais. Sentir-se sobrecarregado costuma ser o resultado de ter muito trabalho ou estar em uma cultura de trabalho que nunca para. Mas também pode acontecer quando você assumiu muitos projetos paralelos ou tem problemas de saúde ou obrigações familiares que tomam muito tempo.

3. **Desconectado:** alto grau de **cinismo**

    ◦ Você não se sente conectado com seus colegas, e falta empatia por quem está ao seu redor. Costumamos ficar desconectados quando exageramos ou quando não sentimos mais que o que fazemos tem importância.

4. **Ineficaz:** alto grau de **ineficácia**

    ◦ Você se sente incompetente e improdutivo. Pode ser que, na verdade, seja eficaz no seu trabalho, mas sua percepção é a de que é ineficaz.

5. **Com burnout:** alto grau de **exaustão** e **cinismo**, baixo grau de **eficácia**

    ◦ Você está mais do que cansado — está desmotivado e alienado.[16] Mollie sofreu um burnout no final de 2018 e começo de 2019. Ela estava **sobrecarregada**, se sentia **desconectada** de seus colegas e pensava que era **ineficaz** tanto na IDEO quanto em ajudar a lançar nosso livro, *Sem Neura*.

• • •

MOLLIE: *Quando voltei para Nova York no final de dezembro de 2018, peguei um resfriado muito forte. Meu corpo simplesmente tinha aguentado o máximo. No entanto, meu marido e eu tínhamos planos para viajar no final de semana do feriado de Martin Luther King, e eu estava melhor do resfriado. Mas voar quando não se está completamente recuperado é uma péssima ideia. No voo de volta, fiquei gripada e não consegui sair do sofá por uma semana.*

Fiquei letárgica, me xingando por ter feito a viagem, mas o trem em que eu tinha entrado na minha vida não tinha sido programado para parar. Para o lançamento do nosso livro, eu tinha que ir para Londres, depois voltar para Nova York, e seguir para São Francisco para os eventos.

Por insistência de Liz e de nossa agente, cancelei a viagem a Londres. Mas não consegui me livrar da culpa. O que aconteceria com nosso livro se eu perdesse mais eventos? O que meus colegas pensariam de mim, agora que eu estava doente havia duas semanas e planejando tirar mais tempo de folga? Como costuma acontecer durante o burnout, as perguntas começam pequenas e ficam maiores e mais existenciais. Elas mudam de questões logísticas e se tornam questões a respeito de nossos medos e de nossas crenças: por que eu estava vivendo em uma cidade que me estressava? Por que estava escrevendo um livro e trabalhado em tempo integral ao mesmo tempo?

Como Mary Pipher escreve: "Muitas pessoas educadamente se despedaçam em algum momento de suas vidas... A recuperação requer a construção de um contêiner mais espaçoso"[17] *para vivermos nossa vida. Achava que eu só tinha que trabalhar melhor o gerenciamento do estresse, mas na verdade eu precisava de um contêiner que tivesse mais tempo de folga e espaço para perguntas maiores. Eu também tinha que ficar confortável com a sensação daquela falta de espaço.*

COMO LIDAR COM ISSO

A superação do burnout requer checkups regulares. Nesta seção, ajudaremos você a entender como aliviar ou evitar o burnout com base no perfil que você identificou na seção anterior. Também abordaremos o que gerentes e times podem fazer para ajudar as pessoas com quem trabalham a encontrar um equilíbrio melhor.

1. O que fazer se estiver sobrecarregado

FIQUE CONFORTÁVEL VIVENDO EM 80%

Para estudar o burnout, a pesquisadora Melissa Gregg entrevistou trabalhadores do conhecimento exaustos de quatro organizações por um período de três anos. Para a surpresa dela, todos atribuíram a fadiga relacionada ao trabalho a algum tipo de fracasso pessoal. Ninguém achava que podia ser que estivesse trabalhando demais.[18]

Se você se sente constantemente esgotado, há uma boa chance de que seus dias sejam cheios de obrigações, uma seguida da outra, e prazos estressantes. Quanto disso é autoinfligido? Já passamos por isso. Costumávamos (e às vezes ainda o fazemos, para sermos honestas) ir ao infinito e além *em tudo*, até quando não era necessário. Durante períodos vagarosos no trabalho, Liz freneticamente atribuía a si mesma um monte de tarefas que não eram urgentes nem importantes. E quando Mollie, uma pessoa introvertida que ama passar as noites aconchegada em casa, via uma noite vazia no calendário, imediatamente marcava outro jantar ou evento. Em ambos os casos, teria sido melhor se tivéssemos dado uma folga para nós.

Se tudo vai bem, encher sua lista de tarefas pode dar certo. Mas aí você fica doente, ou tem que dar apoio a um membro familiar, ou seu chefe pede demissão, e de repente você vai de 100% a 120% e sua vida se transforma em um pesadelo inimaginável.

Para se tornar mais como a tartaruga e menos como a lebre, encorajamos que fique confortável vivendo em 80%. (Não confunda esse conselho com a sugestão de trabalhar 80% do tempo por 80% do salário. Isso raramente funciona; você acabará trabalhando em tempo integral mas recebendo apenas 80% por suas horas.) A leitora Ellie nos contou que, depois que um dos membros da família dela ficou doente e estava em estado terminal, ela se forçou a ir mais devagar. "Simplesmente comecei a priorizar exercícios, não abrir meu computador de trabalho depois das 6h da tarde e me permitir ler o que parecesse divertido, ao contrário de ler o que eu pensava que 'deveria' ler."

Pode ser que você precise praticar. Quando nossa amiga Miriam, engenheira, sentiu que estava trabalhando demais, o psiquiatra dela perguntou se ela já havia parado no meio de alguma coisa — e simplesmente se afastado. "Nunca", nos contou Miriam. "Ele me disse para tentar. Experimentei fazer isso no dia seguinte de trabalho. Às 5h30, levantei da minha mesa e fui para casa. Quando voltei para trabalhar no dia seguinte, nada tinha pegado fogo." Miriam agora pausa regularmente seu trabalho quando se sente cansada ou suas mãos começam a doer. E sempre fica tudo bem.[19]

Pode ser que você ache útil colocar alguma parte de sua vida em banho-maria de vez em quando. Quando o pai de Liz estava no hospital, ela cortou os eventos sociais por um tempo. E quando o leitor Paul foi diagnosticado com a doença de Crohn, ele decidiu adiar a tentativa de ser promovido por um tempo enquanto trabalhava em sua saúde. Essa ideia ficou conhecida como Teoria das Quatro Bocas do Fogão, em uma história que o autor David Sedaris uma vez relatou em um artigo do *New Yorker*. Uma amiga (que na história estava chegando de um seminário de gerenciamento de que havia participado) falou para ele que a vida tem quatro bocas: família, amigos, saúde e trabalho. Para sem bem-sucedido, é preciso que uma dessas bocas sempre fique desligada. E para ser *muito* bem-sucedido, é necessário desligar duas.[20]

Viver em 80% também lhe proporcionará folgas naturais, durante as quais você pode completar o ciclo do estresse. Pause e entre em sintonia com o seu corpo. "Seu corpo te conta tudo o que você precisa saber, mas [você tem] que aprender a escutar", disse Beyoncé à *Harper's Bazaar*.[21] De acordo com as irmãs Nagoski, há sete maneiras de escutar seu corpo e quebrar o ciclo do estresse:

- Chorar.
- Respirar fundo e devagar (Mollie gosta de fazer exercícios de respiração; veja a "Lista de meditações guiadas favoritas" na página 243).
- Fazer uma atividade física (Liz gosta de substituir a exaustão mental pela exaustão física; ela acha que uma hora na máquina elíptica no final de cada dia faz um mundo de diferença).
- Rir.
- Sair com amigos.
- Fazer algo criativo, como escrever ou desenhar.
- Trocar afeto físico, como um abraço.[22]

APRENDA A ESTABELECER — E RESPEITAR — SUAS PRÓPRIAS CONDIÇÕES

Uma coisa é certa: você tem que estabelecer e respeitar seus limites. Mais ninguém fará isso por você. Pode ser que às vezes você se pergunte: por que as pessoas que me amam não me ajudam a não exagerar? Com frequência, é porque querem que você tenha sucesso! E um marcador do sucesso na nossa sociedade é estar ocupado. Pode ser que estejam tão ocupadas quanto você. Ou talvez não saibam quais são seus limites. Nedra Glover Tawwab escreve em *Set Boundaries, Find Peace*: "As pessoas não sabem o que você quer. É seu trabalho deixar isso claro. A clareza salva os relacionamentos."[23]

É preciso coragem para dizer não e seguir sem culpa. Da próxima vez que estiver prestes a falar sim para uma coisa que não o deixa entusiasmado, pare. Pergunte-se:

- Se eu disser sim, o que eu ganho?
- Se eu fizer isso, o que *não* poderei fazer?
- Se eu disser não, qual a pior coisa que poderá acontecer?

Por trás de todo não tem um sim mais profundo, mesmo que esse sim seja só para você mesmo. A leitora Kylie nos contou que, em uma época em que ela tinha muitos compromissos de família, ficou muito mais rigorosa quanto ao que assumiria no trabalho. "O que significaria para minha família se eu me voluntariasse para isso?", ela se perguntava. "Qual é a real importância disso? E a que custo?" Isso a ajudava a reduzir a quantidade de "urgência irracional e atividade" na vida dela.[24]

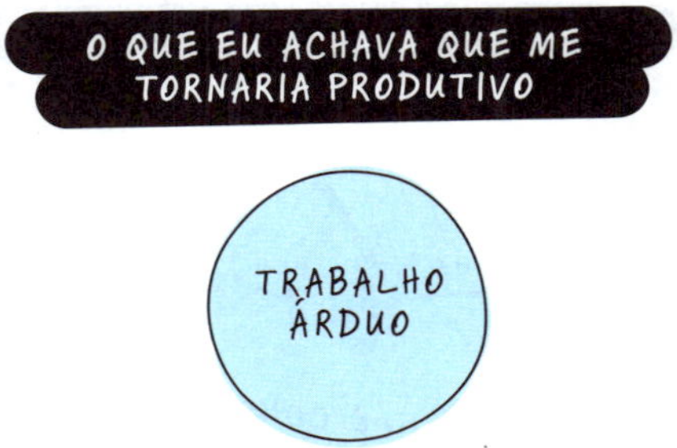

Quado estiver pronto para ir em frente com um não, encontre duas frases, uma para falar para a outra pessoa, e uma para si mesmo. Por exemplo, quando você recusar um convite de um amigo, pode dizer: "Adoraria, mas não estou livre esta semana. Que tal no fim do mês?" E fale para si mesmo: "Falar não agora não me faz um amigo ruim. Me faz um humano que precisa descansar." Sua frase para a outra pessoa pode ser algo simples: "Não posso, me desculpe!" A palavra *não* também é uma frase completa.

Liz tinha dificuldade para falar não, até que criou algumas regras que você pode usar como referência. Agora ela dirá: "Tenho a regra de não marcar eventos sociais nas noites de quinta-feira" ou "Tenho a regra de sempre aceitar um compromisso só depois de uma boa noite de sono". Ela descobriu que as pessoas tendem a levar menos para o pessoal quando está ligado a uma regra. "As pessoas respeitam as regras e aceitam que não é você que está rejeitando a oferta, o pedido, a demanda ou a oportunidade, mas é a regra que não permite que você tenha uma escolha", escreve o autor Ryan Holiday.[25]

LIMITES IMPORTANTES
"PRECISO DE UM TEMPO SOZINHO"
"NÃO CONSIGO ASSUMIR ISSO AGORA"
"TENHO PERMISSÃO PARA TER SENTIMENTOS"

Sua capacidade também será diferente daquela de todo mundo. Seus amigos, seus colegas de trabalho e até seu parceiro podem não ter os mesmos gatilhos de burnout que você. Por exemplo, se você é introvertido e seu parceiro é extrovertido, pode ser que ele o veja em um marasmo e o incentive a marcar um jantar com amigos ou a ir a um show. É o que *ele* faria para se sentir melhor. Mas pode ser que o exato oposto o recarregue. O marido de Mollie, comediante e roteirista de TV, tem os próprios arrependimentos por ter recusado oportunidades que, em retrospecto, poderiam ter mudado a carreira dele. Então ele encorajou Mollie a ir a Londres e não perder o que ele via como uma "oportunidade que só teria uma vez na vida", ainda que ela estivesse doente e não tenha os mesmos objetivos profissionais dele.

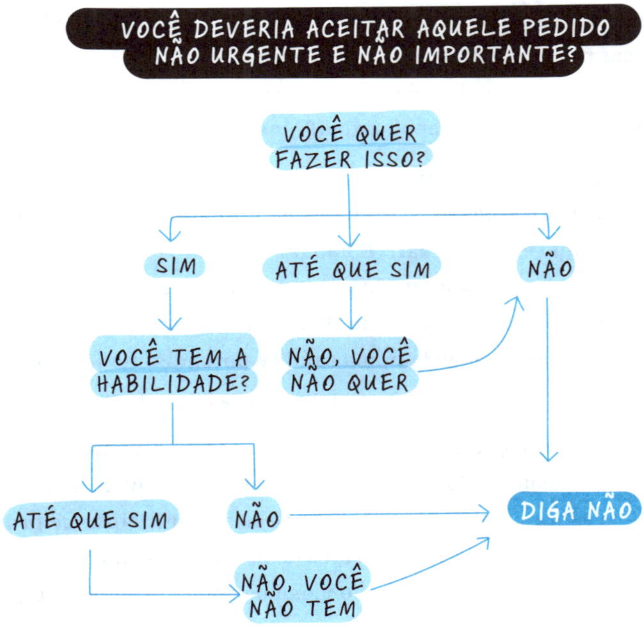

Quando o burnout quer dizer que você deveria sair do seu emprego?

Agora, pode ser que você esteja pensando: "Tá bom, beleza, posso dar esses passos para combater o burnout, mas não há um momento em que é hora de jogar a toalha e pedir demissão?" Sim, há.

Várias pessoas com quem falamos sobre o burnout nos disseram que só se sentiram melhor depois de deixarem um ambiente de trabalho nada saudável. A consultora e nossa leitora Maike lutava constantemente contra a ansiedade, apesar de ter sido promovida e recebido feedback de desempenho positivo. "Como eu tinha um bom desempenho, achava que minha saúde mental melhoraria em algum momento." Mas depois de trocar para um emprego e ir para um ramo que era menos acelerado e estressante, sua ansiedade desapareceu. "Sempre achava que era 90% eu, 10% o ambiente", ela nos contou. "Mas eu estava errada."[26]

Se já colocou em prática a maioria dos conselhos que oferecemos neste capítulo e ainda está lutando em uma batalha perdida, é um forte sinal de que é hora de sair. E não faz mal. Não faz de você fraco, ou ingrato, ou uma pessoa que "não aguentou o tranco". Muitos de nós somos o que a escritora Connie Wang chama de geração "gratos por estar aqui".[27] Mas sacrificar sua saúde e potencialmente sua autoestima não deveria ser o preço a se pagar para participar.

Quando começar a procurar por novos cargos, encorajamos você a refletir a respeito do porquê de você estar infeliz no seu emprego atual — e sobre o que você precisa para se sentir melhor no próximo. Sem uma ideia clara sobre que tipos de mudanças o ajudariam, é provável que você se encontre com o mesmo problema emocional, só que em um emprego diferente. Tente responder estas questões:

- O que seria necessário para que eu fosse feliz no meu cargo atual? É possível?
- Quais aspectos do meu ambiente de trabalho contribuíram para o meu burnout?

- O que me assusta quando penso em pedir demissão? Esses medos são reais?

Finalmente, não se apresse. Certifique-se de mudar para um cargo que seja mais adequado às suas necessidades, para que não acabe ficando na mesma situação.

2. O que fazer se você estiver desconectado

PROCURE CONEXÕES

Isso exige esforço, nós sabemos. Quando você está cansado e cínico, costuma não ter energia para procurar outras pessoas. Mas se isolar dá início a um círculo vicioso: você não investe em conexões quando mais precisa, o que significa que está sozinho lidando com a exaustão, e acaba ficando ainda mais esgotado.

Quando Mollie estava viajando muito a trabalho, começou a se sentir desconectada de seus colegas da IDEO em Nova York. Ela sentia falta das interações casuais e dos encontros que aconteciam por estarem no escritório. Ela tinha alguns amigos no trabalho — mas não os conhecia bem o suficiente para convidá-los para fazer alguma coisa nos finais de semana. Por fim, ela chegou ao limite. Apesar de sua ansiedade, ela decidiu convidar catorze deles para passarem uma tarde juntos. O risco valeu a pena; todo mundo se divertiu, então se reuniram mais algumas vezes. Essas reuniões facilitaram a construção de amizades para Mollie, pois ela teve a chance de conhecer todo mundo primeiro em grupo.

Você não precisa fazer um novo melhor amigo para se sentir melhor; mesmo pequenos momentos de conexão já ajudam muito. Em um estudo, pesquisadores pediram que pessoas cínicas tenham foco em ajudar outras pessoas durante o dia. Os participantes, a contragosto, fizeram pequenas ações, como dar créditos a algumas pessoas sobre seu esforço ou almoçar com alguns colegas. Na manhã seguinte, o grupo relatou níveis mais baixos de cinismo.[28]

Algumas maneiras de procurar conexões são:

- Marque um horário com um colega para tomarem café ou fazerem uma chamada de vídeo.
- Dê uma caminhada para conversar.
- Convide um amigo para sentar no sofá e conversar.
- Agradeça alguém que o ajudou recentemente.

Dito isso, pense bem em quem você procurará. Uma parte importante de reduzir seu cinismo é manter distância de pessoas ou situações que você ache frustrante ou que o esgotem. "Quando quebrei a cara no trabalho, estabeleci como um de meus objetivos passar mais tempo com colegas amáveis", nos contou a leitora Edwin, "e evitar o gerente de programa que eu não suportava. Isso fez toda a diferença".

RECONECTAR COM SIGNIFICADO — E ENTÃO RESTABELECER SUA ROTINAS

Outra forma de reanimar sua conexão com o que você faz é se perguntar: Por que estou fazendo isso?

O significado pode assumir diversas formas. Falamos com uma médica que começa todo dia se lembrando do impacto que pode ter na vida dos pacientes; uma engenheira que nos disse que tem um senso de propósito muito maior quando pode automatizar algo que deixe a vida de seus colegas mais fácil; e um advogado que disse que em seus dias mais difíceis ele foca o orgulho que sente por ser capaz de sustentar sua família.

Se você está com dificuldades de pensar em algo específico, tente rastrear por uma semana o que você faz e como você se sente. Liz certa vez passou onze dias atualizando cuidadosamente uma planilha com o que ela fazia de hora em hora e como ela se sentia em uma escala de 1 (esgotada) a 10 (entusiasmada). Os dados mostraram que ela se sentia mais miserável nos dias com reuniões uma atrás da outra e mais feliz durante os períodos em que ela tinha algumas horas dedicadas a um trabalho profundo e um tempo sozinha. Ela agora faz questão de distribuir as reuniões e encontros sociais, separar um tempo na agenda para trabalho focado e manter algumas noites por semana livres para ela.

Descobrir o que você *não* acha significativo pode ser tão útil quanto identificar o que você gosta de fazer. Se há pessoas específicas ou atividades que o frustram, veja se pode mudar sua vida para se afastar delas. Os psicólogos costumam falar em *job crafting*, quando você proativamente dá passos e faz ações para redesenhar o que faz no trabalho. Encorajamos que faça isso com sua vida. O que ou quem faz com que você se sinta valorizado? Você pode investir mais nessas áreas ou pessoas? Quais atividades não essenciais fazem com que você se sinta estressado? Você pode tirar isso da sua agenda?

3. O que fazer se você se sente ineficaz

PARE DE SER REATIVO E SEJA PROATIVO

Geralmente, você se sente ineficaz por causa de uma de três razões: você não tem tempo o suficiente para fazer tudo o que esperam de você, não tem contexto o suficiente para tomar decisões informadas, ou não tem o apoio, ou o reconhecimento das pessoas ao seu redor.

Muitos leitores nos contaram que sentem que as coisas "nunca chegavam ao fim" e que estavam rodando em círculos, "constantemente respondendo a pedidos". É difícil manter sua confiança — ou se sentir perto de um senso de concretização — se você está apenas reagindo. Isso costuma significar também que você está trabalhando em tantos projetos distintos, que perde a noção do todo.

Primeiro, ignore a noção de que, para ser um bom funcionário (ou amigo, ou cônjuge ou mãe), você precisa responder a todo pedido. Amamos o conselho da escritora Jenna Wortham: "Lembre-se de que a urgência das outras pessoas não é a sua emergência."[29] Parte do seu papel é estabelecer expectativas realistas. "Muitas vezes, o que os clientes rotulam como crise, na verdade, não é uma crise", Barbara [sobrenome suprimido], CEO da empresa PR, contou à *Harvard Business Review.* Ela recomenda encontrar maneiras gentil, mas firmemente, de colocar as coisas em perspectiva para as outras pessoas.[30] Veja algumas maneiras de fazer isso:

- É assim que eu penso que podemos fazer isso com o menor transtorno.
- Entendo que você queira _____. Atualmente estou fazendo _____, e tenho essas preocupações a respeito de _____. Podemos falar a respeito de quais podem ser os próximos passos?
- Atualmente estou trabalhando nisso. Me fale quais tarefas você acha que poderiam ajudar com ______, então posso priorizá-las.

E lembre-se: seus objetivos não precisam estar relacionados com o trabalho. "Passei por um período no meu trabalho em que sentia que estava andando vendada por um labirinto", nos contou nossa leitora Jess. "Havia pouca estrutura para meus projetos, e os objetivos ficavam mudando, então parecia que o trabalho não tinha fim." Jess decidiu fazer uma aula de roda de oleiro para iniciantes nas noites de segunda e quarta-feira. Isso a forçava a sair do escritório em um horário razoável e a ajudava a ganhar confiança na habilidade de aprender e progredir. "Quando a gente começa alguma coisa pela primeira vez, fazemos melhorias notáveis e que podem ser medidas com muita rapidez", ela nos contou. "Eu precisava disso."

ENTENDA POR QUE PARECE QUE SEU ESFORÇO NÃO É VÁLIDO

"Sentir-se esgotado tem menos a ver com o exagero no trabalho do que com a ineficácia do trabalho", tuitou o gerente de produtos do Facebook, Dare Obasanjo. "Não é o suficiente tirar uma folga [algo de que você também precisa] para examinar por que você pensa que o esforço que está aplicando não vale a pena."[31]

Se você constantemente sente falta de concretização, pode ser hora de dar um passo para trás e repensar seu valor. Não importa a velocidade que você escala na carreira se não se importa com o que está no topo.

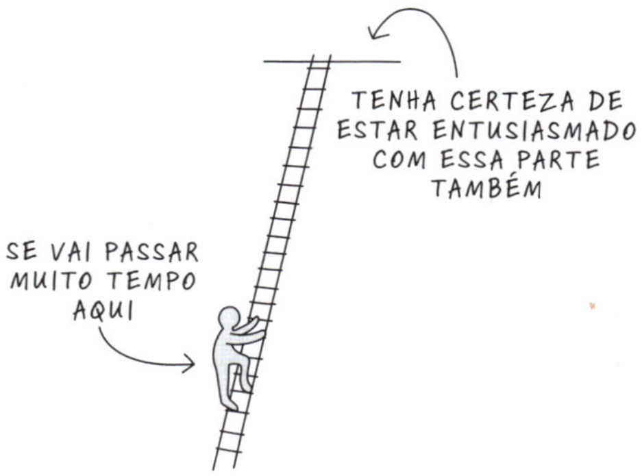

Dê uma olhada na "Lista de valores" que disponibilizamos na página 244 e identifique os cinco mais importantes para você. Liz valoriza mais autonomia, criatividade, gentileza, reconhecimento e sucesso, enquanto a lista de Mollie inclui comunidade, criatividade, aprendizado, contribuição e respeito próprio. Então se pergunte:

- O seu trabalho se alinha com esses valores?
- O que você faz no seu tempo livre se alinha com esses valores?

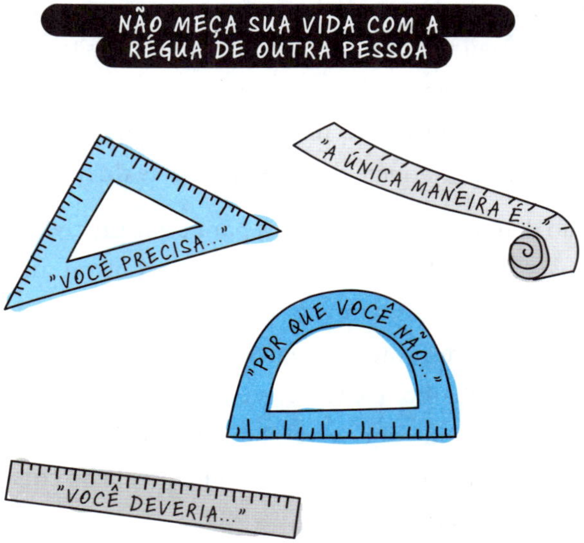

Estabelecer prioridades envolve escolher algumas coisas em vez de outras. Tem uma história sobre um professor enchendo um pote com bolinhas de gude grandes. "Esse pote está cheio?", ele pergunta para a classe. "Sim", respondem. Ele adiciona pedrinhas e chacoalha o pote para que elas preencham as fendas. "Esse pote está cheio?" "Sim." Por fim, ele joga areia dentro. "Esse pote está cheio?" Os alunos olham para o pote lotado e dão risada. "No pote da sua vida, as bolinhas de gude são o mais importante: seu bem-estar, seus relacionamentos importantes. As pedrinhas representam outras coisas importantes, como trabalho e escola. A areia são as pequenas coisas que parecem significativas no momento, como posses materiais. Mas", o professor diz, "se você encher seu pote primeiro com areia, priorizando as pequenas coisas, em vez do que é mais importante, não terá espaço o suficiente para o que importa".

Geralmente, a gente só percebe que precisa fazer alguma mudança quando atingimos um objetivo grandioso mas não ficamos felizes. Em 2012, nosso amigo Naveed finalmente recebeu a grande promoção pela qual estava trabalhando tanto havia anos. Mas sua euforia rapidamente cessou. Alguns dias depois, ele estava infeliz de novo.

Naquele final de semana, Naveed criou um documento do Google intitulado "Quem Sou Eu?" e escreveu os valores que queria para sua vida. "Eu incondicionalmente dou o meu melhor para os outros", ele digitou. "Sou melhor do que meu eu anterior." "Eu me importo com meu corpo, mente e alma." Quando terminou, voltou e destacou em vermelho todo item que não sentia que estava praticando em sua vida. Naquele dia, a maior parte da lista ficou vermelha.

Naveed então deu os primeiros passos para criar uma vida para si mesmo que estivesse mais alinhada com seus valores. Encontrou um novo emprego que era mais significativo pessoalmente, começou a fazer exercício e meditação mais consistentemente durante a semana e priorizou seus relacionamentos pessoais, em vez do trabalho. De tempos em tempos, ele repassa aquela lista para se lembrar da vida que quer viver. Se melhorou em alguns dos valores, muda de vermelho para preto. "Isso sempre me preenche com uma sensação de alívio e calma", ele nos contou.[32]

4. O que fazer se está com burnout

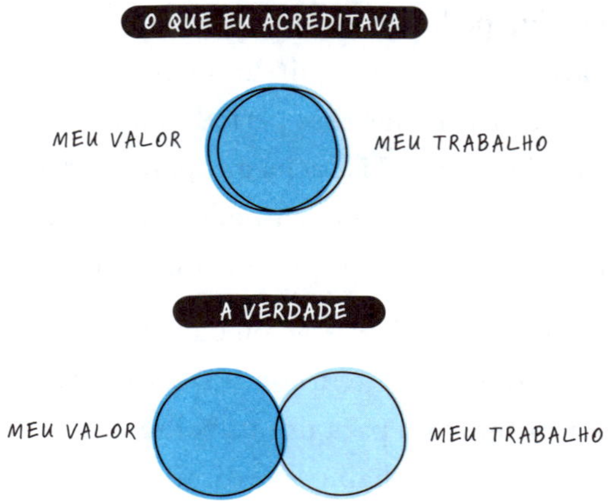

DESASSOCIE DE SEU VALOR AQUILO QUE VOCÊ FAZ

"Você não é o trabalho que você faz; você é a pessoa que você é", escreve a autora Toni Morrison.[33] Acrescentaríamos: seu trabalho não o amará também.

Amar seu trabalho é maravilhoso, mas há limites. Os psicólogos chamam de *enredamento* quando a identidade de dois indivíduos se perdem uma na outra. O mesmo pode acontecer quando você cria um vínculo muito forte de seu valor pessoal com os resultados ou com uma identidade específica.[34] Quando isso acontece, você começa a perder de vista outras partes importantes de si mesmo, e o bem-estar de sua saúde mental fica muito envolvido nas conquistas de seus objetivos.

Muitos leitores compartilharam conosco que estavam em profundo sofrimento por causa do burnout, mas que sentiam que a identidade do eu deles estava tão vinculada a seus resultados, que mudar alguma coisa seria como pular de um precipício. Escutamos pessoas dizendo que iam para o banheiro do escritório porque era o único lugar onde conseguiam respirar um pouco, ou que estavam tendo enxaquecas semanais por ficar até tarde no trabalho, e que tiveram um colapso no estacionamento da empresa.

Se você está vivenciando um enredamento profundo, às vezes a única maneira de desassociar sua identidade do que você faz é parar. A leitora Lisa chorava quase todos os dias no último ano em que foi diretora de uma escola em Denver. "Eu estava emocionalmente exausta", ela nos contou. "Eu também tinha muita necessidade de validação. Fiquei viciada em coisas como a Peloton como uma forma de coletar evidências de que eu era bem-sucedida em alguma coisa — ainda que me sentisse derrotada em todas as outras dimensões." Lisa por fim pediu demissão de seu emprego, apesar de não ter um plano definido para o que viria a seguir. Enquanto passava por sua transição, ela foi fazer uma pós, e afirma que esse período foi uma parte importante da reconstrução de sua identidade. Lisa acha que parar e criar espaço para se redefinir fora do seu título ou cargo pode ser poderoso — o que pode querer dizer que talvez você tenha que se afastar do seu emprego atual por um momento.

Mas pedir demissão ou dar uma trégua nem sempre é uma opção. Se você está exausto, não tem condições financeiras de se demitir ou precisa ficar para ser promovido para um trabalho que realmente quer, o melhor é investir na vida fora do trabalho — e diminuir suas expectativas com seu eu do trabalho. No início de 2020, no meio da pandemia de Covid-19, Liz estava ajudando o marido dela a cuidar do pai dele, que estava morrendo de câncer. Até aquele momento, Liz sempre tinha se orgulhado de ir ao infinito e além no emprego e de fazer tudo antes do prazo. Mas, em agosto, Liz estava acordando todas as manhãs com um mix de pânico e pavor e achava difícil focar o trabalho. Tudo parecia uma montanha que ela não tinha energia para escalar, seja ao fazer uma grande apresentação a um cliente ou somente responder uma mensagem de um amigo. Liz se lembra de quando seu marido pediu que ela enviasse um convite do Calendário do Google para uma noite de encontro e ela sentiu que não conseguiria lidar nem com esse pedido minúsculo.

Liz finalmente colocou o trabalho em banho-maria por um tempo. Tirou férias de duas semanas e, quando voltou, fez questão de fazer um trabalho "bom o suficiente" por um tempo. Ela terminava tudo o que precisava ser feito, mas parava de trabalhar às 17h30, deletou o Slack do celular e não aceitou nenhum grande projeto adicional naquele mês. Dar a si mesma o prazer de não ser a melhor versão no trabalho o tempo todo a ajudou a se sentir melhor.

SEPARE UM TEMPO PARA JOGAR TEMPO FORA

Quando a autora best-seller Brené Brown estava trabalhando em seu primeiro livro, o marido dela levou os filhos para a casa da avó para que Brené pudesse ter um final de semana de três dias só para ela, para que pudesse escrever o rascunho de um capítulo. Quando ele voltou, perguntou para ela: "Conseguiu fazer muita coisa?"

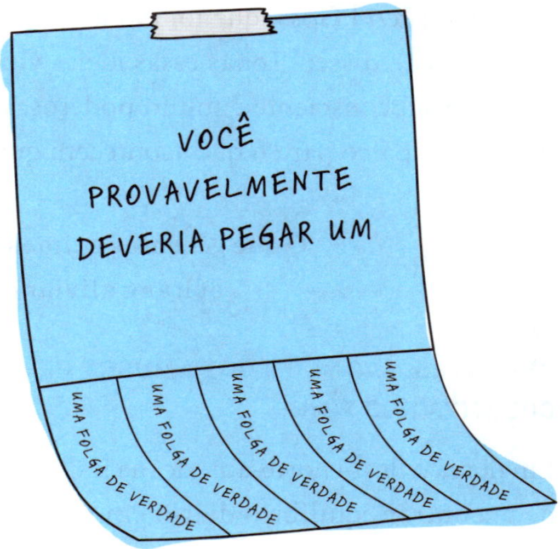

"Assisti 46 episódios de *Law & Order*", Brené admitiu.

Ela e o marido tiveram uma briga colossal. Mas três dias depois, na noite de quinta-feira, Brené terminou o rascunho do capítulo. Simplesmente fluiu.[35]

Arrume tempo para o que o recarrega, mesmo que seja maratonar *Law & Order* por três dias. Grande parte disso é se livrar dos "deverias". Você tem grandes expectativas para seu tempo de folga? Como passamos muito tempo no Instagram e assistindo a reality shows, nos pressionamos para que todo momento seja perfeito para uma foto. Mas isso torna estressante o momento em que deveríamos estar desopilando.

"Não quero tempo de qualidade", explica o comediante Jerry Seinfeld. "Quero jogar tempo fora. É disso que eu gosto. Você vê [seu filhos] no quarto deles lendo um gibi e os observa por um tempo, ou [come] um pouco de Sucrilhos às 11h da noite quando eles nem deveriam estar acordados. Jogar tempo fora, é isso que eu amo."[36]

Permitir que nosso cérebro relaxe nos deixa mais saudáveis — e melhora nosso desempenho quando voltamos a nos envolver com nosso trabalho ou nossa vida social. Um estudo mostra que mais de 40% das nossas melhores ideias criativas surgem quando permitimos que nossa mente vague para fora do tempo de trabalho.[37] Já ouvimos isso sendo descrito como o Princípio do Chuveiro: quando você faz alguma coisa confortável e familiar (como tomar um longo banho), seu cérebro começa a fazer associações livres e apresenta mais soluções fora da caixa. David Goss, que foi pioneiro da teoria dos números (um ramo da matemática), disse: "Todas essas ideias vinham para mim do subconsciente. A mente subconsciente é muito poderosa. É quase como a única razão para preparar o palco para o que acontecerá quando você se afasta."[38]

5. O que gerentes e times podem fazer para evitar e aliviar o burnout

GERENTES: FAÇA COM QUE A BUSCA PELO EQUILÍBRIO SEJA UMA PRÁTICA COLETIVA NOS TIMES

Em nossa cultura norte-americana individualista, costumamos colocar o fardo de encontrar equilíbrio diário em nós mesmos. Nós, enquanto indivíduos, *devemos* arrumar tempo para meditar! Em 2015, Amy Bonsall, CEO da nau, uma empresa arquitetada para apoiar a prosperidade no trabalho, morava e trabalhava como designer em Singapura.[39] Ela e seu time receberam a proposta de ajudar uma empresa de tecnologia do Vale do Silício a reinventar o ambiente de trabalho deles em Singapura. Para a pesquisa, o time viajou para uma pequena ilha por perto, Pulau Ubin, onde as pessoas ainda vivem em casas kampong (complexos), como era antes de Singapura ser modernizada. Há pouquíssimo espaço individual, mas há grandes espaços coletivos, e todo mundo tem que fazer sua parcela de trabalho manual. Amy entrevistou uma artista singapuriana que havia saído da cidade para morar na ilha. Apesar do trabalho manual ao longo do dia, a artista disse que nunca havia sido tão produtiva, pois tinha intervalos ao longo do dia que permitiam reflexão. Amy começou a se perguntar: *Estamos removendo da nossa vida tudo o que nos ajuda a regenerar? Como podemos nos apoiar coletivamente para encontrar equilíbrio?* Quando Amy voltou para os Estados Unidos, percebeu que mais norte-americanos estavam meditando, mas geralmente porque os relógios mandavam ou porque estavam tentando uma conquista em um app. "Transformamos essa coisa bonita em um esporte competitivo individual", ela disse. Então Amy abriu uma empresa para ajudar as organizações a *coletivamente* atingir o bem-estar.

Em seus treinamentos, Amy começa explicando que o time é uma unidade útil, mas geralmente negligenciada para se restabelecerem juntos e evitarem o burnout. Sozinhos, tentamos passar oito (ou mais!) horas na esperança de fazer coisas que nos regenerem, como meditação ou caminhada, no fim do dia, mas estamos muito exaustos e é muito tarde. Os times deveriam se perguntar: *como podemos incorporar o equilíbrio como parte de nossos dias?*

Amy diz que não importa o quanto seja difícil o que os times fazem especificamente, desde que seja coletivo e centrado no que mais importa — por exemplo, recuperação de energia, criatividade e conexão. Ela sugere começar as reuniões com uma curta prática de centralização. Ou fazer diariamente um exercício de quinze minutos no qual todos compartilham alguma coisa que os inspire. Ela observa que parecerá estranho e contraprodutivo nas primeiras vezes. Estamos acostumados a entrar e sair de reunião em reunião, e parece fraqueza ou indulgência fazer uma pausa (um refrão interno comum é *Eu seria uma pessoa melhor se não precisasse fazer pausas ao longo do dia!*). Desfazer esses hábitos pode ser desconfortável. Mas não somos máquinas, e a ciência nos mostra que trabalhamos melhor se fizermos intervalos. E ajuda se não os fizermos sozinhos. Há um alívio em saber que você não é o único que é humano.

Outra sugestão para os times é dedicar um tempo durante a semana para não fazer nenhuma reunião, como sextas sem reunião ou tardes de sexta sem reunião. Isso é válido também para trabalho híbrido ou remoto. Pesquisas mostram que é ainda mais difícil relaxar em chamadas de vídeo, o que exacerba o já grande problema de "fadiga de reuniões".[40]

LÍDERES: TREINEM OS GERENTES PARA DAR APOIO E CRIAR CARGAS DE TRABALHO RAZOÁVEIS

Helen Reiss, que estuda a empatia na Harvard Medical School, diz que a empatia é uma habilidade que evita o burnout e aumenta a satisfação no trabalho ao mesmo tempo em que melhora o bem-estar geral. Ser um líder empático significa lutar contra seus próprios vieses, escutar cuidadosamente quem reporta a você e usar os privilégios que se tem (devido ao seu cargo de liderança ou outros fatores) para agir em seu favor. Os gerentes deveriam regularmente verificar com seus times como estão indo de maneira significativa. Recomendamos fazer estas perguntas:

- Diga-me uma coisa que posso fazer para lhe dar mais apoio. *(Solicitar "Uma coisa" extrai melhores respostas do que "Há algo que eu possa fazer?".)*
- De que tipo de flexibilidade você precisa agora?
- Há alguma coisa que não ficou claro ou que esteja impedindo seu trabalho?
- Qual foi um ganho pessoal para você ao longo da semana passada? O que foi um desafio?

Talvez o mais importante que você pode fazer enquanto líder é criar uma cultura na qual a carga de trabalho seja razoável. De acordo com a Organização Mundial da Saúde, mais de 745 mil pessoas morreram no mundo todo em 2016 devido ao excesso de trabalho. As pessoas que trabalham 55 horas ou mais por semana têm uma estimativa de 35% mais risco de ter um derrame e 17% de morrer de doença cardíaca do que as pessoas que trabalham de 35 a 40 horas por semana.[41] E isso foi antes da pandemia e do aumento das horas virtuais! Os gerentes deveriam garantir que os empregados não estão consistentemente trabalhando 55 horas ou mais por semana, mas, idealmente, 40 horas ou menos. Os gerentes também deveriam estar abertos a dar horas mais flexíveis ou reduzidas, incluindo folga remunerada, para quem está sofrendo um problema de saúde mental ou físico.

• • •

Mesmo com um gerenciamento melhor, times melhores e hábitos melhores, não existe uma vida livre de estresse. Sempre haverá obstáculos no caminho. "Bem-estar não é um estado permanente, mas um estado de ação", escrevem as irmãs Nagoski.[42] Como muitas coisas na vida (ser capaz de tocar os dedos dos pés, manter sua geladeira cheia, trocar o óleo do carro), evitar o burnout no mundo moderno requer cuidado contínuo e prática. Tente colocar um lembrete em seu celular ou calendário a cada semestre para se perguntar: estou novamente caindo nos hábitos que levarão ao burnout?

Deixaremos uma proposta: frequentemente pensamos que, como uma recompensa por ter trabalhado, precisamos tirar férias, fazer intervalos e cuidar de nós mesmos, mas considere o oposto — é a sua saúde que permite que você faça um trabalho significativo. Seu bem-estar é a fundação para todo o restante de sua vida. É fácil ver isso quando estamos em um extremo — se está tendo enxaquecas tão ruins a ponto de ter que se deitar na cama e ficar de olhos fechados, é impossível trabalhar —, mas também é verdade em uma escala diária. Se exagerou no trabalho um dia, precisa recuperar o equilíbrio.

ESCOLHA O SEU CAMINHO

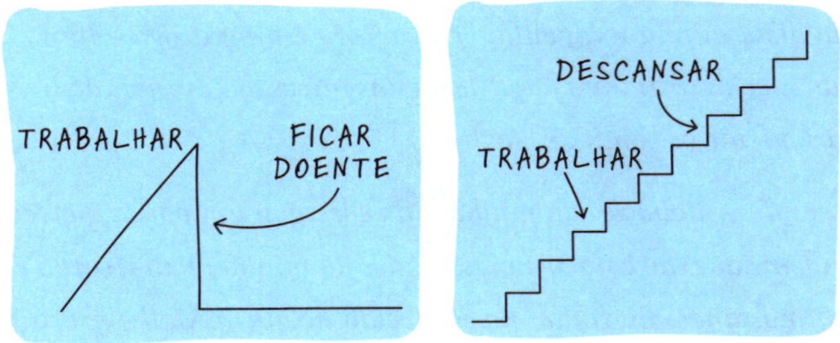

MOLLIE: *Gostaria de poder falar que há uma solução tranquila e fácil para a minha história, mas quero que saibam que não é verdade. Quando me recuperei do resfriado e da gripe, fui para o lançamento do livro em São Francisco e, então, fui a Londres. Nosso livro não sofreu com isso. Na IDEO, pedi para ficar em projetos nos quais eu não precisasse viajar a trabalho. Então, de certa forma, eu estava cuidando melhor de mim.*

Mas, apesar de ter resolvido o problema imediato, minha doença levou a uma série de problemas de saúde crônicos dos quais ainda estou me recuperando (veja o Capítulo 6). Na verdade, grande parte do processo de "escrever" este livro foi, na verdade, ditando, porque problemas nos tendões das minhas mãos e cotovelos ainda fazem com que digitar seja muito doloroso. Em algum momento, quando estava muito ruim, meu marido teve que amarrar os meus tênis para mim, preparar todas as refeições e me levar para todos os lugares aos quais eu precisava ir. (Sou incrivelmente grata por sua paciência infindável e bom humor.) E eu ainda continuava me pressionando, tentando não fazer as pazes com meu completo burnout físico e emocional.

Para mim, pedir por mudanças no trabalho e cortar as viagens foi só parte da solução. A peça maior envolvia muito trabalho pessoal e reestruturar a maior parte da minha vida ao longo de um ano. O que seria necessário para evitar o burnout no futuro? Primeiro, meu marido e eu tomamos a difícil decisão de mudar de Nova York para Los Angeles, onde o ritmo de vida era um pouco mais lento e mais favorável para minha recuperação. Demorei seis meses para parar de me arrepender dessa decisão e deixar o vício da vida maluca que eu estava vivendo. (Como disse minha terapeuta: "Nova York é uma droga e tanto.") Em seguida, decidi tirar uma folga de alguns meses dos eventos do livro (Liz generosamente os conduziu sozinha).

Quando a afobação da minha vida sossegou um pouco, percebi que estava sem conexão com as necessidades da minha mente, corpo e alma nos últimos anos. Eu tinha me esquecido de que a Mollie precisava de tempo para a Mollie. (Ao contrário do adesivo de Joey Soloway, percebi que um tempo de folga nunca tinha me deixado ansiosa como uma criança — muito pelo contrário!)

Continuei trabalhando com minha terapeuta, me convencendo aos poucos de que eu merecia amor e amor-próprio mesmo que eu não trabalhasse em uma empresa de consultoria chique, me exercitasse todo dia, ficasse em contato constante com todo amigo que tenho, respondesse e-mails dentro de 24 horas, mantivesse minha casa completamente limpa, tivesse um bebê quando todos meus amigos estão tendo e, é claro, postasse sobre tudo isso nas redes sociais.

Decidi tirar um tempo para mim e então encontrar um emprego no qual meu trabalho fosse mais autodirecionado e de longo prazo. Comecei a falar não para muito mais coisas do que eu dizia sim. Até assistia à TV em alguns finais de semana à tarde (dá pra acreditar?!?).

Apesar de às vezes me sentir nostálgica pela minha antiga vida em velocidade turbo em Nova York, também sei que me afastar era necessário. Como Pema Chödrön escreve: "As coisas se despedaçando é um tipo de teste e também um tipo de cura." Mas a cura só vem se estivermos dispostos a lidar com o que precisa ser mudado e então desconfortavelmente fazer essa mudança. "A maioria de nós não leva essas situações como ensinamentos. Nós automaticamente as odiamos. Corremos como loucos", Chödrön escreve.[43] *Em vez disso, nós temos que sentir a exaustão e a emoção que segue. O burnout é seu corpo e sua alma o forçando a prestar atenção neles. A cura do burnout envolve aprender qual é seu ritmo de vida inato e então habitar nele.*

Isso não é fácil. Eu ainda estou tentando descobrir como fazer. Quando comecei a escrever este livro, voltei ao meu velho hábito de me pressionar. Odeio os prazos que ficam me rodeando, então minha tendência é fazer as coisas muito antes do prazo (eu era uma criança que fazia a lição de casa na sexta-feira). O exagero no trabalho é, de certa forma, uma técnica de gerenciamento de ansiedade. Sempre haverá algo na minha frente, então estou aprendendo a deixar incompleto.

APRENDIZADOS

- O burnout não é óbvio: fique de olhos nos sinais de aviso precoces.
- Cuide-se antes de fritar seu cérebro.
- Descubra se você está sobrecarregado, desconectado ou se sentindo ineficaz.
- Se está sobrecarregado, fique confortável vivendo em 80% e diga não mais vezes.
- Se está desconectado, procure conexão e monte um calendário mais significativo.
- Se você se sente ineficaz, encontre maneiras de conquistar vitórias claras e realinhe sua vida com seus valores.
- Se você sente os três, desassocie seu valor do seu trabalho e arrume tempo para "jogar fora".
- Gerentes e líderes: faça com que o equilíbrio seja um objetivo coletivo, ofereça apoio emocional e evite sobrecarregar seus times.
- Lembre-se de que sua saúde é o que permite que você faça um trabalho significativo.

CAPÍTULO 5

Perfeccionismo

O perfeccionismo não faz com que você se sinta perfeito;
faz com que se sinta inadequado.

Maria Shriver

LIZ: *Na maior parte da minha vida, eu achava que precisava ser perfeita para que fosse amada.*

Quando fazia alguns meses que estava namorando Maxim (agora meu marido), tive uma infecção alimentar horrível. Quando liguei para cancelar nosso plano de sair para jantar, Maxim perguntou se poderia vir com canja de frango e água tônica. Tocada, aceitei a oferta dele. Mas no segundo em que desliguei, o pânico tomou conta de mim. Em minha enfermidade, tinha me esquecido de que meu apartamento estava em um estado deplorável.

Saí da cama e comecei a limpar a casa freneticamente. Peguei as roupas do chão, tirei algumas canecas que estavam pela metade da mesinha de centro e arrumei as almofadas no sofá. Então corri para o banheiro e vomitei.

Pensando nisso, AFF.

Na época, não vi nada de errado na minha obsessão de parecer perfeita; era só o que era necessário para ser merecedora do afeto de alguém. A versão de mim que nunca tinha um cabelo ou almofada fora do lugar, aquela pela qual o Maxim estava se apaixonando, era muito melhor do que o eu real.

Mas quando Maxim perguntou se eu queria morar com ele alguns meses depois, minha fachada corria um sério risco de desmoronar. Se passássemos todo nosso tempo juntos, Maxim rapidamente descobriria a bagunça emocional que eu tinha trabalhado tanto para esconder.

Estes eram os problemas: minha roupa preferida para me aconchegar no sofá era um samba-canção masculina com um buraco na bunda. Depois de dias de trabalho especialmente difíceis, eu gostava de ficar na cozinha, jogar molho shoyu na pipoca até que ficasse encharcada e comer com uma colher. Às vezes, à noite, eu era assombrada com uma angústia existencial e ficava perambulando pelo meu apartamento como um animal enjaulado até me cansar. Maxim não sabia nada disso.

Todos os dias, eu ficava mais e mais ansiosa com a coabitação. "O que tem de errado?", ele me perguntava. As palavras certas estavam sempre fora do meu alcance. "Estou bem", eu respondia, apertando meu maxilar. Parecia que um punho invisível estava esmagando meu peito por dentro. Maxim me veria como a pessoa imperfeita e não namorável que eu era. E então me deixaria. Então a conversa mudou de lado, sem uma resolução à vista. "Mas sei que tem algo de errado", Maxim contra-argumentou.

Um dia, ele finalmente me disse: "Quero te ajudar, e você obviamente está chateada, mas não me deixa entrar. Se não conseguir encontrar um jeito de se abrir, acho que não podemos fazer isso dar certo."

Minha necessidade de parecer perfeita estava afastando Maxim. Algo precisava mudar.

• • •

Em 2005, os psicólogos Gordon Flett e Paul Hewitt decidiram determinar como o perfeccionismo afeta o desempenho.[1] A descoberta deles? Faz uma grande diferença, mas não como você imagina.

Analisando atletas profissionais, descobriram que as pessoas que demonstravam mais tendências de perfeccionismo ficavam preocupadas demais com seus erros. O medo do fracasso minava seu potencial e elas tinham um desempenho *pior*, se comparado com o de seus colegas.[2]

Falando em linhas gerais, o perfeccionismo é uma motivação irrealista para ser uma pessoa sem defeitos, combinado com uma conversa interna negativa e intensa. Uma coisa é mirar em 100%, obter 94% e se sentir bem com o que você aprendeu. Outra é se culpar de maneira tóxica por ter conseguido 99%.

Nos últimos trinta anos, o desejo de ser perfeito passou pela cabeça de aproximadamente 33% das pessoas no ocidente.[3] Respostas de quase 50 mil estudantes universitários norte-americanos, canadenses e britânicos que completaram um questionário sobre o perfeccionismo entre 1989 e 2016 mostraram que nos tornamos muito mais propensos a sermos duros conosco e a querer uma imagem sem máculas.[4]

Pesquisadores apontam para dois principais catalizadores por trás desse aumento dramático: a internet e nosso sistema meritocrático de livre mercado.[5] Supomos que você está familiarizado com como plataformas de redes sociais como Instagram, LinkedIn e TikTok podem fazer com que nos sintamos mal com nós mesmos. Como falamos sobre isso no Capítulo 2, aqui focaremos mais o segundo motivador.

O compartilhamento e a responsabilidade cívica estão cada vez mais sendo substituídos por interesse próprio e competição.[6] Classificamos e ordenamos em uma quantidade vertiginosa de métricas: notas em provas, avaliações de desempenho, cargos no trabalho, nossa presença nas mídias sociais, nossos hobbies que foram forçados a ser melhorias no nosso currículo — a lista só aumenta. E quando você internaliza os decretos do livre mercado — que o seu valor é um produto de seu esforço —, começa a acreditar que, se não estiver tão bem de dinheiro quanto outra pessoa, você é preguiçoso e falhou pessoalmente de alguma maneira profunda. "Você não veio ao mundo perfeccionista ou controladora. Você não nasceu uma pessoa que se encolhe e contrai", escreve a autora Anne Lamott em *Stitches: A Handbook on Meaning, Hope and Repair.* "Você aprendeu a se contrair para sobreviver."[7]

Fazer parte de um grupo historicamente sub-representado pode causar ainda mais pressão para ser visto como perfeito. As mulheres têm maior probabilidade de vivenciar o perfeccionismo do que os homens. E pesquisas mostram que a discriminação racial também está vinculada às tendências perfeccionistas — e à depressão.[8] "Quando eu era criança, me disseram que eu teria que trabalhar com duas vezes mais afinco do que meus pares brancos", nos contou Jade, uma gerente de marketing negra.[9] "Agora sinto essa névoa constante de ansiedade para provar que mereci minha promoção."

Como é possível seguir em frente à luz dessas forças? Neste capítulo, provaremos que muitas das nossas crenças a respeito do perfeccionismo estão longe de serem perfeitas. Apesar de não ser possível escapar das forças sistêmicas, é possível começar a priorizar seu bem-estar mental e sua felicidade. Apresentaremos os mindsets que o deixam paralisado e traremos um guia de como seguir em frente com uma visão de mundo mais saudável. Finalmente, equiparemos você com ferramentas para quando o perfeccionismo tentar puxá-lo de volta às garras dele.

Antes de começarmos, é válido deixar claro: ultrapassar as ciladas do perfeccionismo não se trata de atingir certos objetivos. (Sabemos. Somos duas perfeccionistas em recuperação e amamos objetivos também.) Trata-se de se recuperar dele com aceitação interna e autocompaixão.

MITOS SOBRE O PERFECCIONISMO

Mito nº 1: O perfeccionismo sempre se apresenta com pastas organizadas por cores e rotinas diárias elaboradas

É fácil presumir que os perfeccionistas se apresentam, bem, perfeitamente. Tendemos a igualar o perfeccionismo a traços de personalidade do tipo A, como ser muito organizado, ambicioso e equilibrado. Mas o perfeccionismo é motivado por uma baixa autoestima e está centralizado na tentativa de evitar fracassos.

Muitas pessoas que têm tendências perfeccionistas não se identificam como perfeccionistas porque têm expectativas tão altas para si mesmas, que acham que estão mais perto de ser fracassos do que perfeitas. Mas o perfeccionismo não se apresenta para todo mundo em uma só versão. Veja algumas dicas de que você vinculou seu valor muito fortemente à expectativa de um ideal irrealista:

- Você nunca fica contente com o que fez. Você fica obcecado, às vezes a ponto de perder prazos importantes, ou se arrepende até mesmo de ter tentado.
- Você precisa de um deslize para se enxergar como sábio ou valioso. Você fica pensando que terá com o que contribuir depois que atingir uma conquista específica ou obtiver aquela certificação ou graduação, mas, até lá, você não sabe nada.
- Você é incapaz de se desligar. Quando tenta se afastar de um projeto, não para de criar checklists mentais.
- Você gosta de agradar outras pessoas. Sem a validação de quem está ao seu redor, você sente que não tem valor e fica ruminando a respeito do que pode ter feito de errado. Sua autoconfiança (e senso de satisfação) é, como diz o psicólogo clínico Michael Brustein, "um tanque de gás furado".[10]

- Você está extremamente cansado, mas a única forma que imagina ser possível de sair dessa exaustão é fazendo mais.
- Você diminui suas conquistas. Se uma amiga diz que está impressionada com você, pensa que ela está dizendo aquilo apenas porque não sabe nada a respeito do que você faz.

Se você se vê nessa lista, você não está sozinho. Quando a leitora Nataly e o marido dela se mudaram do sul da Califórnia para o Oregon, ela viu uma chance para um novo recomeço. Ela havia começado a correr, parou de fumar, conseguiu um ótimo emprego novo e estava entusiasmada com o quanto sua nova vida seria saudável e fabulosa.

Mas se afastar dos amigos foi mais difícil do que ela esperava, e o estresse de começar no novo emprego a deixou se sentindo ansiosa e inadequada. Nataly começou a ficar frustrada por sua vida não estar correndo a mil maravilhas como ela tinha imaginado. Para tentar recuperar algum controle, iniciou uma dieta cetogênica e começou a rastrear os macronutrientes. "Eu me tornei uma imbecil", ela lembra. "Fico muito envergonhada quando me lembro das conversas a respeito da minha dieta naquela época, principalmente com amigos que são mais gordos do que eu."

Nataly não reconheceu que o que estava fazendo era perfeccionismo até que sua terapeuta fez esse apontamento.* "Eu só sentia que finalmente estava no caminho de me tornar a pessoa que deveria ser, e, se conseguisse me forçar para ir além, eu chegaria lá."[11]

O perfeccionismo costuma ser específico em relação ao contexto. Pode ser que você sinta uma pressão para se apresentar perfeitamente em situações sociais ou pode ser perfeccionista no trabalho. Em suma, mesmo que sua casa seja uma bagunça ou você não tenha sido promovido nos últimos seis meses, pode ser que ainda esteja batalhando contra as tendências do perfeccionismo.

---

* O perfeccionismo e uma necessidade de controle podem se manifestar em uma compulsão alimentar. Se estiver vivenciando algum distúrbio alimentar, visite o site nationaleatingdisorders.org [conteúdo em inglês] para encontrar apoio e recursos.

Na verdade, o perfeccionismo costuma se manifestar como procrastinação. O amigo de Liz, Jay, ama fotografia, mas se recusa a compartilhar as fotos até que esteja 100% feliz com as edições. Ele tira uma foto de uma trilha casual em março e as envia para seus amigos em abril — dois anos depois. Uma vez, quando Liz foi visitá-lo, o encontrou na mesa dele, tentando fazer com que os dentes de um homem que sorria tivessem o tom de branco perfeito. Liz tomou banho, tomou café da manhã, respondeu a alguns e-mails, deu uma volta no quarteirão e, quando voltou, Jay ainda estava bitolado com aqueles dentes.

POR QUE EU ACHAVA QUE PROCRASTINAVA

POR QUE EU PROCRASTINAVA

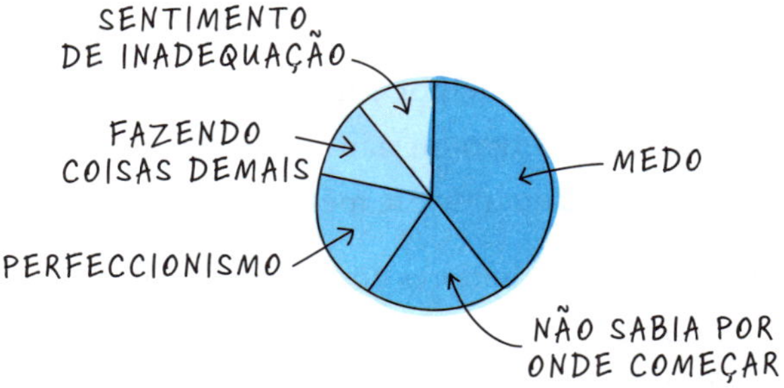

Mito nº 2: Os perfeccionistas fazem as coisas

Pode ser que você pense: "Seria ótimo se meu cirurgião, conselheiro financeiro ou quem se reporta a mim fosse perfeccionista!"

"Não é bem assim", nos contou o psicólogo Thomas S. Greenspon, autor de *Moving Past Perfect*.[12] "Nos empregos, as pessoas mais bem-sucedidas são as que têm menos propensão a ser perfeccionistas. Isso porque a ansiedade de cometer erros te atrapalha."

"O perfeccionismo pode te paralisar", confirma a leitora e médica Dra. Kara Pepper. "Já vi médicos passarem mais horas em cirurgia ou pensarem demais em um diagnóstico por causa da dúvida de si mesmos."[13]

Ao ficar muito obcecados para fazer exatamente correto, minamos nossa habilidade de ter sucesso. Quando pessoas com alto desempenho erram, percebem esse erro como uma experiência de aprendizado, corrigem o caminho e seguem em frente. Os perfeccionistas paralisam, revisitando até mesmo o menor dos erros várias e várias vezes e se sentindo péssimos por sequer terem tentado. Isso é chamado de *paradoxo da perfeição*: temos tanto medo do fracasso, que temos dificuldade de fazer as coisas.[14]

As pessoas que sentem a necessidade de serem perfeitas tendem a pensar em tudo ou nada. Ou você é o melhor em alguma coisa ou foi uma perda de tempo; ou você atingiu o objetivo ou não fez nenhum progresso. Os perfeccionistas costumam desistir quando até mesmo a menor das coisas dá errado.

Em um experimento, pesquisadores deram aos perfeccionistas e não perfeccionistas objetivos específicos. Também manipularam o teste para que todos estivessem fadados ao fracasso. Adivinhe qual grupo desistiu? Os perfeccionistas se sentiram envergonhados e saíram antes, enquanto o grupo não tão perfeito continuava tentando, aprendendo e se divertindo.[15]

A chave para o sucesso é a prática, que envolve erros, fracasso e fazer perguntas. É muito melhor compartilhar um rascunho e ganhar feedback do que passar semanas o "aperfeiçoando" em isolamento e perceber que não é exatamente o que seu chefe tinha em mente.

Alguns de nós têm tanto medo do fracasso, que nunca nem tentamos. Você já leu os requisitos para um emprego, percebeu que você tem sete anos de experiência, mas a empresa pede de oito a dez, e você imediatamente se desqualifica? Esse é o custo do perfeccionismo.

Mito nº 3: Você precisa ser perfeito para ser valorizado

Da próxima vez que começar a entrar em pânico, tente descrever em detalhes aquilo de que você tem medo. Há uma boa chance de que, por trás daquele medo de não cumprir um prazo, perder o jogo de futebol de seu filho ou não ser o melhor parceiro que você pode ser, haja um medo profundo de não ser valioso, de não ser amado por quem você é.

Os perfeccionistas tendem a sentir que não são pessoas completas. Não tem problema *outras* pessoas cometerem erros, porque elas são valiosas. "Mas não eu", pensam os perfeccionistas. "Preciso provar que mereço ser amado."

Apesar de algumas de nossas tendências serem genéticas, o perfeccionismo costuma ser uma resposta ao trauma. Crianças que tiveram que mediar ou gerenciar as emoções de seus pais têm mais probabilidade de se tornarem adultos perfeccionistas. Logo cedo, elas aprendem que o ambiente em que estão não é estável e nem seguro a menos que ajudem.

O pai da leitora Katja abusava dela mental e fisicamente quando ela era criança. Quando cresceu, Katja fez tudo o que pode para agradá-lo, esperando que isso a poupasse de sua crueldade. "Eu passava os dias de neve limpando a geladeira ou organizando e colocando em ordem alfabética a prateleira de temperos", ela nos contou.

Katja carregou suas crenças de perfeccionismo para a vida adulta: mesmo quando estava casada e feliz, ela frequentemente ficava acordada até mais tarde para garantir que não ficasse um grão de sujeira na cozinha. Um dia, ela leu a citação "Perfeccionismo é uma forma de abuso autoinfligido". Ela ficou de cara. "Aquela citação mudou minha vida", Katja nos contou. "Tinha trabalhado tão duro para livrar a minha vida de relacionamentos abusivos, e aqui estava eu, abusando de mim mesma."[16]

Ainda que tenha crescido em um ambiente amoroso e acolhedor, pode ser que você tenha recebido mensagens que focavam o valor da conquista. Talvez seus pais tenham o levado para tomar sorvete quando recebeu uma nota boa ou ganhou um jogo de futebol, mas não tenham dito nada quando você não se sobressaiu ou seu time perdeu. Com o tempo, você internalizou a ideia de que merece amor somente quando faz algo bem feito.[17]

O perfeccionismo nos dá um senso de controle, que pode oferecer alívio emocional de curto prazo. Falamos para nós mesmos que, se fizermos tudo certo, podemos evitar a rejeição e o abuso. Psicólogos se referem a isso como *pensamento mágico*, quando acreditamos que uma coisa causa outra quando não há uma ligação óbvia.

Mas, é claro, a perfeição é impossível. E não importa o que você faça na vida, coisas ruins ainda podem acontecer.

Culpa e Vergonha

Sentimos vergonha quando atribuímos uma falha a nós mesmos, em vez de ao nosso comportamento. A culpa, por outro lado, acontece quando você está chateado por causa de uma ação específica. Digamos que tenha esquecido de responder ao e-mail de um amigo. A vergonha diz: "Sou uma pessoa ruim." E a culpa: "Fiz uma coisa ruim."

A vergonha faz com que nos recolhamos. Acreditamos que *nós* somos o que está errado e não queremos ser um fardo para as outras pessoas com a nossa presença. Quando sentimos culpa, pensamos que *fizemos* algo errado, o que faz com que mapear como acertar as coisas seja mais fácil. Na verdade, pesquisas mostram que, quando sentimos culpa, prestamos mais atenção em palavras como *ajudar* e *desculpar-se* do que normalmente prestaríamos.[18]

Uma maneira poderosa de sair da vergonha é se abrir com pessoas em quem você confia. "Se podemos compartilhar nossa história com alguém que responde com empatia e compreensão, a vergonha não sobrevive", explica a autora Brené Brown.[19] Ao revelar o que você está sofrendo para manter em segredo, você para de pensar "Nunca posso falar sobre isso, e sou uma péssima pessoa" e pensa "Não sou a única — na verdade, minha amiga fez ou sentiu algo parecido. Ela não é uma má pessoa, então pode ser que eu também não seja".

Um participante de um de nossos workshops compartilhou conosco o quanto as comunidades de apoio online podem ser úteis como um espaço para compartilhar a vergonha. Ele nos falou: "As comunidades online podem ser úteis para as pessoas que foram vítimas de violência doméstica ou têm condições médicas. É mais fácil compartilhar sua história com as pessoas que já aceitaram o fato."

Estudos mostram que outra forma de reduzir a vergonha é tentar transformá-la em culpa. Quando você pensar "Sou uma pessoa horrível porque esqueci de responder ao e-mail", refoque um comporta-

mento específico e diga a si mesmo: "Esqueci e me sinto mal a respeito disso." Então veja se pode pedir desculpas ou corrigir seu erro. Lembre-se: você não é uma pessoa fundamentalmente defeituosa. Claro, pode ser que haja coisas nas quais você precisa trabalhar, mas você *pode* trabalhar nelas.

Veja também "Recursos sobre a vergonha e a culpa", na página 245.

• • •

LIZ: *Com o gentil incentivo de Maxim, comecei a fazer terapia para me ajudar a parar de me atrapalhar.*

Em uma de nossas primeiras sessões, meu terapeuta pediu que eu descrevesse uma experiência que tive com um animal de estimação. Uma imagem de Sophie, uma bolinha de pelo persa e rabugenta, imediatamente veio à minha mente.

Alguns meses antes, estávamos cuidando da casa do tio e da tia de Maxim, e parte do trabalho era cuidar de Sophie. Ela tinha dezessete anos (ou seja, velha) e respirava em roncos curtos e estridentes. Eu estava trabalhando no sofá, e, depois de um tempo, ela vinha perambulando e se estatelava do meu lado. Ela era o oposto de um filhotinho amoroso: a cara dela estava sempre fechada e sisuda e sua respiração fazia parecer que ela estava de saco cheio do mundo ao redor. Mas eu amava ter o corpinho peludo dela ao meu lado.

"Sophie te deixava feliz", meu terapeuta apontou. "Somente sentada ao seu lado. Ela não estava fazendo piadas nem te impressionando com fatos contraintuitivos. Ela estava lá, e era o suficiente."

Nas semanas seguintes, meu terapeuta me ajudou a juntar a coragem para me abrir mais. Ele demonstrou passos pequenos e controlados que eu poderia dar para ficar mais vulnerável ao lado de Maxim, que eu acreditava ser amável e acolhedor. Fiz uma bacia de pipoca encharcada no shoyu e comi na frente dele. Quando tinha um ataque de pânico, falava para Maxim "Estou começando a me sentir extremamente ansiosa" e pedia um abraço.

Quando pensei nas vezes em que me senti mais próxima das pessoas que amo, era sempre quando elas se abriam e compartilhavam suas ansiedades e fraquezas. Percebi que, ao tentar me apresentar como um super-humano, estava evitando que sentissem a mesma intimidade comigo.

De tudo o que meu terapeuta e eu conversamos, a história de Sophie é a que mais me marcou. "Ela só estava lá, existindo, e aquilo bastava." Sempre achei que tinha que ser incrível, engraçada e positiva para ser amada e para fazer outra pessoa feliz. Mas, com frequência, só precisamos estar presente.

COMO LIDAR COM ISSO

Apesar de o perfeccionismo poder se apresentar de maneiras pequenas e privadas, ele tende a se apresentar em termos de pensamento tudo ou nada: "Se eu tropeçar nas minhas palavras apenas uma vez na minha apresentação na próxima reunião da empresa, nunca serei vista como líder" ou "Se meus amigos virem que minha sala é uma bagunça, me julgarão e não gostarão mais de mim".

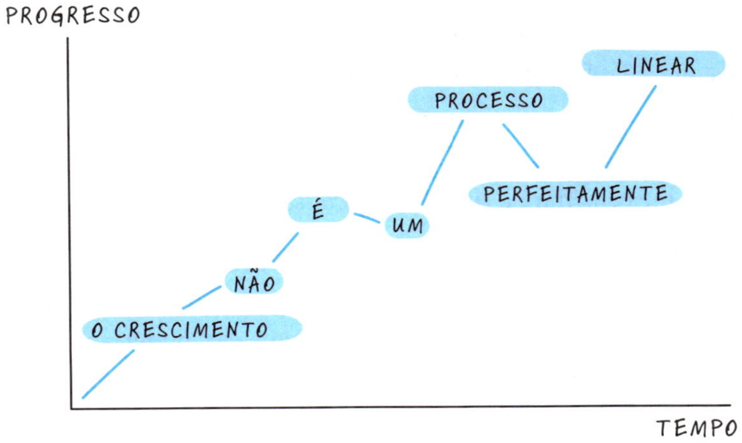

Nesta seção, ajudaremos você a se desentranhar desse tipo de afirmação e começar a abraçar um panorama mais realista e de autocompaixão.

E lembre-se: se você escorregar aqui e acolá no caminho da recuperação, não faz mal. Como com todas as coisas na vida, não será um processo perfeito.

1. Descarte a ideia de que o perfeccionismo é bom para você

Como diz o ditado zen: "Liberte-se ou seja arrastado."

PENSAMOS NO FRACASSO E
NO SUCESSO COMO OPOSTOS

QUANDO NA VERDADE O FRACASSO
É PARTE DO SUCESSO

As pessoas com tendências perfeccionistas não percebem que seu sucesso advém *apesar de* sua motivação pela perfeição, não por causa dela. "O que eu sempre digo para meus pacientes", disse o psicólogo Thomas S. Greenspon,[20] "é que, se eu pudesse ter uma varinha mágica e me livrar de todo o seu perfeccionismo, você seria *mais* bem-sucedido. Seu sucesso se deve à sua energia, seu talento, seu comprometimento, e nada disso iria embora".

Um dos aspectos mais destrutivos do perfeccionismo é que ele nos impede de sermos gentis com nós mesmos. Tememos que, se relaxarmos, nos tornaremos complacentes e indulgentes. A psicóloga Jessica Pryor observou que muitos de seus clientes perfeccionistas têm medo de que ela os "transformará em uma pessoa que fica vendo TV o dia inteiro e lhes ensinará a ficar bem com isso".[21]

Mas nos dar uma folga faz com que seja mais provável que melhoremos — e sejamos menos propensos a desistir. Em um experimento, quando os participantes escreveram em um diário sobre por que eles poderiam se beneficiar de um pouco de autocompaixão, eles tinham uma probabilidade maior de se tratar com gentileza na semana seguinte. Como resultado, também se sentiram melhor e tiveram um desempenho melhor.[22]

Nossa necessidade de ser perfeitos também pode nos impedir de formar conexões mais profundas. A leitora Kimberly costumava sofrer tanto para escrever mensagens e e-mails, que às vezes nem respondia, o que, por fim, deixava a vida dela *mais* difícil, em vez de *menos*. Embora o objetivo do perfeccionismo seja ser amado, "ele, na verdade, afasta as pessoas — esse é o paradoxo neurótico", explica o psicólogo Paul Hewitt.[23]

E, por fim, o perfeccionismo tende a minar suas habilidades de liderança. Pesquisadores identificaram três tipos de gerentes:

- O **gerente bom o suficiente**, que estabelece objetivos claros, mas deixa os empregados descobrirem como chegarem lá.
- O **gerente não tão bom**, que está em todo lugar e raramente se apresenta.
- O **supergerente**, que é um perfeccionista com padrões rígidos sobre como cada passo do processo deve ser cumprido.

Quando perguntadas para quem elas prefeririam trabalhar, a maioria das pessoas escolheu o "gerente bom o suficiente".[24] Se você já trabalhou para um microgerente, essa descoberta não é nenhuma surpresa. Ter alguém o tempo todo vigiando você e sendo pedante com qualquer coisinha que faz pode ser um motivador poderoso — para encontrar outro emprego.

Então seja honesto com relação a quanto seu perfeccionismo está lhe custando. Pergunte-se:

- Como está impactando minha saúde mental?
- Como está afetando meus relacionamentos?
- Como pode ser que esteja me atrapalhando no trabalho?

2. Explore onde aprendeu que não é bom o suficiente

Se você é perfeccionista, há uma boa chance de que em algum momento tenha aprendido que tudo o que for menos do que extraordinário significa dor ou rejeição. Os pais da leitora Meg estabeleceram padrões acadêmicos e laborais bem altos para ela. Quando ela tirava B, os pais paravam de falar com ela por semanas. Com o tempo, Meg internalizou essas mensagens e começou a se odiar tanto por cometer até mesmo o menor erro, que frequentemente isso a impedia de seguir em frente.[25] Na faculdade de medicina, Kara, a médica que citamos anteriormente, foi condicionada a acreditar que tudo o que não era perfeito era uma desonra e preguiça. Mesmo quando estava com gastroenterite, ela ainda ia trabalhar, e completava as rondas do hospital com um soro na veia.[26]

Buscar o que passamos a ver como "perfeito" nos oferece alívio emocional — mas apenas por um breve momento. No longo prazo, o perfeccionismo nos machuca mais do que ajuda. Meg agora se afastou dos pais e ainda fica ansiosa quando as pessoas vão na sua casa quando ela não está perfeitamente arrumada. E Kara quase desistiu da medicina por causa de burnout.

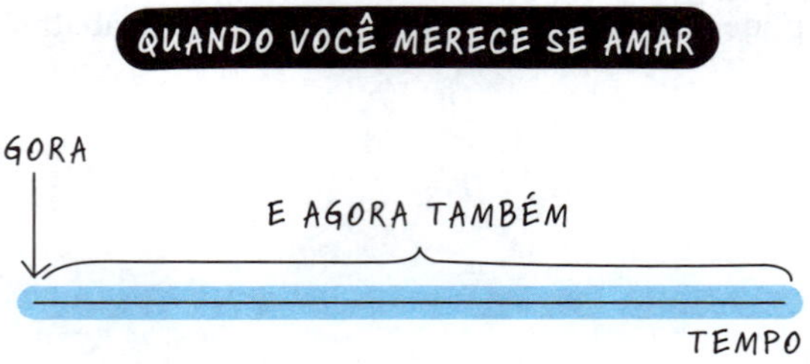

Para começar a traçar um caminho melhor para si mesmo, escreva seus pensamentos perfeccionistas e então reflita no seguinte:

- Onde aprendi a criar essas expectativas para mim mesmo?
- Do que meu perfeccionismo está tentando me proteger?
- Se eu satisfizer essa expectativa, estarei protegido do que temo?
- O que eu queria poder dizer para meu eu mais novo?

Reconhecer o impacto que essas histórias têm em nós faz com que seja mais fácil nos afastarmos delas. Por ser imigrante e mulher não branca, a leitora Yanelle costumava sentir uma pressão constante para provar que merecia o emprego. "Há pessoas por aí que não acham que eu sou digna das coisas que conquistei", ela nos contou. Com o tempo, ela começou a priorizar a própria felicidade, em vez de trabalhar incansavelmente, e passou a ficar mais tempo com um grupo de amigos com quem ela sentia que podia ser ela mesma. "Eu literalmente disse 'F*da-se' e decidi que precisava viver minha vida nos meus próprios termos."[27]

3. Desenrede-se das autonarrativas perfeccionistas

Quando tiver passado a identificar as histórias e expectativas que internalizou, o próximo passo é se afastar delas. Descobrimos que estas três perguntas são úteis:

- Quem eu sou sem rótulos ou papéis?
- Como um amigo me descreveria?
- O que eu quero ou do que preciso, livre de expectativas?

O objetivo das duas primeiras perguntas é ajudá-lo a identificar o que o faz valioso e amável apenas por ser você — separado de seu desempenho, de sua aparência ou de seu status. Tente evitar usar descrições que caiam na lista a seguir:

1. O nível do seu sucesso (por exemplo, "bem-sucedido" ou "com um bom salário").
2. Sua aparência (por exemplo, "bonito" ou "musculoso").
3. O que as pessoas pensam de você (por exemplo, "um modelo a ser seguido" ou "poderoso").

Em outras palavras, se não pudesse dizer que é um excelente aluno, ou mãe, ou filho de imigrantes, como você se apresentaria? O que seus amigos amam em você? (Dica: esperamos que eles não comecem com sua habilidade de zerar sua caixa de entrada.) Se tem dificuldade para começar, veja alguns exemplos que escutamos de leitores: *sou engraçado e generoso. Sou uma pessoa de princípios. Sou mente aberta e não fico julgando. Tento entender outras perspectivas. Sou um bom ouvinte. Amo aprender. Não tenho medo de desafios. Sou sincero. Sou piadista.*

E a terceira pergunta: quem você seria se não sentisse a pressão de seguir as regras de outra pessoa? Os pais de Liz, imigrantes, a encorajaram, quando ela era pequena, a se tornar neurocirurgiã, uma gerente rica ou advogada corporativa. Mas depois de dois anos trabalhando como consultora na Bloomberg até a 1h da manhã, ela sofreu burnout. Durante semanas ela teve pavor de contar para os pais que pediria demissão. Quando finalmente ligou para eles, ficou surpresa por terem apoiado a decisão dela. Os pais dela nunca haviam sido mal-intencionados: eles queriam o que fosse bom para Liz (uma carreira estável e lucrativa), mas acabou que não era o *melhor* para ela (uma carreira que envolvia um pouco mais de risco, mas que era mais significativa para ela).

Por causa de sua deficiência física, os colegas da leitora Elizabeth sempre a enxergaram como "super-humana", um rótulo de certa forma sufocante. Durante anos ela se sentiu compelida a se apresentar como uma "pessoa com deficiência, mas perpetuamente alegre", que nunca reclamava e que podia resolver todo os problemas sozinha. Demorou um tempo, e foi necessário outro emprego, para Elizabeth perceber que podia pedir ajuda e ainda assim ser vista como competente.[28]

4. Substitua "objetivos de evitação" por "objetivos de aproximação"

Se seu objetivo é não fracassar, você nunca se sentirá bem. "Não fracassar" não é uma conquista gratificante nem um motivo para ficar entusiasmado.

Para quebrar o ciclo, comece a estabelecer o que os psicólogos chamam de *objetivos de aproximação* (conquistar um positivo), em vez de *objetivos de evitação* (evitar um negativo). Por exemplo, se fará uma apresentação no trabalho, diga a si mesmo "Quero impressionar as pessoas com meu *storytelling* envolvente" (objetivo de aproximação), em vez de "Quero evitar parecer que não sei o que estou fazendo" (objetivo de evitação).

Evitar o fracasso certamente pode ser uma motivação (Liz estudou muito no ensino médio para evitar decepcionar os pais dela), mas vem acompanhado de muito estresse e pressão. E sempre que você pensa em seu objetivo, se sente mal. "Não decepcionar minha mãe e meu pai!" não é a melhor frase para se ter rondando seu cérebro por anos. Um objetivo de aproximação, por outro lado, é motivador *e* estimulante, porque é algo para celebrar se você conseguir. Para a Liz do ensino médio, poderia ter sido "Entrar na faculdade dos meus sonhos na Califórnia".

O segredo é começar aos poucos, em um ambiente amável e acolhedor. Para se curar do perfeccionismo, nos disse a terapeuta Rebecca Newkirk, é preciso que seu "corpo e cérebro se sintam seguros dentro de uma situação que poderia ativar uma resposta traumática". E cuidado ao se voltar para sua família ou para as pessoas com quem você cresceu para pedir ajuda no processo de recuperação. "Você geralmente vai procurá-los para satisfazer uma necessidade que eles criaram", disse Rebecca. "Então, mesmo que vocês se amem, eles provavelmente não serão as melhores pessoas para quem estender os braços, ao menos inicialmente."[29]

Quando se acostumaram com o novo jeito de viver, Liz sabia que podia confiar em Maxim, então, em vez de criar objetivos de evitação, como "agir de forma a evitar que Maxim me veja como fraca e carente", ela estabeleceu objetivos de aproximação, como "Da próxima vez que me sentir para baixo, vou contar para o Maxim, para lhe dar a chance de me confortar". Depois que ela se abria de pequenas formas, avaliava como estava se sentindo com isso. Com o tempo, ela ficou mais e mais confortável compartilhando seus sentimentos, porque tinha cada vez mais provas de que, mesmo nos momentos mais sombrios, sua rede de apoio ainda estaria lá. Ela ensinou a si mesma que não precisava ser perfeita para ser amada.

5. Reconheça quando bom o suficiente é bom o suficiente

Chega um momento em que continuar a trabalhar em alguma coisa não fará diferença ou, ao ficar muito obcecado, você começará a ativamente se machucar.

Dave, líder do site esportivo Bleacher Report, incentiva seus times (e ele mesmo) a dividir o trabalho quando pensam que está 80% bom. “Um projeto pode ser considerado completo antes que seu criador perfeccionista sinta que está pronto”, ele nos contou. “Na verdade, outras pessoas podem nem saber a diferença entre 80% terminado e 100% terminado.” Em sua experiência, também é mais fácil iterar em um projeto em 80% do que algo que você considera 100%.[30] Parar quando você chegou em “bom o suficiente” requer que você se desapegue de seu mindset tudo ou nada. Muitas das coisas que valem a pena fazer em 100% ainda valem em 20%. Mesmo que não corra 5 km, uma corrida de 1 km é melhor do que nada. A consultora Becky deixa um Post-it perto de sua mesa com os dizeres: “Um trabalho B+ pode mudar o mundo, mas um trabalho que não é feito não ajuda ninguém.”[31]

Ficar confortável com bom o suficiente requer prática e pode parecer muito ruim no momento. Para ver se ela poderia ajudar os membros da equipe a superarem suas tendências perfeccionistas, Alice Provost, conselheira da Universidade da Califórnia, em Davis, pediu que tirassem uma folga. Ela os encorajou a chegar no escritório às 9h da manhã e ir para a casa antes das 5h da tarde, fazer o horário de almoço cheio e deixar as mesas um pouco bagunçadas. No momento, os membros da equipe se sentiram péssimos, mas, ao refletir, reconheceram que “as coisas com as quais estavam tão preocupados não eram cruciais.”[32]

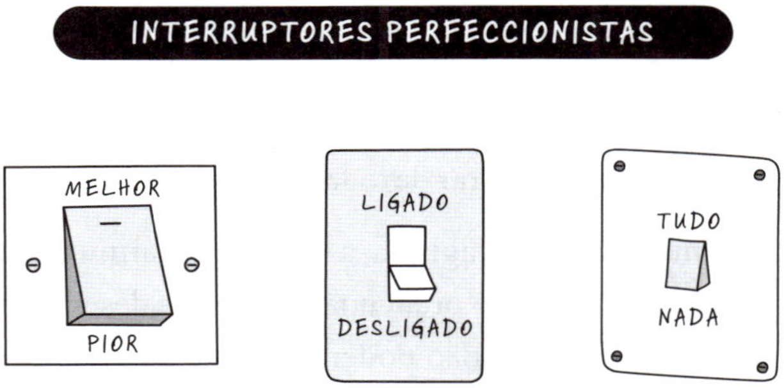

Abraçar o "bom o suficiente" também pode ajudá-lo a combater a procrastinação. Lembre-se de que aprendemos fazendo. Se quiser ficar bom em alguma coisa, a maneira mais rápida de chegar lá é com a prática. Veja três questões que podem ajudá-lo a se livrar da procrastinação:

1. Como me sentirei no longo prazo se não tentar?
2. Qual é o primeiro e menor passo que eu poderia dar?
3. Se eu pudesse fazer uma coisa para atingir meu objetivo, o que seria?[33]

Também ouvimos de muitos leitores que acham útil falar para si mesmos: "Farei isso por cinco minutos, depois posso desistir."

6. Livre-se de *sempre* e *nunca*

Essas palavras costumam ser sinais de tendências tudo ou nada do perfeccionismo. "Ótimos empregados sempre entregam tudo no prazo." "Boas mães nunca se frustram com seus filhos."

Ellen Langer, psicóloga de Harvard, descobriu que nossas palavras têm um grande impacto no nosso comportamento.[34] Em um experimento, as pessoas que cometiam um erro com lápis tinham acesso a diversos objetos, incluindo um elástico. Dos que ouviram "É um elástico", apenas 3% percebeu que podia funcionar como uma borracha. Mas no grupo que foi dito "Isso *poderia* ser um elástico", quase metade entendeu que poderia usá-lo para apagar seu erro.

Da próxima vez que se pegar penando com relação às palavras *sempre* ou *nunca,* reavalie a situação. Digamos que você está muito exausto depois do trabalho para ir jantar com seus amigos. Em vez de pensar "Sempre decepciono as pessoas", diga a si mesmo: "Estou deixando um evento passar para cuidar de mim." Você também pode se lembrar de todas as vezes em que você *foi* ao evento.

Na primeira semana como estagiária, a leitora Bethanny tinha dificuldade para dormir, porque estava muito preocupada com seu desempenho no trabalho. "Pensava que os estagiários não poderiam cometer erros nunca", ela nos contou, "e deveriam sempre ser os últimos no escritório". Então a terapeuta da Bethanny perguntou para ela se o gerente havia estabelecido essas expectativas. "Me ocorreu que ninguém, além de mim mesma, estava me falando que eu não era boa o suficiente", lembra Bethanny. Ela começou a relaxar no trabalho — fez mais perguntas e começou a sair do escritório um pouco mais cedo no fim do dia — e ainda recebeu uma oferta de emprego no final do verão.[35]

Ninguém é perfeito. Mesmo as pessoas mais bem-sucedidas deixam e-mails passarem, têm espinhas e tiram dias de folga. Então, agora mesmo, tire um momento para identificar uma expectativa ambiciosa, possivelmente subconsciente, que você estabeleceu para si mesmo recentemente. Então se liberte.

7. Nomeie seu perfeccionista interno, e encontre um modelo não perfeccionista

Para colocar uma distância psicológica entre você e seu crítico interno, tente nomeá-lo. Por exemplo, a autora Amber Rae se refere à sua perfeccionista interna como Grace. Quando se sente compelida a ficar com ódio, ela diz para si mesma: "Ah, é a Grace."[36] E, em vez de silenciar Grace, Amber pergunta: "Do que você está com medo? Por que precisa se sentir segura? Como podemos lidar com isso juntas?" Essas perguntas também permitem que Amber transforme Grace de um guarda para um guia. "Geralmente, Grace precisa de um pouco de segurança", nos contou Amber. "E quando posso ajudá-la a se sentir mais segura e com menos medo, posso canalizar os dons de Grace: ela é muito detalhista, tem olhos minuciosos e um gosto impecável."

A coach executiva Melody Wilding recomenda escolher um nome bobo ou um personagem de um filme ou livro (Melody chama sua perfeccionista interna de Bozo). "Certa vez, tive um cliente que chamava o dele de Darth Vader", ela escreve. "Ele comprou uma pequena *action figure* do Darth Vader para a mesa dele, o que o lembrava de sempre checar sua voz crítica."[37]

Também é possível identificar pessoas que você admira que não têm tendências perfeccionistas. Talvez você até as admire mais porque têm um senso de "todo o cenário". Mollie recentemente estava se sentindo culpada por não ficar mais em tanto contato com os amigos por mensagem e telefone, então ligou para uma amiga, e não conseguiram se falar. Mollie então escreveu para encontrar um horário, e a amiga respondeu: "Oi, querida, desculpe por estar sumida. Verdade seja dita, estou passando por uma fertilização *in vitro* e não estou nem vendo meus dias passarem. Terei uma folga daqui a algumas semanas, então talvez a gente possa conversar." Mollie amou essa mensagem, em partes porque podia ter empatia pela culpa e sobrecarga da amiga, e em parte porque admirava a coragem da amiga.

• • •

LIZ: *Ainda é difícil para mim realmente me abrir para as pessoas. E quando eu demonstro vulnerabilidade, sempre me sinto compelida a usar uma piada ou um "mas na verdade estou muito bem". Na verdade, ao escrever este livro, Mollie apontou que essa tendência estava aparecendo nas minhas histórias em cada capítulo: "Eu fiquei extremamente ansiosa por três meses, mas aprendi a lidar com isso, blá-blá-blá, tudo está indo muito bem."*

A verdade: meu perfeccionismo ainda dá as caras de vez em quando. Às vezes Maxim tem que me perguntar mais de uma vez para eu finalmente admitir que estou me sentindo para baixo. Mas melhorei muito. Agora sei que minhas velhas convicções emocionais eram baseadas em pressuposições incorretas (Maxim me deixaria se eu fosse menos do que perfeita), então é mais fácil (no geral) para mim me desvencilhar delas e simplesmente falar para ele: "Estou muito estressada hoje e chateada com a forma que você está engolindo o seu café, fazendo tanto barulho." (Viu? Ainda tem que terminar em uma piada.)

APRENDIZADOS

- Você pode ter tendências perfeccionistas mesmo que se sinta longe de ser perfeito.
- Abandone a ideia de que o perfeccionismo serve para você.
- Explore onde você aprendeu que precisa ser perfeito para ser valioso.
- Abra buracos na sua conversa interna perfeccionista.
- Substitua objetivos de evitação por objetivos de aproximação.
- Reconheça quando bom o suficiente é bom o suficiente.
- Afaste-se do pensamento tudo ou nada e evite as palavras *sempre* e *nunca*.
- Nomeie seu perfeccionista interno e procure por um modelo imperfeito.

CAPÍTULO 6

Desespero

Uma observação e um aviso de gatilho: este capítulo contém descrições de ideações suicidas. Não somos terapeutas licenciadas, e o conselho que damos funcionou para a Mollie, mas pode não funcionar com você. Se estiver vivenciando ideações suicidas, por favor ligue para o Centro de Valorização à Vida, no número 188, ou veja os "Recursos sobre o suicídio" na página 246. Você pode pedir ajuda de um amigo ou parente em quem confia. Mesmo que não queira conversar, só de ter alguém presente (pessoalmente ou por telefone) pode impedi-lo de se machucar.

A vida começa do outro lado do desespero.

Jean-Paul Sartre

MOLLIE: *Oito meses depois que nosso primeiro livro foi lançado e dois meses antes do meu aniversário de 32 anos, parei de querer viver.*

Para mim, não é fácil contar essa história. Sou uma pessoa reservada, e é difícil imaginar minha família toda sabendo disso tudo, que dirá o público. Mas, como há muito estigma em torno desses sentimentos, acho que é importante compartilhar.

Eu não tinha histórico de depressão ou doença mental. Eu costumava ser uma pessoa para cima e tinha um bom trabalho e um casamento estável. Meus colegas me descreviam como impassível. Meus amigos brincavam comigo, me chamando de "A Presidenta", porque eu reunia o grupo e organizava encontros e presentes de aniversário surpresas. Meu marido me descrevia como incrivelmente calma e tranquila.

Mas todos esses traços desapareceram. Eu estava lidando com uma dor crônica nos pés havia meses, e era tão forte, que eu não conseguia andar por mais de dez minutos e nem ficar em pé por mais de cinco sem sentir dor. Meus médicos ofereceram alívio para os sintomas, mas, quando não deu certo, acreditaram que a dor estava na minha cabeça. Desesperada, deixei um médico fazer uma injeção experimental de plasma sanguíneo, o que só piorou a dor. Meu marido, Chris, e eu tínhamos acabado de nos mudar para Los Angeles, e eu não tinha nenhum amigo. Eu estava trabalhando de casa e extremamente isolada. Estávamos prontos para começar a tentar ter filho, mas nos três meses anteriores, minha menstruação tinha sumido por causa do estresse (o que pode acontecer quando seu corpo produz muito hormônio do estresse, cortisol), impossibilitando a gravidez. Eu não podia mais usar meus principais mecanismos para lidar com a ansiedade, caminhar e correr, e não dormia havia semanas. Não conseguia ver como isso tudo poderia melhorar. Eu sabia que a dor não estava na minha cabeça, mas como eu poderia obter a ajuda de que precisava se os médicos não acreditavam em mim? Como minha menstruação voltaria, se eu estivesse tão estressada com a minha dor? Como encontraria um novo emprego estando tão deprimida que mal podia fazer o trabalho que eu tinha?

Meu sonho de ter uma vida que valesse a pena ser vivida foi substituído por um desejo de pular na frente de um trem. Em um voo de Los Angeles a São Francisco (eu fazia isso duas vezes por mês para o trabalho), peguei um número de trem e a localização e coloquei no meu aplicativo de Notas do celular. Escrevi uma carta de adeus à minha família. Meu plano era deixar a carta no meu quarto de hotel e pegar um Lyft para a estação de trem. Quando cheguei ao hotel do aeroporto, sentei à mesa e reli minha carta de adeus. Comecei a tremer. Não consegui chamar um carro. Saí do hotel e fui caminhar na Embarcadero, a rua da praia. Estava estranhamente quente para outubro, e São Francisco estava estonteante. As pessoas passavam por mim correndo e caminhando sem nem prestar atenção em mim. Estava andando com uma dor física e emocional, com lágrimas escorrendo pelo meu rosto. Voltei ao hotel, deitei na cama e chorei até dormir, sem nem me trocar.

Isso é o desespero.

• • •

Desespero não é uma palavra que as pessoas usam com frequência para descrever seu estado emocional. O desespero não tinha nem sido clinicamente definido com um conjunto de critérios até 2020.[1] Pesquisadores agora apontam para sete indicadores dessa emoção:

- Sentir-se desesperançado.
- Ter baixa autoestima.
- Sentir que não é amado.

- Preocupar-se com frequência.
- Solidão.
- Desamparo.
- Sentir pena de si mesmo.[2]

Alguns desses indicadores se sobrepõem ao critério de diagnóstico para a depressão maior ou transtorno de ansiedade generalizada. Mas os últimos três (solidão, desamparo e sentir pena de si mesmo) não são sintomas de nenhum outro transtorno psiquiátrico específico.[3] Em outras palavras, o desespero envolve sentir-se deprimido e ansioso, mas acrescentar sentimentos de desesperança, solidão, falta de amor, desamparo e pena de si mesmo aumenta a intensidade do desespero. Se Mollie tivesse dado uma olhada nessa lista, teria circulado todos os setes indicadores.

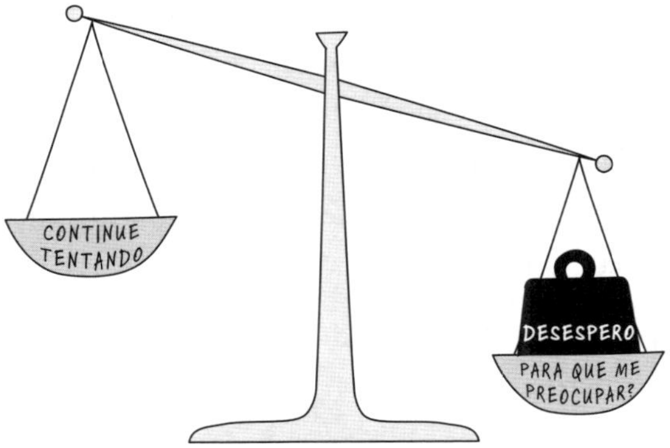

O desespero vem aumentando nos Estados Unidos, assim como as mortes por causa dele (mortes por suicídio ou abuso de álcool ou drogas). As mortes por desespero são uma das principais razões pelas quais a expectativa de vida decaiu desde 2016. Pesquisadores descobriram que os sintomas do desespero aumentam em todos os dados demográficos quando as pessoas entram na casa dos trinta anos.[4] Os pesquisadores atribuem esse aumento no desespero a uma combinação de os trinta serem uma fase bastante estressante da vida e uma sociedade com opções de empregos cada vez piores e menos conexões sociais.

Sua versão de desespero pode não ser tão perigosa ou ameaçar sua vida como a de Mollie. Pode ser que você se sinta paralisado em um emprego, relacionamento ou outra situação aparentemente sem futuro. Pode ser que se sinta isolado e sozinho. Talvez não esteja lidando com o desespero, mas tenha um ente querido que esteja. Ou talvez você esteja onde Mollie estava, ou pior, em cujo caso aconselhamos que converse ou ligue para um profissional de saúde mental (fez um mundo de diferença para Mollie) ou ligue para o **Centro de Valorização da Vida, no número 188.** Para saber mais sobre como encontrar apoio de saúde mental, veja "Recursos sobre o suicídio" na página 246. Você também pode pedir ajuda de um amigo ou familiar em quem confie. Mesmo que não queira falar, só de ter alguém presente (pessoalmente ou por telefone) pode impedir que você se machuque.

Independentemente de como o desespero se apresente para você, sabemos por experiência pessoal e por meio de pesquisas que é melhor procurar ajuda imediatamente. Há maneiras de lidar com o desespero, mas elas deveriam vir lado a lado com o apoio de um profissional, pois é muito difícil lidar com essa emoção sozinho. Infelizmente, não há um truque secreto que magicamente fará com que você se liberte do desespero — e leva um tempo para ele ir embora. Alguns dos conselhos que daremos neste capítulo são somente sobre como passar por um único momento difícil.

Mas primeiro queremos ajudá-lo a desaprender três mitos que costumamos ouvir sobre o desespero.

MITOS SOBRE O DESESPERO

Mito nº 1: Simplesmente foque outra coisa e você ficará bem

O mito mais perigoso é que o sofrimento pode ser remediado com a distração certa, uma conversa alegre ou um lembrete sobre olhar o lado bom. Pedir para as pessoas ignorarem seu desespero é tão ineficaz, prejudicial e cruel quanto falar para superarem a morte de uma pessoa que amam ou ignorarem a dor inimaginável de um osso quebrado. A recuperação começa quando se leva o desespero a sério. Quando você admite que está passando por uma fase ruim, não está se chafurdando ou demonstrando fraqueza. Você está dando o primeiro passo para ser ouvido (mesmo que às vezes só por você mesmo) e encontrar maneiras de não se sentir tão sozinho.

Muitas pessoas têm medo de nomear e lidar com o próprio desespero, porque há a vergonha que envolve isso e o medo de ser rotulado de "louco" ou "perigoso". (Durante um tempo, antes de contar para o marido ou terapeuta a respeito de suas ideações suicidas, Mollie estava preocupada com o fato de que se abrir para eles a levaria direto para a ala psiquiátrica.) Além disso, muitas pessoas têm medo de não saber o que dizer quando alguém que amam está em desespero. Mas pesquisas mostram que ter conversas abertas e sem julgamento nas quais a família ou os amigos podem expressar esses medos, contar à pessoa que a amam e dar espaço para ela compartilhar o estado real de sua mente faz com que seja menos provável que ela coloque em prática aquilo em que tem pensado.[5] E o mesmo vale para quase todas as emoções difíceis. Nomeá-las e falar abertamente sobre elas ajuda; não faz mal. Afinal, não é como se você pudesse distrair as pessoas da principal coisa que está se passando pela cabeça delas no momento.

Dito isso, se está em um estado de desespero e as pessoas tentam fazer você se sentir melhor dizendo que também se sentem para baixo de tempos em tempos, você tem nossa permissão de revirar os olhos. Em São Francisco, Mollie não estava simplesmente "um pouco triste". Ela sentia como se estivesse se afogando, sem esperanças de conseguir subir para tomar um ar.

O desespero costuma ser algo que vai além do que pode ser gerenciado apenas com o apoio de amigos e família, mas é exatamente o tipo de emoção que os terapeutas, assistentes sociais, psicólogos e psiquiatras são treinados para lidar. Pode ser que você tema que compartilhar seu desespero será "demais", mas é para isso que servem os profissionais de saúde mental.

Mito nº 2: Sua vida é muito boa para você estar sentindo desespero

Você já se perguntou "Por que me sinto tão mal quando outras pessoas estão definitivamente em uma situação pior do que a minha?" e depois se sentiu imediatamente dez vezes pior? Enquanto escrevíamos este livro, nos pegamos começando frases como "Sabemos que temos sorte de levar uma vida relativamente ótima", mas quando no julgamos por sentir desespero, apenas nos aprofundamos ainda mais na escuridão.

Mollie costumava tentar se lembrar de que ela não estava sendo torturada na prisão, lidando com um vício em drogas ou sentindo tanta dor que não conseguia dormir. Mas esses pensamentos não faziam com que ela se sentisse melhor; a faziam se sentir ingrata e fraca. Quando ela finalmente reuniu a coragem para ligar para sua amiga Julia, uma assistente social licenciada, e confessou, chorando de soluçar, o quanto estava se sentindo para baixo, e a culpa que estava sentindo por estar assim, Julia a interrompeu: "Não acredito na comparação de níveis de sofrimento. Quando você está mal, está mal."

O desespero é absoluto para a pessoa que o está vivenciando. Se está com dificuldades, está com dificuldades. Não há um grande juiz que pode decidir se você "merece" sentir desespero ou não. Sim, quase certamente há outras pessoas no mundo que estão em uma situação pior, muito pior do que a sua. Mesmo assim, você ainda pode estar sofrendo, e seus sentimentos ainda são válidos e importantes.

As frases a seguir geralmente são um indicativo de que a pessoa que as está dizendo não está equipada para o ajudar. Sabemos que é difícil deixar entrar por um ouvido e sair pelo outro e evitar que elas embrulhem seu estômago com culpa ou raiva (ou ambos). Tente não levar para o lado pessoal.

- "Pelo menos você não…"
- "Sei exatamente como você está se sentindo, porque lidei com [alguma coisa que não é nada parecida]."
- "Conheço uma pessoa que lidou com algo parecido e fiquei maravilhada com o fato de ela ter lidado tão bem com isso."

- "Tenho certeza de que você se sentiria melhor se..."
- "E se você pensasse de uma perspectiva diferente?"
- "Olhe para o lado positivo..."

Se você já disse alguma dessas coisas para outras pessoas, considere pedir desculpas. Mollie tinha uma amiga na faculdade que lidava com a depressão, e Mollie disse a ela algo parecido com "E se você parasse de fixar em tudo que poderia dar errado?". Pensando agora, isso não foi nada útil. Mollie recentemente ligou para ela (quatorze anos depois) para pedir desculpas, coisa que a amiga apreciou.

Mito nº 3: O desespero é permanente e significa que seu cérebro está com defeito

"Sabe, ou todo mundo se sente um pouco assim e simplesmente não fala sobre isso, ou estou completamente sozinha", a personagem de Phoebe Waller-Bridge chora na série *Fleabag*. "O que não é nada engraçado."

Quando você está passando por isso, pode ser que sinta que é a única pessoa no mundo que não está prosperando. Como mencionamos no Capítulo 2, tendemos a comparar nossos bastidores com os melhores momentos de outras pessoas. Parece (falsamente) que todo o resto do mundo está prosperando o tempo todo, e é fácil pensar que, como você está sozinho ao se sentir tão para baixo, algo deve estar profundamente errado com você e que estará errado para sempre.

Mas você está longe de ser o único lutando contra o desespero. Mollie achou reconfortante quando o terapeuta e o médico dela disseram que as ideações suicidas são muito mais comuns do que a sociedade quer admitir — e que muitas pessoas se recuperam desses sentimentos. Mas que, quando pensamos que ter esses pensamentos nos deixa tão problemáticos que nunca seremos entendidos ou aceitos por outras pessoas, não os compartilhamos. E quando não os compartilhamos, nos impedimos de ter acesso a duas coisas: uma, o conhecimento de que outras pessoas tiveram os mesmos pensamentos e de que eles por fim passaram, e dois, a ajuda de que precisamos para processar nossa ruminação para que ela não se transforme em ação.

Quer seu desespero se manifeste como "Não quero viver" ou "Não consigo me imaginar nesse trabalho por mais um mês, mas não tenho alternativa" ou "Não tenho ninguém que me ame na minha vida", não costumamos incentivar uma conversa aberta sobre esses tipos de sentimentos. Então, quando os sentimos, não tivemos a oportunidade de nos preparar ou aprender com outras pessoas na nossa vida que os podem ter vivenciado. Como resultado, costumamos ficar chocados com o quanto o desespero é horrível. Como poderia haver um propósito em se sentir tão mal assim? Como é possível que sobrevivamos a um sentimento tão ruim assim?

• • •

MOLLIE: *Lidei com a ideação suicida por vários meses, mas nunca tinha sido tão intenso quanto naquela noite em São Francisco. Meus pensamentos daquela noite me assustaram o suficiente para eu me abrir para meu marido e minha terapeuta. Falei que eu não queria colocar em prática e me matar, mas que eu também não queria viver. Meu marido me ajudou me escutando sem me julgar (ao mesmo tempo em que deixava claro que tirar minha vida não era certo), apesar de eu o ter assustado, e minha terapeuta me ajudou a entender o desejo por trás do meu comportamento. Ela o descreveu como "olhar de cima do penhasco e decidir se eu queria pular ou não". Por fim, quando eu já tinha olhado por tempo o suficiente, eu decidi que não queria fazer essa escolha. O pensamento de me jogar na frente de um trem ainda me trazia certo alívio, mas eu não estava fazendo nenhum plano ativamente.*

Às vezes a gente só precisa de uma frase para nos manter vivos. Quando falei para minha terapeuta que queria desistir, ela disse: "Isso não parece você; não soa como a Mollie que eu conheço." Pensei muito nessa frase, e ela me ajudou a seguir em frente. Conheço uma pessoa que estava batalhando com ideações suicidas quando seu terapeuta simplesmente disse: "Se você se fosse, eu sentiria saudades de você."

A medicação ajudou. Passei a tomar o mesmo antidepressivo que um parente tinha usado, que o ajudou. Também foi imensamente útil ouvir de outras pessoas que tinham tido esses pensamentos e chegado ao outro lado. Ouvi o autor Parker Palmer falar em um podcast sobre como tudo o que ele conseguia fazer durante a depressão era fazer caminhadas no meio da noite, quando ninguém poderia vê-lo. Escutei a experiência do escritor Andrew Solomon com ideações suicidas: "Um aspecto da depressão é um conhecimento profundo de que os médicos acolhedores que lhe garantem que você não está tendo um bom julgamento estão errados. Você está em contato com o real terror da sua vida."6 Eu li Fé*, de Sharon Salzberg, e* Quando Tudo Se Desfaz*, de Pema Chödrön. E conversei com* *três amigos que tinham tido ideações suicidas. Enquanto eu choramingava no telefone, incapaz de usar frases completas para explicar como era ruim, eles diziam: "Eu sei. Eu sei. Estou aqui."*

Durante meses, me perguntei: quem você é quando não quer mais viver? Quando os detalhes da sua vida são difíceis demais de carregar? E o que eu posso falar daquele momento horrível é isso: em alguns dias, basta chegar na hora de dormir — ou até pouco depois do jantar — para afastar os pensamentos que estavam importunando você o dia todo, lhe dizendo que nunca vai melhorar, então para que continuar? É o suficiente parar de chorar por alguns minutos e jogar uma água no rosto e perceber que seus cílios estão todos embolados por causa das lágrimas que não param de cair. É suficiente ir para a cama e colocar o cobertor quentinho em cima de você e fechar os olhos e esperar que amanhã pode ser um pouquinho melhor, e conseguir dormir imaginando uma rede de humanidade conectando você a todo mundo que está sofrendo também. Alguns dias, é tudo o que você pode dar, e estou aqui para dizer que é o suficiente. Para você, no meio disso, pode parecer que não é o suficiente ficar vivo, mas prometo que é.

Eu ficava esperando que um milagre acontecesse, que eu acordaria e não sentiria mais dor, ou que eu encontraria um médico que acreditasse em mim ou me curasse. Mas é claro que nada disso aconteceu, então perdi as esperanças. Eu finalmente deixei de procurar a esperança, me voltei para dentro de mim, e encontrei a fé. Ainda que não soubesse como era a esperança, me apeguei à crença de que eu encontraria um jeito de seguir em frente.

COMO LIDAR COM ISSO

Quando se trata do desespero, não existem atalhos. Ficar melhor pode ser um processo doloroso, e pode ser que leve meses ou anos. Mas você *pode* sair do desespero. Pode até ser que cruze com momentos de luz enquanto o faz. Nesta seção, primeiro ajudaremos você a sobreviver no momento. Então ofereceremos um guia de como redescobrir a esperança, encontrar apoio emocional e, devagar, mas com constância, emergir da escuridão.

1. Tudo o que você tem que fazer é passar pelo agora

O desespero pode fazer uma noite parecer infinita. Nos dias em que a dor crônica e a depressão de Mollie estavam piores, ela costumava se pegar às 4h da manhã pensando: "Só preciso ficar acordada por mais cinco horas. Acho que consigo."

Concentrar-se somente em passar pelo que parece factível é chamado de *dividir o tempo em blocos*. Quanto mais você está sofrendo, menores os blocos de tempo que você tem que dividir. "Em um período muito difícil, ignorei o ditado 'Um dia de cada vez'", nos contou a leitora Caroline. "Em vez disso, eu falava para mim mesma aguentar momento a momento."[7]

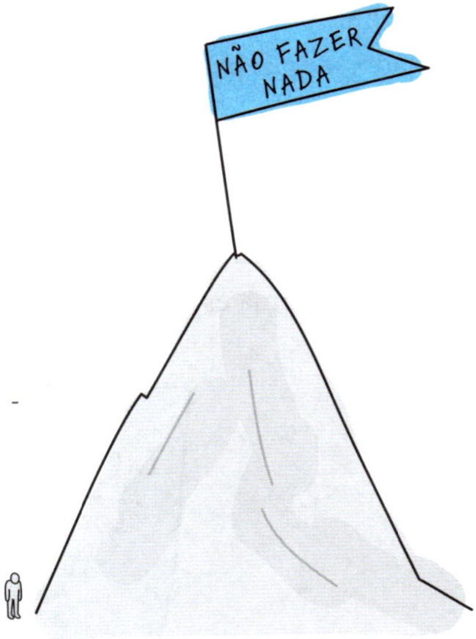

Também recomendamos que você se satisfaça, desde que o que você escolha fazer não seja prejudicial. Você perceberá que a parte de você que sente prazer não foi completamente extinta. Escolha algum conforto e se perca nele: pense em sorvetes, filmes fofinhos ou banhos quentes. Também pode ser útil encontrar um longo romance ou, se não conseguir focar a leitura (a Mollie não conseguiu ler nenhum livro durante meses), tente um seriado com sete temporadas para usar como uma escapatória estendida. "Maratonar a Netflix me dá espaço para respirar e não pensar nos meus próprios sentimentos quando preciso", nos contou nossa amiga Candice.

Pode ser que perceba que o que você achava frívolo lhe traz paz. Enquanto estava lutando contra o desespero, nossa amiga Sophia, que nunca gostou muito de animais, começou a gostar de estar perto dos cachorros dos vizinhos. Ela também dormia mais e passava horas nas noites e manhãs deitada na cama e se escondendo do mundo. Quando a leitora Megan se sentiu para baixo durante meses, ela comprou um ursinho de pelúcia para agarrar enquanto maratonava a série *Bake Off Reino Unido.*

Finalmente, reconheça que não há problema em ter fortes emoções ou uma extrema falta de emoções, e observe o movimento dos seus sentimentos. Pode ser que tenha uma péssima manhã, mas que a tarde seja melhor. "Os sentimentos, na verdade, são mais como sistemas de clima — eles sopram para um lado, depois para o outro", escreve a terapeuta Lori Gottlieb em seu livro *Talvez Você Deva Conversar com Alguém.*[8] Mesmo quando parece uma causa perdida, se comprometa a dividir o tempo em blocos e espere para ver se vai se sentir um tiquinho melhor dali a dez minutos, ou na próxima manhã, ou na próxima semana. Um dia ruim, ou até mesmo um mês ruim, não é um preditivo de uma espiral decadente eterna.

Luto

Quando estava chegando no fim de sua batalha de dez anos contra o câncer, o sogro de Liz, Nikolai, sofreu um derrame que o deixou incapaz de falar e se mexer. Nikolai, um cantor russo, sempre foi muito festeiro. Quando ele ficou internado durante o Natal, decorou seu quarto com pisca-pisca e tocou músicas de Natal no acordeão. As enfermeiras frequentemente passavam por lá para cantar com ele "We Wish You a Merry Christmas" e "Dreidel, Dreidel, Dreidel".

Depois das últimas palavras de Liz para ele, com grande esforço, ele conseguiu erguer as mãos e dar um pequeno e último tchau. Às 3h da manhã do dia seguinte, ele faleceu. No golpe de uma perda, o mundo para. Não há como escapar do vazio e da agonia. Dessa forma, o luto é parecido com o desespero: você simplesmente se desfaz. A vida perde a cor, e você tem que se forçar a passar pelo dia.

Mergulhar completamente no luto requer muito mais do que um box (veja "Recursos sobre o luto" na página 247), mas queremos apontar algumas coisas:

- Lembre-se de que se sentir despedaçado é normal. A dor não vai embora, mas diminuirá com o passar dos anos.
- O luto pode cristalizar o que mais importa. Escreva, para que não esqueça disso quando voltar ao seu dia a dia. Depois da morte do Nikolai, Liz enviou para si mesma um e-mail no qual escreveu: "Viva uma vida incrível, gigante. Se puder transformar um momento banal em mágico ou de cinema, faça. Tenha uma família. Aprenda a tocar acordeão, e arrase em todo feriado."
- Compartilhar histórias com outras pessoas pode ajudar, principalmente histórias de bons momentos.
- Você pode sentir alegria e luto ao mesmo tempo. Pode ser que se pegue se curvando de gargalhar enquanto reconta uma memória, e depois seja incapaz de parar de chorar.

- Os cinco estágios do luto (negação, raiva, barganha, depressão, aceitação) são, na verdade, mais um ciclo bagunçado do que uma progressão sequencial (e algumas pessoas até os consideram debatíveis).

- Pesquisadores agora incluíram um sexto estágio do luto: significado. Lembre-se de que o significado é pessoal e pode levar um tempo. "Apesar de encontrar um significado, não vale o custo de perder alguém", diz David Kessler. "Mas, com o tempo, conexões significativas podem substituir as memórias dolorosas. Você conseguirá focar o significado, em vez de os aspectos terríveis de uma pessoa que você amava ter morrido."[9]

- Pode ser que sinta o senso de espiritualidade recém-descoberto. Abrace-o. Liz, que nunca foi religiosa, achou impossível que uma personalidade tão grande quanto a do Nikolai de repente não estaria em lugar nenhum. Ela não sabe exatamente no que ela acredita, mas pensa que ele vive de alguma forma.

- Pode ser que você vivencie momentos em que sinta que está explodindo com uma admiração renovada pela vida. Aproveite esses sentimentos. A vida é curta. Divirta-se com ela.

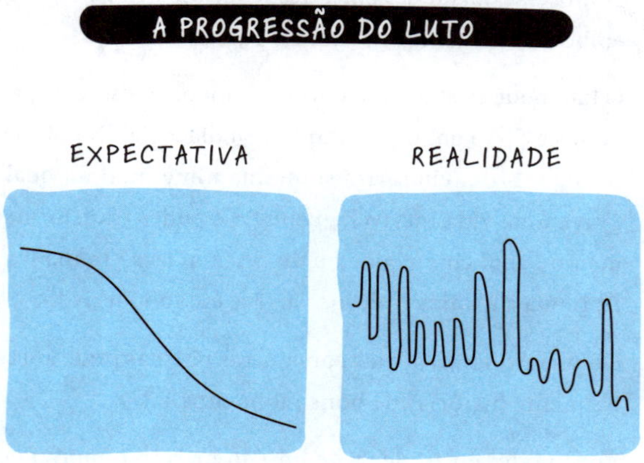

Deixaremos você com uma descrição do luto por um usuário do Reddit, em 2011, que trouxe muito conforto para Liz:

> Você perceberá que são ondas. Quando o navio afunda, você está se afogando, e só há destruição ao seu redor. Por um tempo, a única coisa que pode fazer é boiar. Ficar vivo. No começo, as ondas têm trinta metros e batem em você sem benevolência. Elas vêm a cada dez segundos e não lhe dão tempo de respirar. Depois de um tempo, talvez semanas, talvez meses, você perceberá que elas ainda têm trinta metros, mas vêm com um tempo maior de distância. Quando vêm, elas ainda batem com tudo em você e destroem tudo. Mas, no meio-tempo, você consegue respirar, consegue funcionar. As ondas nunca param de vir, e de alguma forma você não quer que elas parem. Mas você aprende que sobreviverá a elas. E outras ondas virão. E você sobreviverá também.[10]

2. Defina para si mesmo pequenas intenções diárias

Quando você está em desespero, há muita coisa que gostaria que fosse melhor. Durante meses antes da noite em São Francisco, Mollie sentiu que estava em queda livre: todo dia era pior do que o anterior, e sua ideação suicida estava ficando mais intensa. Era como se estivesse descendo em um cânion e não soubesse quando tocaria o chão ou qual seria a versão pessoal de tocar o chão. Esta é a parte assustadora: em meio ao desespero, parece que se está perdendo todo o controle. Seu estado mental entrou em colapso, e pode ser muito exasperante tentar fazer alguma coisa (até mesmo nada).

A primeira coisa que ajudou foi: quando está em queda livre, você tem que usar um único machado de escalada na parede por dia. Isso não impedirá a queda, mas diminuirá. Toda manhã, escolha uma coisa que você cumprirá naquele dia. Seu objetivo pode ser muito simples, como enviar uma mensagem de texto, tirar o lixo ou lavar o rosto.

Esses pequenos atos têm uma função importante: colocam você de volta no assento de motorista de sua vida, mesmo que por apenas poucos minutos. Estabelecer até mesmo o menor objetivo e conquistá-lo pode ajudá-lo a seguir em direção a um futuro com mais esperança. Mollie tinha a tendência de deixar miniconquistas de lado — *Tá, então eu fui à farmácia hoje. Essa é a minha conquista? Em comparação com o que eu conseguia fazer em um dia, não é nada. Quem eu quero enganar?* Mas ao longo das semanas e dos meses, suas pequenas ações começaram a se acumular. Devagar, ela sentiu a independência, coragem e esperança começarem a retornar. No começo, pareceu dez passos para trás, um para a frente. Depois de alguns meses, ela começou a subir do abismo.

Se tiver dificuldade para começar, colocar-se no piloto automático pode ajudar. "Quando eu não tinha energia para fazer nada, fingia que era uma personagem de videogame", no contou o leitor Sam. Esse tipo de técnica de distanciamento pode reduzir a intensidade de suas emoções e faz com que agir fique mais fácil. "O videogame me fazia tomar banho", lembra Sam, "então eu meio que só assistia ao meu corpo ligar o chuveiro e começar dali. E, por fim, minha mente se ligava que a água quente era uma sensação boa".[11]

Você também pode deixar lembretes para si mesmo. Alguns meses depois da noite em São Francisco, Mollie entrou para um grupo de mulheres em sua sinagoga que se reunia mensalmente para trabalhar juntas no cultivo de traços pessoais em uma prática chamada Mussar. Elas estudavam os traços de personalidade e ajudavam umas às outras a dar pequenos passos para trazê-los às rotinas diárias e semanais. Mollie escolheu *savlanut* (hebraico para "paciência"), que é definido como "abrir espaço entre o fósforo e o pavio", e suportar a vida sem sofrimento.[12] Ela grudou uma observação no computador e encontrou conforto em ver esse traço de personalidade que poderia ser praticado.

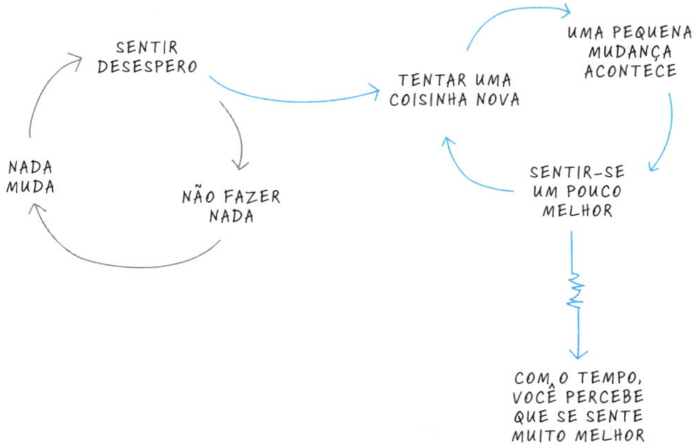

3. Pedir ajuda de pessoas que entendem

No primeiro semestre de 2020, nossos amigos Kate e Hunter tiveram a notícia de que o bebê, que ainda não havia nascido, tinha uma síndrome rara que envolve o coração e malformações cerebrais. Depois de se consultarem com seus médicos, familiares e amigos, tomaram a terrível decisão de interromper a gravidez.[13]

No processo da perda, Kate e Hunter ficaram devastados. Para ajudar a processar seu desespero, a família de Kate deu a eles um final de semana em um chalé na praia. "Caminhamos até um farol no meio da noite", lembra-se Kate. "Encontramos um banco, e no escuro sentimos o nosso luto e pedimos perdão para o nosso bebê."

Nos meses seguintes, Kate começava todos os dias conversando com uma amiga que também havia interrompido uma gravidez devido a problemas médicos. "Como ela tinha passado pela mesma coisa", nos contou Kate, "pudemos oferecer uma à outra apoio sem julgamentos. O aborto é um assunto tabu, e às vezes eu temia a reação das pessoas. Mas, com ela, eu não tinha que me preocupar se estava falando a coisa errada. Nossa experiência compartilhada me deu a coragem de pedir ajuda sempre que eu quisesse, e de estar completamente aberta sobre como eu estava me sentindo".

Kate e Hunter também entraram para um grupo de apoio para pessoas que haviam passado por situações semelhantes. "Era tão bom ter um bloco de tempo para falar sobre aquilo pelo que a gente tinha passado e saber que seríamos ouvidos e compreendidos! Ainda que não tivessem passado por exatamente a mesma coisa, as pessoas entendiam. Não tínhamos que nos defender ou explicar nossa decisão; havia um senso imediato de compaixão."

De tempos em tempos, Kate ainda lê posts em um grupo do Facebook para se sentir menos sozinha. "Estou me dando conta de que nunca vou superar", ela admitiu para nós. "Mas pedir ajuda de pessoas que passaram pelo mesmo me ajudou a perceber que o desespero persistirá, mas evoluirá. As conexões e o apoio foram uma oportunidade para sentir luto e alegria ao mesmo tempo."

Uma das expressões favoritas de Liz é "Dividir um problema diminui seu tamanho". No meio do desespero, costumamos sentir necessidade de nos isolar. Mas, apesar de se afastar do mundo ser uma proteção no momento, falar com pessoas que passaram por algo semelhante pode ser um passo poderoso em direção à recuperação (com uma ressalva: é você que decide se a outra pessoa entende ou não. Pode ser que tenha amigos ou familiares que são bem-intencionados, mas incapazes de entendê-lo ou apoiá-lo completamente).

E lembre-se: quando você compartilha uma emoção difícil, não precisa apresentá-la de forma editada nem com ressalvas. Como escreve a blogueira Molly Flinkman, costumamos dizer coisas como "Ah, estou muito cansado. Ainda estou me ajustando aos horários do bebê recém-nascido", quando, na verdade, queremos dizer "Choro o tempo todo, noite e dia — é um milagre que eu não esteja chorando agora —, porque esse bebê não dorme a menos que esteja no colo. Amamentar também é tão dolorido, que xingo no meio da noite para conseguir lidar com isso".[14] Ela chama isso de "dor polida", e não nos faz bem. As pessoas que gostam de você receberão bem a verdade — e lhe apresentarão a mesma honestidade e vulnerabilidade.

Em alguns casos, nosso isolamento não é autoimposto: sentimos desespero porque o isolamento está sendo forçado por outras pessoas. Quando trabalhava em uma organização sem fins lucrativos, a leitora Gina foi assediada e isolada pelos colegas de trabalho. Sua autoconfiança ficou tão em choque, que, quando seus chefes diziam para ela que mais ninguém nunca iria querer contratá-la, ela acreditava neles e se afogava em desespero. Ela se sentia presa em um trabalho que estava destruindo sua saúde mental e impotente para mudar sua situação.

Em desespero, Gina entrou para um clube social para mulheres. Frequentar os eventos a ajudou a começar a formar conexões fora do setor de organizações sem fins lucrativos. Falando para outros membros sobre seu trabalho atual e suas aspirações profissionais, ela não só recebeu apoio emocional, mas novas oportunidades de emprego. Gina conseguiu fazer a transição para um novo cargo em uma nova empresa, na qual ela está muito mais feliz. Algo parecido aconteceu com Mollie. Quando ela finalmente se abriu a respeito de sua dor crônica depois de um ano e meio a escondendo, um amigo fez a conexão dela com uma ex-colega de classe que havia passado por algo parecido. Mollie enviou um e-mail para ela e recebeu um artigo esclarecedor do *New Yorker* sobre dor crônica.

A pessoa que entende pode até nem ser uma pessoa. Enquanto estava de férias, Mollie mancou uma curta distância no Parque Nacional Olímpico para ver a mais velha Sitka Spruce do mundo. Enquanto olhava para a velha árvore de mil anos, ela sentiu uma paz. "Ela viveu dez de nossas vidas", pensou. Quaisquer problemas que Mollie estava tendo pareciam muito menos insuportáveis na vasta história da vida na Terra.

O que fazer se alguém que está vivenciando o desespero lhe pede ajuda

Se alguém se abre com você, é provável que estivesse em dúvidas se deveria ou não falar alguma coisa por um tempo. Primeiro de tudo, é preciso deixá-lo se sentir seguro. Escute sem julgamento e evite entrar no modo "vai lá e conserta". Não que dar sugestões seja inerentemente ruim, mas usar frases como "Se você simplesmente" ou "Já tentou" implica que, se a pessoa tentasse um pouco mais, fizesse um pouco mais de pesquisa ou fosse um pouco mais capaz, o problema poderia ser facilmente resolvido.

Em vez disso, tranquilize-a e ofereça conforto. Veja algumas frases:

- "Ainda que eu não saiba bem pelo que você está passando, quero que saiba que me importo com você."
- "Há algo que posso fazer para ajudar ou você gostaria que eu só escutasse?"
- "Realmente quero saber o que está acontecendo, mesmo que seja difícil."

Muitas pessoas em estado de desespero gostariam de mudar de perspectiva, mas não conseguem, daí o desespero. Às vezes essas mudanças podem levar anos, mesmo com a ajuda de um bom terapeuta, então esteja preparado e aberto para ouvir mais de uma vez alguém lutando contra o desespero.

Você pode ir além e oferecer maneiras pequenas e específicas de ajudar. Quando o sogro de Liz morreu, seu amigo Logan enviou uma mensagem para ela: "Quatro coisas que eu amaria fazer por você. Me fale com quais você se sentiria bem, e quando você gostaria: 1) posso lhe telefonar e só ouvir; 2) posso cozinhar seu doce preferido e levar para você; 3) posso estar aqui para trocar mensagens quando você quiser desabafar, mas não tiver energia para uma ligação; 4) posso ir à sua casa e dar uma volta no quarteirão com você." A mensagem fez com que Liz se sentisse acolhida e também confirmou que ela podia pedir a ajuda de Logan sem sentir que estava sendo um fardo.

E, por fim, mostre que você valoriza a existência dessa pessoa ao continuar perguntando como ela está. Pode ser que ela não tenha energia para o procurar, mas ouvimos muitas histórias de como uma mensagem como "Não precisa responder, só queria que você soubesse que estou pensando em você" significou o mundo para alguém.

4. Distancie-se de pessoas que não entendem

"Há muitas pessoas que têm medo de dizer que precisam de ajuda", Meghan Markle falou para a Oprah em uma entrevista em março de 2021, "e eu sei o quanto é difícil não só verbalizar, mas ouvir um não". Depois de se casar com o príncipe Harry e entrar para a família real britânica, Meghan se tornou alvo de bullying racista online e da imprensa. Ela disse à Oprah que não tinha permissão para sair de casa e que começou a ter pensamentos "reais e assustadores". Em dado momento, Meghan "simplesmente não queria mais viver".

Quando ela finalmente reuniu coragem para pedir ajuda, a família real britânica se recusou a fazer alguma coisa — até mesmo deixar Meghan conseguir apoio em algum outro lugar. Seria inaceitável, disseram para ela. "Foi muito assustador, e eu não sabia a quem recorrer", admitiu Meghan, acrescentando que ela se abria para Harry e por fim recorreu aos melhores amigos da princesa Diana, "porque, quem mais entenderia como é realmente lá dentro?". Em suma, ela e Harry decidiram abrir mão dos cargos reais e se mudaram para os Estados Unidos.

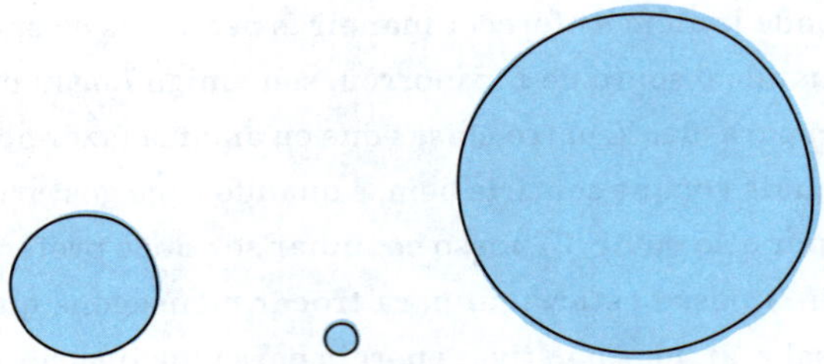

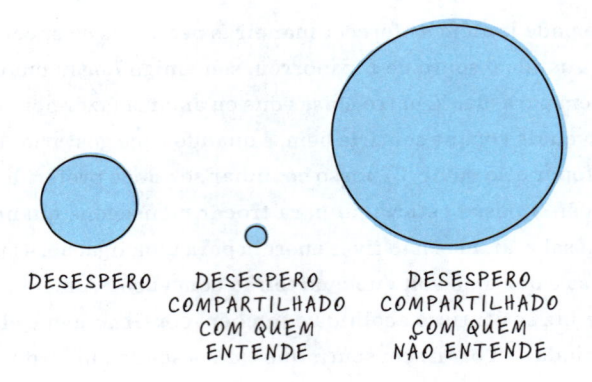

Apesar de recomendarmos recorrer a apoio emocional e social, tenha o cuidado de pedir ajuda às pessoas certas, principalmente quando se trata de questões de identidade. Para algumas pessoas trans e não bináries, longos períodos de suas vidas são marcados por desespero severo. E essa nuvem do desespero pode começar a desaparecer apenas quando conhecem outra pessoa trans ou até mesmo começam a pesquisar sobre gênero na internet. Esses pequenos momentos de conexão e compreensão podem salvar; no entanto, contar para alguém que não aceita pode ser difícil. Quando a artista musical Summer Luk se assumiu transgênero para os pais aos 21 anos, eles a rejeitaram. Ao telefone, disseram para Summer que ela não era filha deles e que sempre seria seu filho, e desligaram na cara dela. Summer sentiu uma raiva profunda de sua família (apesar de agora estar trabalhando na relação com eles), então tentou construir e encontrar uma comunidade em outro lugar, escrevendo e performando música em Nova York. "Quando conto minha história através da música, de alguma forma construo uma ponte para a audiência se conectar comigo", ela escreveu na *Teen Vogue*. "As pessoas me procuram para dizer que minha história humanizou uma experiência que elas pensavam que estava fora da bolha delas."[15] Ela também encontrou forças online em lugares como o TikTok, onde posta conteúdo sobre ser uma mulher trans. "É sempre assustador compartilhar sua história como alguém que pertence a uma comunidade marginalizada, e é ótimo ver muitas pessoas se vendo nelas, dando apoio e compartilhando meu conteúdo!"[16] Se está sofrendo com desespero relacionado a facetas de sua identidade, pode ser útil primeiro encontrar o apoio de uma comunidade de pessoas que o entendem (seja pessoalmente ou online).

Procure pessoas que possam oferecer *empatia*, em vez de simpatia. Como explica Brené Brown, empatia é quando alguém tenta entendê-lo para descobrir como esse alguém pode ser útil. Por exemplo, quando Liz ficou sabendo da severa dor nos pés de Mollie, ela enviou uma mochila de atividades que ela podia fazer em casa e que não envolviam o uso dos pés. A simpatia, por outro lado, é olhar para alguém de algum lugar de cima. Outra forma de pensar nisso é que a empatia é dizer "Sim, eu sei o quanto é difícil", enquanto a simpatia diz "Pobrezinho, queria que eu pudesse fazer alguma coisa". Se perceber que seus amigos estão sendo simpáticos, não empáticos, não há problema em se afastar dessas amizades por um tempo.

Se precisar se distanciar de alguém, tente nomear suas emoções e estabelecer um limite gentil, mas firme. "Estou passando por um momento muito difícil, e te amo", Mollie falou para uma amiga, "mas não tenho capacidade de conversar com você com a frequência que fazíamos. Espero que me entenda". A amiga dela valorizou a honestidade e o fato de que Mollie não desapareceu sem uma explicação.

Apesar de todos desejarmos que nossos amigos sejam empáticos, a verdade é que alguns deles não passaram por nada difícil ainda, e alguns são mais apropriados para momentos de nossa vida quando as coisas estão indo bem. As amizades podem aumentar e diminuir se dermos espaço, e só porque vocês experimentam a distância em algum momento, não significa que nunca mais serão próximos de novo.

Entendendo questões de saúde crônica e condições invisíveis

Quando Mollie estava no pior momento de sua dor, ela pediu ajuda para a tia do marido dela, Judy Cohen. Judy é coach de transformação que sobreviveu ao câncer e ficou surda depois de adulta e que também vive com uma difícil condição crônica de saúde. Judy falou para Mollie sobre a Teoria das Colheres, criada por Christine Miserandino, que tinha lúpus.[17]

A história é essa: Miserandino estava em um restaurante comendo com uma amiga e saiu para tomar o remédio para lúpus. A amiga dela perguntou como era viver com uma doença crônica. Miserandino pegou as colheres de algumas mesas e pediu para a amiga imaginar que as colheres representavam a quantidade de energia física e mental que uma pessoa tem em dado dia. Se você é saudável, tem um número ilimitado de colheres. "A maioria das pessoas começa o dia com [um número] ilimitado de possibilidades", escreve Miserandino, "e energia para fazer o que desejarem, principalmente as pessoas jovens. Em geral, não precisam se preocupar com os efeitos de suas ações".

Pessoas que lidam com uma condição de saúde crônica têm apenas um número limitado de colheres, e, ao longo do dia, toda ação consome colheres, até que não haja mais nenhuma. Quando planejam o dia, precisam saber exatamente com quantas "colheres" estão começando e manter um registro disso ao longo do dia. Nunca podem não pensar nas colheres. Não dormir bem tira uma colher, se arrumar para o trabalho tira outra colher, pegar ônibus outra. Se quiser mais colheres, não pode pegar. Se ficar sem, acabou o seu dia, e você precisa descansar.

"Às vezes, você pode pegar emprestada uma colher do dia seguinte, mas imagine como amanhã será difícil com menos 'colheres'", ela escreve. "Uma pessoa doente sempre vive na iminência de amanhã ser o dia que ficará com um resfriado, ou uma infecção, ou qualquer coisa que poderia ser perigosa. Então você não quer ter poucas 'colheres', porque nunca sabe quando realmente precisará delas."

É difícil para as pessoas com colheres ilimitadas entenderem isso, principalmente com pessoas que "parecem bem". As pessoas que não têm condições invisíveis, sejam elas mentais ou físicas, costumam ter dificuldade para entender quem as tem. A autora Meghan O'Rourke, que sofre com um transtorno autoimune, escreve: "Uma das coisas mais difíceis de estar cronicamente doente é que a maioria das pessoas acha aquilo pelo que você está passando completamente incompreensível — se é que acreditam que você está passando por isso. Em sua solidão, sua preocupação com uma nova realidade duradoura, você quer ser compreendido de uma forma que não é possível."[18]

Se você é amigo de alguém que tem colheres limitadas, pergunte se ele se sente confortável para dividir com você como são os dias dele, para que você possa entender melhor. Veja "Recursos sobre a dor crônica" na página 247. Também veja a #spoonie nas redes sociais.

5. Liberte-se de "estar no caminho"

A maioria de nós tem um checklist mental de como esperamos que nossa vida progrida. Ainda que nada específico venha à sua mente, você provavelmente tem uma vaga noção de que passará por diversos estágios ao envelhecer.

Mas nossos planos podem evaporar da noite para o dia. Eventos que tendemos a associar com a velhice, como morte ou doença, podem acontecer a qualquer momento. E quando nos atingem mais cedo na vida, costumamos nos sentir isolados, porque há poucos pares com os quais podemos nos conectar. Nosso amigo Andrew se submeteu à quimioterapia por um ano aos 36 anos e se mudou para mais perto de um centro de tratamento. "Fico indo do hospital para um apartamento vazio enquanto todo mundo que eu conheço está sendo promovido e indo para festas", ele contou para Liz certa vez. "Ninguém entende de verdade. Às vezes até penso que as pessoas se esqueceram do que está acontecendo comigo." Vários leitores com quem falamos e que passaram por um divórcio quando eram novos ou que ficaram solteiros até mais tarde na vida sentiram que estavam fora de compasso. Quando não estamos passando pelos principais marcos de vida com nossos pares, pode parecer que não estamos mais "no caminho".

Mas quando você sofre desespero enquanto é mais jovem, pode aprender ferramentas que servirão para o resto de sua vida. Glynnis MacNicol, que documentou em seu livro *No One Tells You This* sua experiência de aceitar que ficaria solteira para sempre e que não teria filho, escreveu sobre como ela se sentia sozinha em seus trinta anos, quando os amigos estavam todos se casando e tendo filhos. Mas, aos quarenta anos, alguns de seus amigos se divorciaram ou tiveram grandes problemas na vida, e ela era a primeira pessoa que eles procuravam. MacNicol era boa em ajudar outras pessoas a passarem por momentos difíceis. "A vida dá voltas, e volta de novo se você deixar", ela escreve. "As pessoas vão embora, mas também voltam."[19]

A autora Sarah Manguso sofreu com polineuropatia desmielinizante inflamatória crônica (PDIC), uma doença neurológica, por muitos anos em seus vinte e poucos anos, o que a forçou a "ceder controle para uma força maior do que minha vontade". Em *Ongoingness*, ela escreveu que suas experiências — "diagnósticos, mortes, votos não quebrados — não foram o começo nem o fim de nada". Em vez disso, Manguso focava uma força da vida sem fim da qual ela simplesmente fazia parte. "Eu podia imaginar minha vontade como uma força que não desapareceria, mas seria redistribuída quando eu morresse, e que toda a minha vida continha a mesma força, e que eu não precisava me preocupar com a minha morte iminente porque a maior responsabilidade da minha vida era conter a força por um tempo e depois a liberar."[20] Dar sua vida às forças cósmicas pode permitir que você abra mão do controle, mesmo que só por um momento.

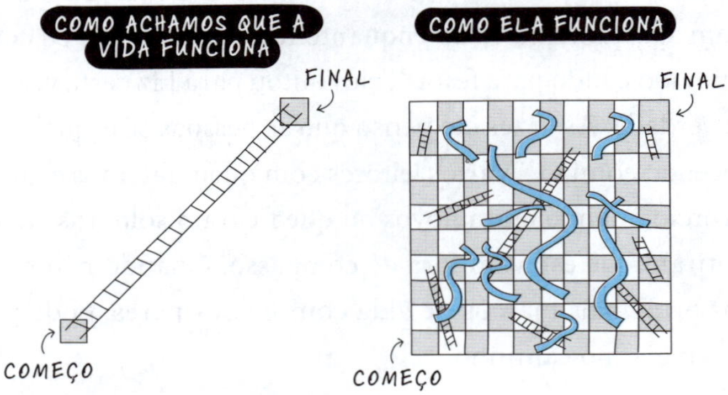

6. Atribua um significado

"Estou cansada. Estou frustrada. Estou doente", escreveu Joy Ekuta em um post no *Medium* em 2 de junho de 2020. "Estou exausta."[21] A Covid-19 fez com que a empresa de eventos que ela havia fundado no ano anterior fechasse. A quarentena a deixou enclausurada em seu apartamento em West Oakland, na Califórnia. E, na semana anterior, o assassinato de George Floyd nas mãos de um policial branco em Minneapolis havia desencadeado protestos mundiais.

Joy, uma mulher preta, fazia parte de um grupo do Slack com muitos de seus amigos pretos. "Estávamos conversando sobre o quanto estamos cansados", ela nos contou. "Cansados de ver o noticiário, cansados de nos sentir dessensibilizados, cansados de ouvir as pessoas. E todos nós pensamos que deveríamos fazer algo por nós."[22] Quando algumas pessoas sugeriram fazer uma celebração de Juneteenth, o grupo percebeu que muitos deles não sabiam muito bem o que ele significava — foi celebrado por texanos pretos que haviam sido escravizados em 19 de junho de 1866, um ano depois que ficaram sabendo que, havia dois anos e meio, a escravidão tinha sido abolida.[23] Joy e os amigos dela decidiram abrir o site hellajuneteenth.com, que ajudaria as pessoas a aprenderem sobre o feriado e incentivaria sua celebração.

"Então pensamos: vamos tirar o dia de folga. A gente poderia incentivar outras pessoas a fazer o mesmo? Não seria legal se envolvêssemos um monte de empresas?" O grupo começou a divulgar o site com mais frequência.

Quando o CEO do Twitter, Jack Dorsey, tuitou um link para o site, "as coisas meio que viraram uma bola de neve", Joy nos contou. Nas duas semanas seguintes, mais de 650 empresas (incluindo TikTok, McKinsey, Netflix e Mastercard) se comprometeram publicamente, no hellajuneteenth.com, a respeitar o Juneteenth. Choveram propostas para ajudar a fazer o movimento crescer. Uma empresa de RP os aceitou como cliente pro bono, e o serviço de hospedagem do site hellajuneteenth eliminou as tarifas. Em 16 de junho de 2021, o presidente dos Estados Unidos, Joe Biden, assinou um decreto transformando o Juneteenth em feriado nacional.

À medida que o movimento cresceu, Joy e seus amigos sabiam que precisavam estabelecer limites. "Fizemos a escolha explícita de usar a linguagem que queríamos e de deixar claro qual era nosso objetivo. Todos enviamos mensagens dizendo que estaríamos de folga no dia 19 de junho. Algumas empresas queriam que fizéssemos eventos ao vivo com eles no Juneteenth, mas dissemos não. Estávamos muito focados na nossa alegria e desligamos todo o resto."

Ela acrescentou: "O fato de que o Juneteenth se tornou um feriado fará com que dure por anos. Vai além do nosso grupo de amigos. Conseguimos criar uma mudança institucional. Foi realmente empoderador."

Quando você está em meio ao desespero, é frustrante ouvir que sua experiência pode ser útil para outras pessoas no futuro. Se significa que tem que passar por isso, você preferiria não ajudar. Achamos que é um insulto quando alguém como o guru de autoajuda Tony Robbins sugere que nos perguntemos: "O que é ótimo a respeito disso?" Nossa situação nem sempre é ótima. A questão não é transformá-la em ótima. Mas está acontecendo, e, se tem que acontecer, pode ser útil pensar como dar significado à sua experiência, seja por você ou por outras pessoas.

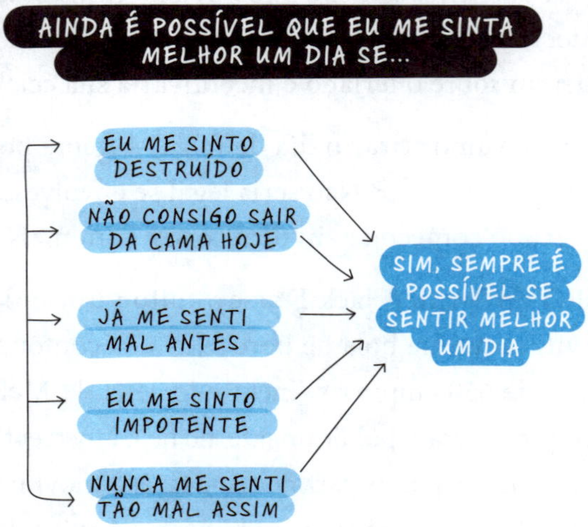

Psicólogos determinaram que dar significado é um estágio-chave na recuperação, pois nos ajuda a transicionar do isolamento para encontrar um propósito — ainda que pareça um pequeno propósito, como ir trabalhar ou cuidar de um animal — que pode nos fazer caminhar. Criar significado não envolve mudar sua carreira ou começar uma organização sem fins lucrativos. Pode ser uma pequena mudança em como você se relaciona com as pessoas. Uma grande porcentagem da população sentirá desespero em algum momento da vida. Depois que você passa por isso, consegue observar melhor quando as outras pessoas não estão aguentando e oferecer conforto. "Seguir indo em frente...", escreve a autora Joan Chittister, "apesar de claramente machucado, a plenas vistas de um mundo que nos vê machucados, é descobrir o que realmente significa ser humano. É também o momento no qual recebemos a oportunidade de nos reinventarmos, de nos tornar o resto do que somos capazes de ser".[24]

• • •

MOLLIE: *Já se passaram mais de dois anos desde aquela noite em São Francisco. Quando penso no que me ajudou a me afastar do abismo, não foi uma coisa só, e não houve uma demarcação temporária depois da qual as coisas melhoraram. Eu deixei o tempo passar. Durante alguns meses, eu continuei muito mal, me equilibrando entre o desespero e a fé. Cada novo ferimento e cada fonte de dor física eram frustrantes e me traziam mais desespero, mas surpreendentemente também trouxeram esperança, porque eu vi que a cura era possível. Ver uma parte do meu corpo se curando lentamente me convencia de que meu pé poderia se recuperar também, dados tempo o suficiente e fisioterapia.*

Ao encontrar um novo emprego do qual gostei muito, pude adicionar mais significado para minha vida diária, o que ajudou a dar um motivo para acordar de manhã. Eu não queria decepcionar meu novo time e sabia que podia fazer a diferença com meu trabalho. Comecei a frequentar o Shabbat regularmente e encontrei significado na fé. Comecei um clube do livro com mulheres cuja conexão oferecia conforto.

Hoje em dia, as coisas ainda estão difíceis. Eu ainda sinto dor em múltiplas partes do meu corpo. E me sinto mais longe de ter filhos do que nunca, pois quero que meu corpo se cure primeiro e também reservar um tempo para viver minha vida sem dor antes de adicionar a gravidez e o nascimento de uma criança nessa confusão. Aceito, apesar de não ser o que eu queria.

Meu marido, Chris, assumiu o papel de meu cuidador e, por vezes, deixou a carreira dele de lado. Sou muito grata por seu amor, pois ele cozinhou, limpou e cuidou de mim. Nada disso foi fácil para ele também.

Agora olho para esse difícil período de escuridão com deslumbramento. Percebo que, apesar de ter parecido monstruosamente sem fim, também foi um tempo de cura. Eu não sabia na época que encontraria a força para seguir em frente, mas encontrei. Eu quero viver. Como dizem, quero presenciar o milagre.

Desespero é difícil. A vida é difícil. A natureza diária da vida pode parecer interminável. Há dias em que eu penso no tanto de vida que eu ainda tenho que viver. Mas prometo que você TEM a capacidade de lidar com ela, mesmo que, no momento, ainda não saiba disso.

APRENDIZADOS

- Trabalhar com um profissional de saúde mental pode fazer um mundo de diferença.
- Não se julgue: se você está sofrendo, está sofrendo.
- Para passar pelo dia, divida o tempo em blocos e perceba que seus sentimentos podem flutuar.
- Estabeleça um objetivo (muito) pequeno para você a cada dia.
- Peça ajuda de quem entende e crie distância daqueles que não entendem.
- Liberte-se da ideia de que sua vida precisa seguir um caminho específico.
- Encontre significado em sua experiência; como ela será vai variar de pessoa para pessoa.

CAPÍTULO 7

Arrependimento

Nada pode acontecer duas vezes.

Como consequência, o infeliz fato é que chegamos aqui, improvisamos e vamos embora sem ter uma chance de praticar.

Wisława Szymborska

LIZ: *Eu estava formatando uma planilha no trabalho quando minha mãe me ligou. "Oma faleceu essa noite."*

Minha avó viveu até os cem anos, então a morte dela foi longe de inesperada. Mas éramos bem próximas, e eu ficava na casa dela quase todo verão até minha adolescência.

Minhas memórias mais queridas da infância são da casa da minha avó, que ela arquitetou e construiu sozinha em um pequeno vilarejo da Alemanha. Posso visualizar vividamente o papel de parede floral do quarto dela, os puxadores gastos dos armários da cozinha e o padrão geométrico do tapete em que eu brincava enquanto minha mãe e minha avó se sentavam atrás de mim em grandes poltronas, dividindo uma garrafa de vinho e rindo. A casa de minha avó era nossa conexão com o passado de minha mãe e de meus parentes. Um lugar para chamar de lar em um país estrangeiro.

Alguns dias depois, minha mãe ligou de novo. Ela ia passar duas semanas na Alemanha para limpar a casa e decidir se a venderia ou não. Ela hesitou por um momento. "Você viria comigo?" Era um pedido raro.

Disse que pensaria nisso e desliguei. O momento parecia muito estressante. Eu tinha acabado de ser atribuída a um novo projeto no trabalho e esperava ser promovida em breve. Será que eu poderia bancar duas semanas de folga? Não seria vista como não confiável e preguiçosa?

Na manhã seguinte, disse a ela que não poderia ir.

Escrever essa história faz meu estômago revirar de culpa. Deveria ter estado presente para minha mãe. Eu poderia ter ajudado a guardar tudo e colocado alguma coisinha no bolso para guardar de lembrança. Talvez, juntas, pudéssemos ter encontrado uma maneira de ficar com a casa. Mas nada disso aconteceu. A casa se foi, e minhas memórias dela também estão sumindo.

• • •

Sentimos arrependimento quando pensamos em como nossa vida poderia ter sido melhor se tivéssemos feito uma coisinha diferente. Pode nos sobrecarregar, ou parecer um fardo que teremos que carregar para sempre. Vários leitores com quem falamos disseram que frequentemente se percebem presos no passado, mentalmente relembrando momentos em que sentem que tomaram a decisão errada.

Mas, apesar de o arrependimento doer, também pode ser uma incrível bússola interna de como viver uma vida engajada e significativa. Aprender com o passado é uma das maneiras mais eficazes de se preparar para um futuro melhor, com menos arrependimentos.

Antes de chegarmos a isso tudo, começaremos com o mais básico. Psicólogos descrevem o arrependimento como uma *emoção contrafactual*, um sentimento que acontece quando sonhamos com o que poderia ter acontecido se tivéssemos escolhido outra coisa (o contrafato). A quantidade de arrependimento que sentimos depende do quão perto chegamos de viabilizar uma dessas possibilidades alternativas. Se está correndo para pegar um trem e não consegue por causa de segundos, você sentirá muito mais arrependimento ao vê-lo se afastar da estação do que se tivesse chegado com uma hora de atraso. Psicólogos da Cornell descobriram que medalhistas de bronze ficam muito mais felizes do que os de prata, porque os de bronze se sentem encantados por terem ganhado alguma coisa. Os medalhistas de prata apenas ficam obcecados com o fato de que poderiam ter conseguido o ouro.[1]

A ciência também demonstra que, não importa o que escolhemos, sentiremos arrependimento de tempos em tempos. Isso nos condena a passar a eternidade assistindo "o que poderia ter sido"? Não necessariamente. E temos mais notícias boas (então, por favor, não se arrependa pelo fato de que começou a ler este capítulo): você não deveria *querer* parar completamente de ficar pensando no passado. Sem se sentir de coração partido por causa de uma oportunidade perdida ou um erro, você não aprenderia nada. "É muito melhor acordar agora se arrependendo amargamente, desesperado para não gastar mais sua vida obcecado e lutando para conseguir migalhas sem significado nenhum", escreve a autora Anne Lamott em seu livro *Stitches*.[2]

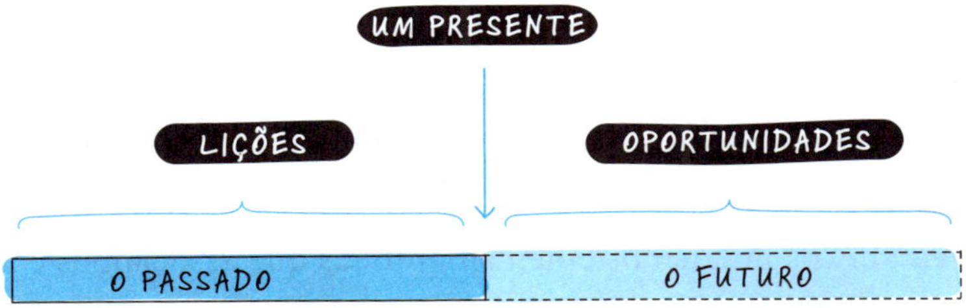

Neste capítulo, abordaremos alguns erros comuns que tendemos a cometer a respeito do arrependimento, falaremos sobre seis tipos de arrependimento, mostraremos como lidar e aprender com cada um deles e, então, apresentaremos algumas mudanças de mentalidade e dicas táticas para esses momentos inevitáveis de obsessão a respeito do que poderia ter sido.

MITOS SOBRE O ARREPENDIMENTO

Mito nº 1: É possível viver uma vida #SemArrependimentos

Se você se casar, se arrependerá; se não se casar, também se arrependerá", escreveu o filósofo dinamarquês Søren Kierkegaard.[3]

Adoraríamos entregar os segredos de viver uma vida #SemArrependimentos, mas temos péssimas notícias: ela não existe.

A obsessão pelo passado transcende idade, raça, cultura, gênero e status social. Estudos de conversas do dia a dia mostram que as pessoas falam mais sobre o arrependimento do que sobre qualquer outra emoção, tirando o amor, e que o arrependimento é a emoção mais desconfortável que sentimos com maior frequência.[4]

Estamos programados para sentir arrependimento. Se seu ancestral comeu uma frutinha vermelha venenosa e passou as 24 horas seguintes agonizando, seria importante que ele percebesse que tomou a decisão errada. E seria útil imaginar vividamente o quanto sua vida seria melhor se não tivesse comido aquela frutinha vermelha.

Podemos nos arrepender também quando as coisas dão certo. Há alguns anos, Erick, amigo de Liz, fez uma aposta com a qual, contra todas as expectativas, ganhou muito dinheiro. Ele ficou extasiado — e lamentou o fato de não ter apostado ainda *mais* dinheiro.

Na verdade, os momentos cinematográficos que associamos com uma vida #SemArrependimentos tendem a ser aqueles em que mais sofreríamos pelo que poderia ter acontecido. Grandes transições de vida, como se mudar, se casar ou mudar de emprego, envolvem o comprometimento com alguma coisa, seja uma cidade, um parceiro ou uma empresa. Também significam *não* se comprometer com um milhão de outras coisas. Então, nesses momentos-chave, é natural fantasiar com os milhões de vidas em potencial que estamos deixando de lado.

Mito nº 2: Se seguir sua paixão, nunca se arrependerá

"Olho para dois dos meus amigos íntimos, que são médicos", nos contou a leitora Nina, que é professora. "Eu amo minha carreira, mas às vezes penso: 'Poderia fazer o que eles fazem se eu tivesse cursado medicina.' Mas não cursei. E agora não posso pagar uma casa na mesma cidade deles."

Do que você se arrepende dependerá de que parte de si você está analisando. Alguns psicólogos acreditam que temos três eus:

- O *eu real* — quem você é agora.
- O *eu ideal* — a versão mais verdadeira e completa de você.
- O *eu deveria* — o você que cumpriria todas as demandas da sociedade.[5]

Esses eus sentirão, cada um, arrependimentos diferentes. Se aceitar um emprego de prestígio mas que sugue sua alma, seu eu ideal pode ficar consternado, mas seu eu deveria estar no topo do mundo; e se você decidir não aceitar, o inverso será verdadeiro. Isso porque, lá no fundo, pode ser que queira duas coisas diferentes.

Então, o que fazer?

Estudos mostram que, de modo geral, somos muito mais felizes quando escolhemos nossa paixão, em vez de alguma coisa que pensamos que *deveríamos* fazer. Mas mesmo que você crie uma vida que ama, é possível que ainda tenha momentos em que seu eu sequestra seu cérebro e faz com que você se sinta mal. Simplesmente saber o que está acontecendo pode ajudá-lo a aceitar e normalizar esses momentos inevitáveis — e fazer com que se recuperar fique mais fácil. "Sou o único dos irmãos que escolheu não ter filhos", compartilhou conosco o leitor Jack. "E às vezes, quando estou brincando com minha sobrinha de dois anos, me pego pensando: 'E se?' Mas confio na minha decisão, então não dou muita trela para esses pensamentos quando eles aparecem."

Mito nº 3: Sempre escolha a opção de que você menos se arrependerá

Quando se trata de tomar decisões, uma estratégia razoável é imaginar qual opção nos trará menos arrependimento e escolhê-la.

Mas exatamente *quando* você imagina que sentirá menos arrependimento importa muito. Com muita frequência, focamos o curto prazo. Procurar um novo emprego demandará muito tempo e será estressante. Romper com o parceiro de nossa vida envolverá uma logística complicada. Tirar duas semanas de folga do trabalho quando você acabou de ser inserida em um novo projeto e sente necessidade de se provar será muito estressante.

Mas evitar o arrependimento na próxima hora, dia ou mês nos leva a um caminho em que nos arrependeremos no longo prazo. Ficamos por anos em um emprego que odiamos. Nós nos escondemos da incerteza a ponto de nos manter em um relacionamento que não nos satisfaz. Não fazemos uma viagem que será uma única oportunidade da vida com nossa mãe.

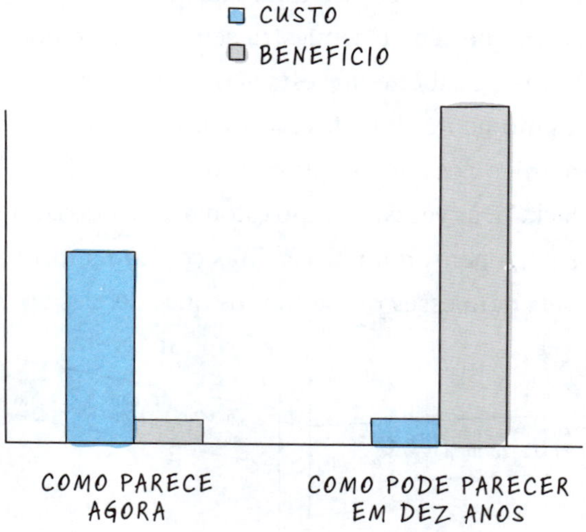

Nossa tendência de evitar o desconforto imediato é chamada de *viés do status quo*. Fazer uma mudança envolve risco e incerteza, então costumamos não fazer nada, quando deveríamos tentar alguma coisa nova. Pesquisadores descobriram que *sentir* arrependimento e *ter medo* de se arrepender ativam as mesmas partes do cérebro.[6] Em outras palavras, seu medo de tomar a decisão errada pode ser tão doloroso quanto lidar com as consequências de suas ações (falaremos mais sobre o que fazer com tudo isso na próxima seção).

• • •

LIZ: *Meu sogro morreu quando eu tinha 32 anos, e isso me fez ver a morte de minha avó de uma maneira completamente diferente. Eu não tinha entendido como a perda de um pai ou mãe nos desestabiliza, não importa nossa idade nem a deles, até que ele morreu. Nos dias que seguiram a morte dele, pensei na minha mãe com frequência, rodeada por estranhos em um voo de oito horas, contando os minutos para terminar de empacotar a vida da própria mãe.*

Eu abriria mão de muita coisa para voltar atrás, tomar uma decisão diferente e estar com ela naquele momento. A única coisa que posso fazer agora é melhorar e colocar em primeiro lugar as pessoas que eu amo. Quando meu sogro faleceu, não pensei duas vezes e tirei uma folga de luto. Por uma semana, ignorei meu e-mail. Em vez disso, acertei com a agência funerária, enchi nossa geladeira de comida e rascunhei um obituário. Tentei tirar a logística das mãos de meu marido.

Quando meu próprio pai teve que ir às pressas para o hospital com problemas cardíacos, minha mãe tentou me dar segurança. Eles estavam no subúrbio de Chicago, e eu estava morando a 3.200 km de distância, em São Francisco. "Você não precisa vir pra casa. Sei como está ocupada. Ficaremos bem."

Não dei ouvidos a ela. Eu imediatamente entrei em um avião e fui para casa. Uma semana depois, quando deitei ao lado da minha mãe na cama dela, ela segurou a minha mão. "Estou muito feliz que esteja aqui", ela me falou. Eu estava feliz também. Apertei a mão dela.

COMO LIDAR COM ISSO

Se vivenciado por completo, [o arrependimento] volta nossos olhos, atentos e alertas, para um futuro possivelmente mais bem vivido do que nosso passado", escreve o poeta David Whyte.[7]

Quando você olha para trás, do que mais se arrepende?

Responder a essa perguntar pode ensinar a respeito de si mesmo e do que você ama — ainda mais do que analisar suas conquistas. Imagens cerebrais mostram que, quando sentimos arrependimento, as partes de nosso cérebro associadas com o raciocínio se acendem.[8] Analisar nossos arrependimentos nos ajuda a entender nossa vida e nos dá a oportunidade de listar o que gostaríamos de mudar. Pesquisadores descobriram que as pessoas tendem a valorizar o arrependimento, em parte, porque ele as ajuda a remediar o que deu errado.[9]

Nesta seção, abordaremos seis tipos de arrependimentos, ajudaremos você a identificar e explorar cada um deles e deixaremos um conselho para que possa fazer as pazes com seus "se eu tivesse feito".

1. Permita-se passar pelo luto do que não aconteceu

Mas primeiro: apesar de o arrependimento ser apenas a porta de entrada para uma melhor maneira de ser, também pode ser agonizante. Ainda que você consiga aprender com o passado ou consertar seus erros, ainda haverá momentos em que você ficará coberto de tristeza.

Não tem problema sentir-se assim.

Como acontece com todas as grandes emoções, a melhor maneira de lidar com o arrependimento é sentar-se com a dor de cabeça. Isso significa se permitir chorar ou deitar na cama por um tempo, se sentir vontade de fazer isso.

Quando conversamos com leitores sobre o arrependimento, muitos mencionaram que nunca puderam recuperar o tempo, a juventude, uma chance de dizer "Eu te amo" ou "Me desculpe" para alguém antes de morrer. Não há uma maneira de se sentir "bem" a respeito dessas oportunidades perdidas. Muitos também nos falaram sobre tomar a decisão de fazer coisas que não deveriam ter feito. Mas, qualquer que seja o arrependimento em específico, todos disseram que a profundidade da dor lhes deu motivação para melhorar da próxima vez. Todos apontaram para o momento de aceitação, de se permitir finalmente enfrentar a angústia, como uma mudança positiva.

O restante deste capítulo focará como seguir em frente. Mas saiba que é normal encontrar um caminho acidentado pela frente. Em uma de suas colunas "Dear Sugar" mais populares, a autora Cheryl Strayed escreve que cada um de nós deve se contentar com o "navio fantasma que não nos carregou".[10] Você fica no navio que é a sua vida e assiste ao navio fantasma — todas as escolhas que você não fez — zarpar. Aquele navio é "importante e bonito", mas não é seu. Tudo o que você pode fazer é aprender a graciosamente "cumprimentar da orla". Para aceitar as escolhas que *fizemos*, Strayed também sugere que nos perguntemos: "E se foram todas essas coisas que eu não deveria ter feito que me trouxeram aqui? E se eu nunca tivesse uma redenção? E se eu já tiver passado pela redenção?"[11]

2. Entenda que tipo de arrependimento você está vivenciando

Comece a categorizar seus arrependimentos em um (ou mais) destes seis itens:

- **Arrependimentos em retrospecto:** você tomou a melhor decisão possível na época, mas agora sabe mais coisas.
- **Arrependimentos de um eu alternativo:** você tem um leve arrependimento que vem de querer viver vidas diferentes.
- **Arrependimentos por ter se apressado:** você tomou uma decisão sobre a qual não tinha certeza ou para a qual não estava pronto na época.
- **Arrependimentos que se arrastam:** você ficou enrolando para tomar uma decisão por um bom tempo, mesmo sabendo o que precisava fazer.
- **Arrependimentos por ter ignorado os instintos:** você teve a sensação de que não estava tomando a decisão certa, mas aquiesceu às opiniões ou às necessidades de outras pessoas.
- **Arrependimentos de autossabotagem:** você tomou uma decisão que sabia que não seria boa para você, mas o fez para se proteger de sentir outra emoção (rejeição, solidão, vulnerabilidade).

Sua melhor chance com os **dois primeiros tipos de arrependimento** é se distrair e parar de pensar que o que poderia ter acontecido seria um mar de rosas. Incentivamos você a passar um pouco mais de tempo analisando os **quatro últimos tipos de arrependimento**; eles podem motivá-lo a procurar maneiras de melhorar sua reação a uma situação parecida no futuro.

Arrependimentos em retrospecto giram em torno de uma escolha que levou a uma situação que não poderia ser prevista. Quando se pegar dizendo "Se eu soubesse o que sei agora...", você estará vivenciando um arrependimento em retrospecto.

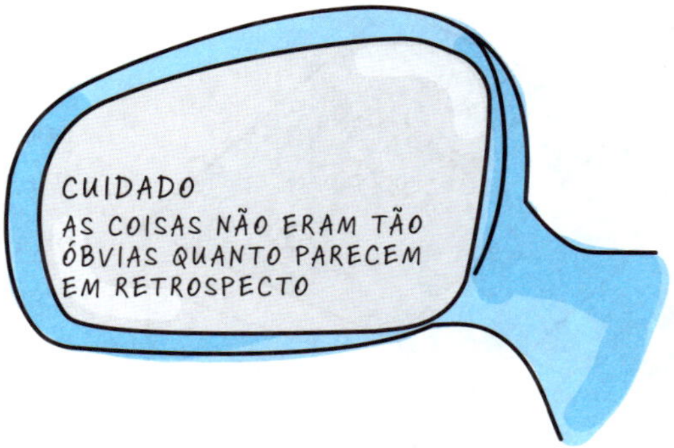

Em sua autobiografia, o roteirista-chefe do *Saturday Night Live* (SNL) Colin Jost relembra uma época em que o pai saiu de um emprego que amava para começar em outro que parecia promissor, mas que acabou sendo terrível. A profundidade da depressão do pai dele depois da troca de empregos fazia Jost temer sair do SNL sempre que ele pensava em tentar algo diferente, apesar de entender por que o pai havia passado por aquilo, pois, na época, parecia uma "ótima oportunidade".[12]

Se você pensou com cuidado antes de tomar uma decisão e as coisas não saíram como você esperava, isso não revela um fracasso pessoal nem oferece muita informação a respeito do que fazer no futuro. O pai do Jost não tinha como saber exatamente como seria o dia a dia no novo ambiente de trabalho ou como as coisas evoluiriam com o tempo. Apesar de ser fácil olhar para trás e pensar que a decisão "certa" era óbvia, lembre-se de que você fez o melhor que pôde dado o que sabia.

O que fazer a respeito: para arrependimentos em retrospectiva, pergunte-se:

- Tinha algum jeito de eu ter previsto essas condições?
- A minha decisão era justificável, porque eu estava tomando-a com base em informações incompletas que recebi ou durante certas condições?
- Posso reconhecer que às vezes boas decisões têm resultados ruins pelos quais não sou culpado?

Lembre-se de que seus pensamentos "poderia/deveria" só existem porque você pode olhar para trás e ver o que aconteceu *depois* do fato. Talvez você fosse jovem, ou não tivesse como saber o que o dia seguinte traria. A questão é que, se você fosse colocado de volta na mesma situação com as mesmas informações, há uma boa probabilidade de que faria a mesma coisa.

Arrependimentos de um eu alternativo são as vagas angústias que sentimos quando pensamos em todas as vidas que nunca viveremos. Escolher uma opção inevitavelmente nos afasta de uma opção diferente.

É útil lembrar que tendemos a romantizar as vidas que poderíamos ter vivido. Há alguns anos, Liz encontrou no Craigslist uma poltrona verde-água que parecia confortável. Ela retornou ao anúncio algumas vezes todos os dias durante uma semana e enviou um e-mail para o vendedor, mas não se comprometeu com a compra. Ela decidiu não comprar, e uma semana depois o anúncio havia sido removido.

Durante mais de um ano, Liz fantasiou a respeito de como seu apartamento teria ficado bonito com a poltrona verde-água.

E então a poltrona reapareceu no Craigslist. Mas em vez de ir correndo comprar, como pensou que faria, Liz percebeu que tinha tomado a decisão certa ao não comprar da primeira vez. Ela não havia ficado tão encantada com ela. E *puf*: as fantasias evaporaram.

O que fazer a respeito: quando você estiver supermal, imaginando uma vida alternativa, há uma grande probabilidade de que a esteja romantizando. Na cabeça de Liz, a poltrona verde-água acabou se tornando mágica, e uma fonte constante de felicidade que tinha escapado de suas mãos. Na realidade, Liz não havia gostado muito da poltrona. Ela também se recordou de outras compras que lhe tinham dado alguma felicidade, mas nunca um senso duradouro de realização. Pensar mais especificamente em suas realidades alternativas imaginadas pode ajudá-lo a acordar da fantasia.

Só é possível viver uma vida. Não há um botão Desfazer ou Reiniciar. Você pode deixar essa realidade o despedaçar ou pode olhar para as coisas como a Liz faz. Ela e o marido já conversaram sobre as vidas infinitas que poderiam ter vivido — e 99% delas não têm a outra pessoa. Liz e o marido ainda poderiam, em algum momento, escolher uma vida sem a outra pessoa. Mas não escolhem. E isso faz com que a escolhida seja ainda mais especial.

Arrependimentos por ter se apressado acontecem quando você deveria ter dispendido mais tempo para pensar em suas ações ou decisões antes de seguir em frente. Em um estudo, o "deveria/poderia" que mais aparece era "Não ter aproveitado o momento". O segundo maior arrependimento? "Ter me apressado."[13]

É fácil imaginar seu eu de oito anos gritando para você: "Peça demissão! Compre uma passagem só de ida para o Nepal! A vida é curta!" Mas não é factível viver cada minuto como se fosse o último. E seu eu de oito anos provavelmente ficaria muito grato se você preparasse uma poupança para a aposentadoria.

Depois que Alyssa teve o primeiro filho, ela e o marido começaram a procurar uma casa. O apartamento no subsolo parecia muito apertado para os três, e o teto da grossura de um papel significava que podiam ouvir todos os passos que os vizinhos do andar de cima davam. Também havia muitas pragas; um dia, quando Alyssa estava pegando uma fralda limpa, uma aranha gigante caiu no trocador, bem ao lado da bebê. Era hora de sair dali.

Mas encontrar uma nova casa se mostrou mais difícil do que o esperado. "As casas geralmente recebiam ofertas no mesmo dia em que eram anunciadas", nos contou Alyssa. Quando o casal finalmente encontrou uma casa que amou, a oferta foi rejeitada. Devastados, continuaram a busca com um novo senso de urgência. Alguns dias depois, outra casa na faixa de preço deles apareceu no mercado, e eles correram para fazer uma oferta. A casa não tinha tudo o que queriam — o quintal e a cozinha eram pequenos, a localização não era ideal, e por ser sobrado, não havia muito espaço aberto —, mas pensaram que podiam fazer dar certo.

Quando descobriram que sua oferta havia sido aceita, Alyssa sentiu a primeira pontada de dúvida. "Eu estava muito animada para morar em uma casa, mas não tanto para morar na casa que tínhamos comprado", ela admitiu para nós. Com o tempo, à medida que os defeitos da casa ficaram mais e mais aparentes, o arrependimento da Alyssa aumentou.[14]

O que fazer a respeito: para arrependimentos por ter se apressado, primeiro tente entender as circunstâncias que geraram sua impaciência. Pergunte-se:

- Como me senti a respeito da decisão no momento em que a tomei?
- O que estava acontecendo na minha vida que me fez jogar a cautela pelos ares?

Com base em suas respostas, pense em alguns limites que você pode estabelecer. Por exemplo, pode ser que você estabeleça uma regra de que tomará decisões importantes apenas depois de uma ou duas boas noites de sono ou que fará uma pausa longa o suficiente para conversar com alguns amigos confiáveis sobre as opções. Alyssa entendeu que "não tem problema querer ter alguma coisa e não ter ainda". Depois de passar seis anos na primeira casa, ela e o marido estão pensando em se mudar de novo. "Estamos tranquilos se acontecer de o processo demorar significativamente mais tempo do que da primeira vez", nos contou Alyssa. "Queremos esperar até que encontremos alguma coisa que realmente dê certo para nós."

E da próxima vez que você tiver que enfrentar uma decisão ou se pegar em uma situação parecida, faça uma série de perguntas baseadas no tempo:

- Do que mais me arrependerei daqui a uma semana?
- E daqui a um ano?
- Dez anos?
- Cinquenta anos?

O objetivo desse exercício não é ter respostas perfeitas. Afinal de contas, não é possível saber realmente quem você será em dez ou cinquenta anos. Mas você pode refletir a respeito de resultados em potencial e então usar o que aprendeu para dar um próximo passo mais informado, menos "de momento".

Arrependimentos que se arrastam são aqueles sobre os quais, quando você olha para trás, pensa: "Por que deixei isso continuar por tanto tempo?" ou "Por que demorei tanto para fazer X ou tomar uma decisão sobre Y?". Talvez você tenha ficado com um ex, muito embora soubesse que o relacionamento não estava funcionando ou sofreu em um lugar que odiava durante anos antes de decidir que era hora de sair.

Pegue o exemplo da leitora Kia, que ficou casada por dez anos.[15] Apesar de o relacionamento parecer perfeito — ela e o marido tinham uma casa linda, dois cachorros e viajavam com frequência —, ele era extremamente controlador. Ele sempre comentava sobre o que ela comia, a forçou a confiar nele para obter o visto de trabalho e colocou as contas bancárias e os benefícios no nome dele. Kia sabia que o relacionamento não era saudável, mas tinha medo de ficar sozinha e de ter que encontrar um jeito de se virar, então ficou adiando por anos a decisão de ir embora.

Divorciar-se foi a coisa mais difícil que Kia já fez. "Eu perdi tudo", nos contou. "Ele cancelou as contas bancárias. Cancelou os vistos de trabalho. Cancelou o plano de saúde."

Mas, depois de alguns meses, Kia sentiu alguma coisa diferente de estar devastada: se sentiu livre. Mais do que isso, encontrou maneiras de ter apoio e retomou sua autoconfiança. "O fim do meu casamento me ensinou a contar comigo."

O que fazer a respeito: primeiro, aborde as conversas consigo mesmo de uma perspectiva de pontos positivos. Em vez de se atacar com uma frase como "Deveria ter feito X antes", tente dizer "Tive a força de fazer X, não importa o tempo que tenha demorado".

Então aprenda com situações anteriores que você deixou se arrastar por muito tempo. Pergunte-se:

- Como eu sabia que o que eu estava fazendo não estava dando certo?
- O que me impediu de agir antes?

Com o arrependimento que se arrasta, há alguns obstáculos comuns que impedem a movimentação:

- **Medo:** Você está desconfortável com a mudança que a decisão acarretará. É útil entender que, na maior parte do tempo, não tememos a mudança; tememos a incerteza que vem com ela (para saber mais sobre isso, veja o Capítulo 1).
- **Querer mais informações:** Você sente que não sabe o suficiente para tomar uma decisão. Lembre-se de que, para algumas decisões, você nunca terá informações "o suficiente", principalmente se for uma pessoa altamente analítica.
- **Esperar pelo momento perfeito:** Você continua falando para si mesmo que ainda não é a hora perfeita. Mais uma vez, pode ser que nunca pense que é o momento certo. Às vezes você só tem que dar um salto no escuro.

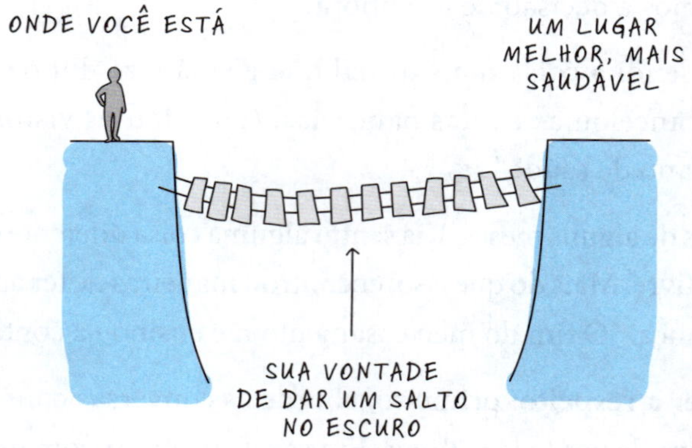

Pense em seus arrependimentos que se arrastam e veja se pode identificar um padrão — e procure esse padrão no futuro. Por exemplo, você pode lembrar: "Nunca sentirei que tenho informações suficientes, mas aprendi que tendo a ficar em situações negativas por mais tempo do que deveria. É isso que está acontecendo agora?"

Algumas outras perguntas específicas a se fazer:

- Que opções eu tenho agora?
- O que está me impedindo de agir desta vez? Há maneiras de lidar com esses medos ou fatores?
- É possível retomar o que eu perdi? Se sim, como?
- Se não, como posso reformular a situação para que a encerre e tome alguma decisão no futuro?

Desde o divórcio, Kia tem trabalhado arduamente para criar um mundo que é inteiramente só dela. Ela tem o próprio consultório particular, gerencia suas finanças e está em um relacionamento com uma pessoa que celebra sua independência. Ela diz que seu arrependimento a deixou mais forte. "Por causa do arrependimento, agora sempre falo o que penso e sigo meus instintos", nos contou Kia. "Por causa do arrependimento, estou finalmente emergindo."

Arrependimentos por ter ignorado os instintos acontecem quando você tem uma intuição a respeito de como evitar um resultado negativo ou cria um resultado positivo, mas não dá bola para sua intuição. Isso costuma acontecer quando você está tomando decisões com outras pessoas e prioriza o raciocínio, os desejos ou instintos delas acima dos seus. Quem gosta de agradar outras pessoas costuma sentir mais esse arrependimento.

Mollie se arrepende de não ter começado a tentar ter filhos mais cedo. Ela queria começar por volta dos trinta anos. A mãe dela sofreu dois abortos quando estava tentando conceber sua irmã mais nova, e Mollie sabia o quanto aquilo tinha sido difícil, tanto física quanto emocionalmente. Ela tinha uma forte intuição de que teria dificuldades para conceber com trinta e tantos anos, uma forte convicção que resultava de outros fatos, não só de analisar seus gráficos de fertilidade e sua idade.

O marido de Mollie, Chris, queria esperar mais para começar a tentar. Ele cresceu em uma casa na qual a estabilidade financeira e de careira era uma parte importante de ser um bom pai. E, por trabalhar em um ramo criativo, ele ficava sentindo que estava perto, mas ainda não estava em posição de poder contar que seus pagamentos seriam confiáveis. Ele temia que ter um bebê muito cedo o forçaria a escolher entre ser o tipo de pai que queria ser e construir uma carreira que sustentaria a família. Ele não pensava que Mollie pudesse ter dificuldades para conceber, e concordaram em ter outra conversa quando ela tivesse 32 anos. Mas, quando chegou a hora, Chris ainda não se sentia pronto. Mollie ficou frustrada e reclamou com as amigas. Elas reviraram os olhos e disseram: "Os homens nunca estão prontos." Mollie não quis pressionar Chris ou ser mais um peso nas ansiedades do emprego dele. Mas logo depois disso, ela ficou mal, o que se tornou uma dor crônica. Então, quando Chris finalmente se sentiu pronto, Mollie não se sentia fisicamente capaz de engravidar.

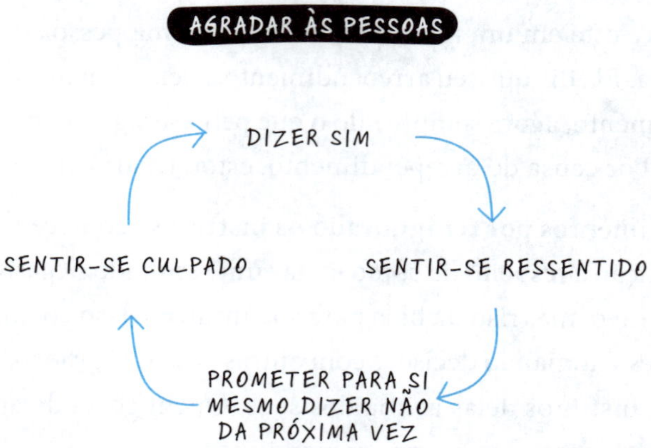

O que fazer a respeito: Primeiro, dê créditos à sua intuição por estar certa. Então dê um tempo para si mesmo. Não é fácil convencer a si mesmo (ou outras pessoas) com um argumento baseado na intuição. Então olhe para trás e pense nas respostas para estas questões:

- A quem eu estava tentando agradar?
- O que fez com que eu não seguisse meus instintos?
- Por que eu acho que tive aquela intuição correta?
- Como posso escutar e agir com base nesses instintos no futuro?

Pode ser útil pensar em maneiras de defender a si mesmo e a sua intuição no futuro. Uma frase que tanto Liz quanto Mollie usaram com sucesso para comunicar nossos sentimentos é: "Quando você ______, eu sinto ______" Você também pode dizer algo como: "Sinto fortemente que ______. É importante para mim que eu explore esse instinto, então eu gostaria de pensar com você nas razões pelas quais pode ser que eu me sinta assim."

Mollie se arrependeu ao não comunicar os sentimentos dela ao marido. Ela se arrependeu por deixá-lo convencê-la de que não havia por que se apressar. Mas ela aprendeu como era importante confiar nos instintos e ter certeza de que ela e o marido tenham uma completa compreensão de onde o outro parte em grandes decisões.

Por fim, não deixe seu arrependimento se transformar em ressentimento. Seu instinto pode ter acertado, mas se apegar ao ressentimento fará com que você e quem está ao seu redor sejam infelizes.

Para se livrar do arrependimento, Mollie teve que reformular a decisão que tomou com o marido. A história que ela conta para si mesma agora é a de que eles tomaram essa decisão juntos, e que, se ela tivesse pressionado para ter um filho mais cedo, ele não estaria pronto. Ou ela teria passado pelos mesmos problemas de saúde mental e física, mas com uma criança pequena requerendo cuidados. A história de Mollie agora é a de que seu marido sempre quis o melhor para eles, mas foi necessária a crise para que ele entendesse o quanto o futuro pode ser incerto.

Arrependimentos de autossabotagem acontecem depois que você faz alguma coisa que sabe, consciente ou inconscientemente, que é errado, mas está tentando se proteger de outro grande sentimento desconfortável. Talvez você tenha traído um parceiro romântico porque teve medo de compromisso ou não se candidatou a uma vaga para evitar o risco da rejeição.

"Por muito tempo, me pegava me sentindo inseguro e ansioso em situações sociais, e sempre me apegava ao álcool para conseguir lidar com esses sentimentos", nos contou o leitor Alex. "Depois de muitos infortúnios e erros causados por beber muito, percebi que precisava parar de me preocupar se eu estava me encaixando ou não e só ser eu mesmo, sem depender do álcool."[16]

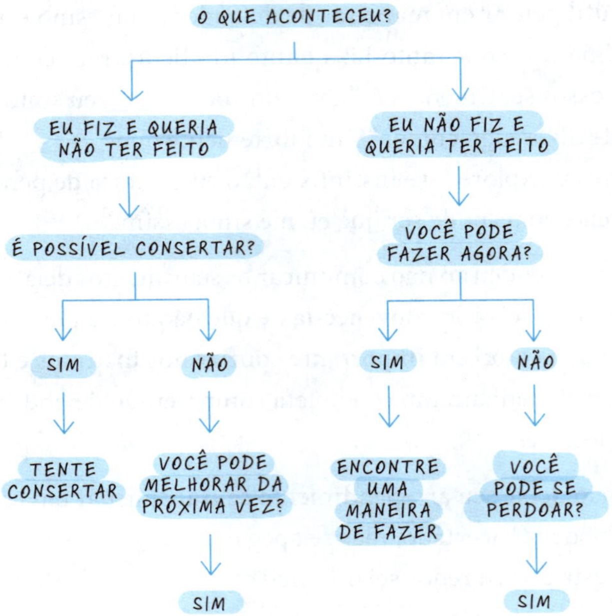

O que fazer a respeito: a autossabotagem, mais do que qualquer outro tipo de arrependimento, costuma requerer um trabalho mais aprofundado, que será facilitado com a ajuda de um terapeuta ou terapia em grupo. Se você continuamente se autossabota, é provável que tenha crenças profundas a respeito de seu valor ou de sua capacidade de lidar com desafios. Quando pedimos para os leitores compartilharem seus principais arrependimentos, muitos incluíram uma versão de "Queria ter amado mais", porque tomaram decisões quando não se sentiam valiosos. Essas noções podem ser alteradas, mas requerem um trabalho de longo prazo que será mais bem concluído em um ambiente de apoio com especialistas treinados no controle.

O vício pode ser uma forma de autossabotagem, muito embora deixaremos um grande asterisco aqui, porque ele tem um forte componente genético. Como um membro do Alcoólicos Anônimos (AA) compartilhou em seu blog: "O alcoolismo é um problema médico."[17] Como acontece com qualquer forma de vício, as pessoas têm menos controle sobre suas decisões. O blogger da AA explica que os arrependimentos que têm origem no vício são menos a respeito de escolhas morais do que outros tipos de arrependimentos. "Por causa da sua condição (médica), certas escolhas — ou a habilidade de fazer escolhas melhores — simplesmente [não estavam] disponíveis para você."

Se seus arrependimentos que surgem da autossabotagem (quer seja ela causada pelo vício ou não) envolvem ter machucado outras pessoas, você precisará fazer reparos antes de deixar o arrependimento para trás. Estes são os passos 8 a 10 do programa AA:

8. Fiz uma lista de todas as pessoas que magoei e tive vontade de me acertar com todas elas.
9. Consertei as coisas com tais pessoas sempre que possível, a menos que fazer isso as magoasse ou a outras pessoas.
10. Continuei a fazer meu inventário pessoal e admiti quando estava errado.[18]

(Observe que não recomendamos pular os passos 1 a 7 do programa AA ou seguir um programa de 12 passos sem o auxílio de outras pessoas em recuperação. Estamos compartilhando esses passos para mostrar que agir para se curar da autossabotagem é critico para lidar com ela.)

Dê uma boa olhada nos seus arrependimentos por autossabotagem e, para cada um deles, pergunte-se:

- Por que fiz essa escolha?
- Do que eu estava tentando me proteger?
- O que eu queria ter feito em vez disso?

• • •

Por fim, para todos os tipos de arrependimentos: seja gentil consigo mesmo. Pesquisadores da Universidade da Califórnia, em Berkeley, descobriram que as pessoas que aceitaram o que havia acontecido sem ficar se culpando por isso conseguiam fazer melhor uso do arrependimento como uma motivação para melhorar.

Também queremos que você fique com algumas estratégias que costumam ser úteis para passar pelos momentos de arrependimento. Mesmo que tenha respondido a todas as perguntas relevantes anteriores, é provável que de vez em quando ainda haja momentos aqui e ali em que você se pega se fixando nos "e se". Ou pode ser que você sinta um arrependimento que não esteja dentro de um dos seis tipos listados.

3. Lembre-se do que você ganhou

"'O que poderia ter sido' é uma definição muito boa para Inferno", escreve o rabino Harold Kushner.[19]

Quando você está preso em um impasse de arrependimento, é fácil ficar pirando a respeito de todas as coisas que deveria ter feito de outro jeito. Quanto mais vividamente você imagina o que poderia ter acontecido, mais forte será sua resposta emocional. Os psicólogos chamam isso de *amplificação emocional*.[20] (Diretores de cinema usam essa técnica para o fazer chorar. Quando um personagem anuncia "Essa é minha última missão" ou "Não tenho certeza disso", a morte deles se torna mais dolorosa, porque quase se livraram de se machucar.[21])

Em outras palavras, quanto mais você fantasia o que poderia ter sido, menos você se lembrará de todas as coisas positivas de sua vida.

Quando você se pegar sobrecarregado por situações "se eu tivesse feito", faça questão de cortar sua fantasia pela raiz fazendo uma lista de tudo pelo que você é grato em sua vida. "Sempre que tenho um pensamento 'queria ter feito'", nos contou um participante de um workshop, "Eu me pergunto: de que memórias e pessoas eu teria que abrir mão por um 'talvez'? E geralmente mudo de ideia".[22]

Pesquisadores demonstraram que somos mais capazes de nos sentir melhor em relação ao arrependimento e seguir em frente quando refletimos acerca de duas afirmações:[23]

- Tudo pode ser visto de uma perspectiva diferente.
- Há um valor positivo em toda experiência.

A vida é não binária. Você perde algumas experiências para ganhar outras. O autor Charles Duhigg, falando sobre a decisão que ele e a esposa tomaram de ter filhos, admitiu que ele às vezes pensa nos livros que teria escrito se não tivesse filhos. "Eu seria tão feliz quanto sou agora sem filhos", ele compartilhou. Por outro lado, "amo meus filhos. Amo ter filhos". Ele acrescenta: "Sou muito feliz por termos tido [os filhos] porque acho que me torna uma pessoa menos egoísta. Faz com que eu seja uma pessoa melhor."[24]

Você também pode listar todas as coisas ruins que evitou. Digamos que escolheu um emprego que paga menos mas lhe dá muita flexibilidade. Nos momentos em que se arrepender de sua decisão, imagine vividamente seu tempo livre sendo engolido por um trabalho de que você não gosta.

4. Substitua "deveria ter" por "e se"

"O arrependimento pode ser queimado como combustível", escreve o autor Augusten Burroughs. "Viver em arrependimento e não mudar mais nada na sua vida é perder todo o sentido."[25]

Da próxima vez que se pegar lidando com uma frase que comece com "Eu deveria ter...", tente jogar as palavras "E se?". Por exemplo, se você pensar "Deveria ter tido mais confiança em mim mesmo", pergunte-se: "E se eu tivesse agido com mais confiança?" Então escreva algumas respostas para sua pergunta.

Nem todo arrependimento se encaixará perfeitamente nessa estrutura. Nosso amigo Jackson uma vez apertou Enviar em um e-mail de negociação de salário que ainda não estava pronto, o que acabou custando a ele a oferta de emprego. Lidar com a questão "E se eu não tivesse clicado em Enviar naquela hora?" apenas fez com que ele ficasse ainda mais afundado no arrependimento. Mas olhar para toda a situação ainda pode permitir que você tire um "e se" útil das piores situações. Jackson agora se pergunta: "E se eu remover o destinatário antes de fazer o rascunho do e-mail? E se eu desacelerar um pouco?"

Superar uma conversa negativa com si mesmo em face ao arrependimento pode ser como tentar sair do estacionamento depois de um show da Beyoncé. Tente entender as crenças que você tem a respeito de seus arrependimentos preenchendo estas frases:

- Estou tão assustado porque fiz ______, então ______ nunca vai acontecer.
- Como eu costumava _____, isso significa que sempre serei uma pessoa _____.
- Ainda me culpo por ter feito _____ e nunca conseguirei deixar isso para lá.
- Eu com certeza deveria ter ______.

Esses são pensamentos comuns relacionados ao arrependimento — e são sinais de que sua autorreflexão está se tornado autodestrutiva. Releia o que escreveu e reavalie se essas frases são verdadeiras (dica: não são). Em vez de falar para si mesmo "Eu deveria ter me defendido", pergunte: "Estou curioso.

Por que não fiz isso?" ou "E se eu começar a me defender com mais frequência?". Mudar para um pensamento mais flexível o ajudará a aprender com suas experiências e tratar seu eu do passado, presente e futuro com mais compaixão.

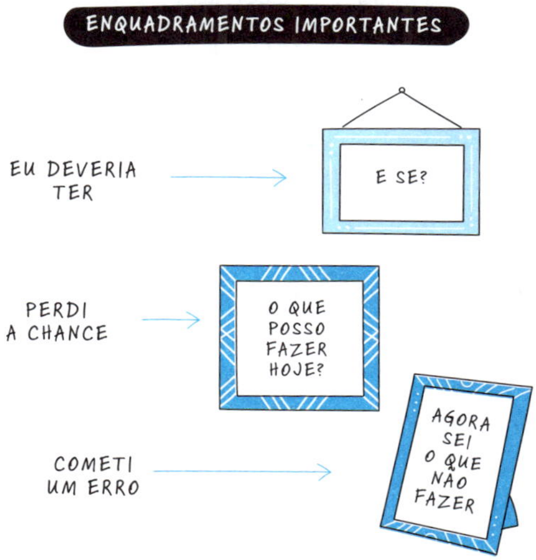

5. Lembre-se de que o arrependimento passará ou, pelo menos, aliviará

Muito embora possa ser que você esteja vivenciando o arrependimento agora, saiba que um dia você o sentirá com menos força. Costumamos subestimar nossa habilidade de nos adaptar a novas circunstâncias e de tirar maior proveito do que temos e de onde estamos. "Eu costumava sentir que o arrependimento duraria para sempre", nos contou um participante de um workshop. "Mas aprendi que, na verdade, ele só dura pelo tempo que eu escolho brigar com ele. Estou sendo teimoso e me agarrando tanto aos 'e se' quando deveria seguir em frente e ser grato."

Quando Colin Jost perguntou para o pai se ele se arrependia de ter saído do trabalho que amava, o pai respondeu: "Pedir demissão foi a melhor decisão que eu já tomei. Porque, no fim, eu comecei a dar aula, o que significa que eu estava em casa com você e seu irmão com mais frequência depois da escola. E pude impactar a vida de milhares de crianças que passaram pela minha sala de aula, o que é algo que eu nunca soube que era importante para mim até que fui e fiz."[26] A pontada de intenso arrependimento se esvai e se transforma com o tempo e, em alguns casos, a "decisão errada" nos coloca no caminho de algo ainda melhor.

• • •

Não importa o curso que assumimos na vida, todos teremos momentos em que viveremos algum nível de arrependimento a respeito dos caminhos que escolhemos seguir. Mas, da maneira correta, brigar com o que poderia ter acontecido pode ser benéfico. Chorar sobre o leite derramado nos faz entender de onde viemos, como chegamos onde estamos e aonde queremos chegar. Mas certifique-se de limitar o tempo que você dedica a pensar no passado.

APRENDIZADOS

- Uma vida #SemArrependimentos não é possível; sempre há trocas.
- Quando previr um arrependimento em potencial, considere várias linhas do tempo.
- Permita-se sentir o luto pelo que não aconteceu.
- Entenda que tipo de arrependimento você está sentindo.
- Para os arrependimentos em retrospecto e do eu alternativo, tente cortar a romantização pela raiz.
- Para outros tipos de arrependimento, aprenda com o passado para melhorar seu futuro.
- Seja gentil consigo mesmo; todos cometemos erros.
- Lembre-se de que o arrependimento aliviará com o tempo.

Conclusão

Grandes emoções nos deixam sem ar. Escrevemos este livro para provar para nós mesmos que emoções difíceis não são anormais e que é possível emergir delas com uma sabedoria recém-adquirida. Permitir-se passar pelo luto do caminho que não escolhemos pode nos ajudar a fazer escolhas mais significativas mais à frente na nossa caminhada. Entrar em sintonia com o que nos causa a inveja mais forte pode nos dar um senso claro do que valorizamos. E até mesmo o desespero, quando a luz parecer extinta para sempre, pode, por fim, aprofundar nosso senso de eu e nossa empatia por outras pessoas.

Ao mesmo tempo, grandes emoções costumam ser traumáticas e parecer que não têm um propósito no momento em que acontecem. Nós preferiríamos não ter que passar por momentos difíceis a sermos forçados a crescer a partir deles. Mas é possível encontrar um significado no processo de recuperação.

Até mesmo as grandes emoções que não parecem úteis no momento, como o desespero e o perfeccionismo, podem levar a algo que os psicólogos chamam de *crescimento pós-traumático* (CPT). Quando atravessamos um período de profunda dificuldade ou nossas crenças centrais são desafiadas, costumamos emergir com apreciação pelas boas coisas da vida e um senso de eu recém--descoberto. Ninguém, por exemplo, quer passar por uma terrível decepção amorosa, mas às vezes um término conturbado pode ensiná-lo o que você quer de seu próximo parceiro e que há muita coisa para amar em você. É claro, nós provavelmente escolheríamos não sofrer a passar pelo CPT. Mas é útil saber que, muito embora pareça que estamos nos despedaçando, podemos emergir com alguma coisa positiva.

O CPT afeta as pessoas de maneiras específicas:[1]

1. Têm um maior apreço pela vida.
2. Sentem-se mais próximas das pessoas que amam.
3. Ganham confiança na habilidade de lidar com desafios.
4. Sentem uma paz mais profunda.
5. Podem ver mais possibilidades para si mesmas.

Em outras palavras, nossos momentos mais difíceis podem nos mudar para melhor. Sentir fortes emoções está longe de ser fácil, mas toda vez que podemos passar pela incerteza ou exaustão ou arrependimento (mesmo que seja só por um momento), aprofundamos nossa convicção de que podemos fazer de novo. E de novo.

Nós (Liz e Mollie) mudamos desde que nosso livro anterior, *Sem Neura*, foi lançado, e mesmo ao longo da escrita do livro atual. Liz aprendeu a se segurar quando fica tão imersa imaginando cenários catastróficos futuros e a aceitar melhor suas mudanças de humor. Mollie sente que julga menos e é menos rígida do que costumava ser. Nós duas nos sentimos menos sozinhas em nossas dificuldades.

Mas não estamos "curadas" dos desafios da vida. Escrever este livro e trabalhar em período integral fez com que as dores no pescoço e nos braços que Liz sentia voltassem. Ela e o marido ainda estão de luto pela morte do pai dele e dando apoio para o pai de Liz, enquanto ele lida com questões de saúde. Mollie ainda faz fisioterapia para a dor no tendão de múltiplas partes do corpo e precisou da ajuda de uma pessoa para digitar a maior parte deste livro. Ela ainda está fazendo terapia e sendo medicada. Nós duas nos despedaçamos em lágrimas no mês passado. Muitas vezes, falamos uma com a outra sobre a ironia de escrever um capítulo sobre burnout ao mesmo tempo em que nós o combatíamos. Como nos lembra o poeta Rainer Maria Rilke: "Não pense que *ele* que tenta te confortar vive sem esforço em meio a essas palavras calmas e simples que às vezes te fazem bem. Se tivesse sido o contrário, ele nunca teria conseguido encontrar essas palavras sozinho."[2] Em outras palavras: qualquer pessoa que esteja escrevendo um livro de conselhos provavelmente está fazendo isso porque teve dificuldades — e continua a ter — com os mesmos desafios.

Somos, ambas, gratas pelo quanto as pessoas estiveram dispostas a se abrir para a gente para este livro. Ficamos sabendo que nosso editor perdeu um parente quando era jovem adulto, e outro editor perdeu um pai durante a Covid-19 para o alcoolismo. Esses fatos nunca surgiram em conversas quando estávamos trabalhando juntos no *Sem Neura*. Pode ser assustador compartilhar essas coisas com outras pessoas, que dirá escrever um livro sobre elas e permitir que o mundo adentre seus piores momentos, mas os livros nos consolaram, e só podemos tentar retribuir.

Um terapeuta pode ser útil com o processo de explorar essas emoções difíceis (veja "Uma Observação sobre a Terapia e Algumas Opções Grátis e de Baixo Custo" na página 239). Como a leitora Yalenka nos disse: "Às vezes brinco que preciso de terapia para lidar com as pessoas ao meu redor que não fazem terapia."

Mesmo com terapia, é importante ter em mente que todas as dicas que damos são mais fáceis de falar do que de fazer. Não há nenhum atalho para lidar com as fortes emoções, e elas nunca somem completamente. Todos sentiremos pontadas de arrependimento de tempos em tempos, e todos teremos dias em que a vida parecerá triste e sem esperança. Mas, com o tempo, podemos chegar a um lugar em que, mesmo que um grande sentimento dê as caras, ficaremos bem.

Esperamos que este livro e as histórias que outras pessoas nos deixaram compartilhar nele lhe ofereçam a segurança de que, mesmo quando as coisas não vão bem, *você* ainda pode ficar bem.

Agradecimentos

É necessária uma vila inteira para escrever um livro. Liz e Mollie gostariam de agradecer:

Leah Trouwborst, por acreditar em nós mais uma vez e ser uma parceira engajada e cheia de energia. Trish Daly, por pular em meio à correnteza e, com sabedoria, conduzir nossa visão para a realização. Lisa DiMona, pelo apoio sem-fim, sempre no topo das tendências, e nos ajudando a dar sentido às nossas ideias. Julie Mosow, pela melhor edição possível, por dar espaço à nossa voz e se conectar em um nível emocional. Laura Katz, por uma pesquisa paciente e sugestões criteriosas.

O time da Writers House: Lauren Carsley, Maja Nikolic, Jessica Berger, e Chaim Lipskar, por responder às nossas infinitas perguntas e trabalhar nos direitos internacionais.

O time da Penguin: Nina Rodriguez-Marty, pelo título. Brian Lemus, pelo design de capa. Ryan Boyle e Megan Mccormack, pelo apoio. Stefanie Brody e Regina Andreoni, por RP e Marketing. Adrian Zackheim, por ser capaz de vender a ideia do nosso livro para nós com uma maior elegância do que havíamos originalmente feito. **Todos os especialistas que nos ofereceram tempo e ideias valiosos:** Dr. Stefanie Tignor, Dr. Molly Sands, Caribay Garcia, Cloe Shasha, Amy Bonsall, Dr. Emma Routhier, Dr. Thomas Greenspon, Tanya Geisler e Rebecca Newkirk.

Primeiros leitores: Grace Perry e Joanna Miller.

Autores que nos divulgaram: Susan Cain, Adam Grant, Dan Pink, Malcolm Gladwell e Laszlo Bock. Também Panio Gianopoulos e o time Next Big Idea Club, por ter nos apoiado.

Fotógrafas: Shannon West, Nina Subin e Bonnie Rae Mills.

Pelos indivíduos incríveis que se dispuseram a compartilhar as histórias conosco: Priscilla, Yalenka, Leslie, Maike, Lisa, Naveed, Ellie, Meg, Nataly, Jay, Katja, Sarah, Yanelle, Elizabeth, Dave, Miriam, Amber Rae, Caribay, Susan, Jayna, Madhura, Allie, Daniela, Anna, Kristin, Eliza, Kia, Alex, Karla, Griffin, Rachel, Caroline, Gina, Kara, Joy e todos aqueles que prometemos não nomear.

• • •

De Liz, agradeço a:

Mollie: por ser minha parceira de escrita sempre paciente, por assumir quando eu estava para baixo, por nunca ir a festas em barcos e por priorizar nossa amizade.

Mãe e pai: por sempre serem meus maiores apoiadores, ainda que não saibam muito bem com o que eu trabalho nem o que significa a coisa que estou mostrando para vocês na internet. Amo vocês.

Maxim: obrigada por "Reanimar!", por me deixar usar o Microsoft Word no seu Dell e por ser a pessoa que sempre fará meu dia ir do pior ao melhor.

Todo mundo que ajudou a fazer com que este livro acontecesse, seja revisando rascunhos, se abrindo com suas experiências ou só me fazendo rir quando eu precisei: Marina A., Carmen A., Vivek A., B. A., Erica A., Nick D., Susan E., Jay F., Susan F., Wenche F., Caitlin G., Griffin G., Caribay G., Anne H., Dennis H., Becca J., Hee-Sun K., Carly K., Cori L., Emily M., Jason N., Emily N., Josh R., the Reeds, Molly S., Kris S., Stefanie T., Erik T., Christine T., Logan U. e Hannah Y.

Todo mundo que segue @lizandmollie nas mídias sociais: não é possível dizer o quanto todos os comentários e mensagens significam para mim. Um dos melhores momentos da minha vida é poder me conectar com tantos de vocês, especialmente a respeito das coisas sobre as quais falar costuma ser difícil.

E, por fim, aos meus colegas do passado e do presente: Andy Wong, você continua a ser minha luz guia. Reigan e todo mundo da Humu, obrigada por me dar apoio quando precisei de tempo para trazer este livro ao mundo.

• • •

De Mollie, agradeço a:

Liz: por concordar em assumir um segundo livro mesmo que tenhamos concordado em nunca mais fazer isso com a gente. Ver suas ilustrações nunca para de ser minha parte favorita. Além disso, por ser a melhor ouvinte e amiga amorosa.

Minha família: pelo amor e apoio durante os altos e baixos, principalmente Laura, Kate, David, Jackie, Sarah, Jenny e a família Duffy. Agradeço à Judy por compartilhar sabedoria e a esperança de sua própria vida.

Aqueles que me ajudaram com pesquisa e escrita: Kainoa Cunningham, Sade' Harper, Meta Daniel, Andrea Vega e Reilly Blevins.

Amigos que me perguntam como estou e com quem podemos falar de coisas difíceis: Julia B., Annie, Julia M., Sophie, Emily, Skylar, Hayley, Hannah, Christine, Danielle, Lillie, Nse, Alice K., Caitlin, Julia S., Meryl e Katie O.

Todos meus colegas e clientes passados e atuais: pela inspiração e pelo apoio.

Todo mundo que ajudou em minha jornada de cura: Sharon Rafferty (extraordinária terapeuta), Lindsay Brunner (extraordinária fisioterapeuta), Gina P., Meg L., Rachel K., Maurine K., Susan M. e rabino Susan Goldberg e a comunidade Nefesh Los Angeles.

E, por fim, ao Chris: meu marido engraçado, de coração bom, criativo e cativante. Obrigada pelo apoio infinito, pela paciência e pelo amor. Significa o mundo para mim. Gosto de você e te amo.

Avaliações das Grandes Emoções

AVALIAÇÃO DO PERFIL DE BURNOUT

Baseado no Maslach Burnout Inventory

Passo 1 — Indique com que frequência as frases a seguir se aplicam a você:

1 = Nunca.

2 = Pelo menos algumas vezes no ano.

3 = Pelo menos uma vez no mês.

4 = Várias vezes no mês.

5 = Uma vez por semana.

6 = Várias vezes na semana.

7 = Todos os dias.

1. Eu me sinto emocionalmente exausto por causa do meu trabalho.

   Nunca 1 — 2 — 3 — 4 — 5 — 6 — 7 *Todos os dias*

2. Eu me sinto esgotado no fim de um dia de trabalho.

   Nunca 1 — 2 — 3 — 4 — 5 — 6 — 7 *Todos os dias*

3. Eu me sinto cansado assim que levanto da cama de manhã e vejo um novo dia de trabalho se desenrolando à minha frente.

   Nunca 1 — 2 — 3 — 4 — 5 — 6 — 7 *Todos os dias*

4. Consigo facilmente entender as ações de meus colegas/supervisores.

   Nunca 1 — 2 — 3 — 4 — 5 — 6 — 7 *Todos os dias*

5. Tenho a sensação de que trato alguns clientes/colegas impessoalmente, como se fossem objetos.

   Nunca 1 — 2 — 3 — 4 — 5 — 6 — 7 *Todos os dias*

6. Trabalhar e colaborar com pessoas é estressante para mim.

   Nunca 1 — 2 — 3 — 4 — 5 — 6 — 7 *Todos os dias*

7. Lido bem com os problemas de outras pessoas.

   Nunca 1 — 2 — 3 — 4 — 5 — 6 — 7 *Todos os dias*

8. Sinto que estou em estafa por causa do trabalho.

   Nunca 1 — 2 — 3 — 4 — 5 — 6 — 7 *Todos os dias*

9. Sinto que influencio positivamente outras pessoas com meu trabalho.

   Nunca 1 — 2 — 3 — 4 — 5 — 6 — 7 *Todos os dias*

10. Eu me tornei mais insensível com as pessoas desde que comecei neste trabalho.

    Nunca 1 — 2 — 3 — 4 — 5 — 6 — 7 *Todos os dias*

11. Temo que meu trabalho me deixe emocionalmente distante.

    Nunca 1 — 2 — 3 — 4 — 5 — 6 — 7 *Todos os dias*

12. Eu me sinto cheio de energia.

    Nunca 1 — 2 — 3 — 4 — 5 — 6 — 7 *Todos os dias*

13. Eu me sinto frustrado com meu trabalho.

    Nunca 1 — 2 — 3 — 4 — 5 — 6 — 7 *Todos os dias*

14. Tenho a sensação de que trabalho muito.

Nunca 1 — 2 — 3 — 4 — 5 — 6 — 7 *Todos os dias*

15. Não estou realmente interessado no que está acontecendo com muitos de meus colegas.

Nunca 1 — 2 — 3 — 4 — 5 — 6 — 7 *Todos os dias*

16. Estar em contato direto com as pessoas do trabalho é estressante.

Nunca 1 — 2 — 3 — 4 — 5 — 6 — 7 *Todos os dias*

17. Acho fácil construir uma atmosfera relaxada no ambiente de trabalho.

Nunca 1 — 2 — 3 — 4 — 5 — 6 — 7 *Todos os dias*

18. Eu me sinto estimulado quando trabalho de perto com meus colegas.

Nunca 1 — 2 — 3 — 4 — 5 — 6 — 7 *Todos os dias*

19. Conquistei muitos objetivos gratificantes no meu trabalho.

Nunca 1 — 2 — 3 — 4 — 5 — 6 — 7 *Todos os dias*

20. Sinto que não tenho mais forças.

Nunca 1 — 2 — 3 — 4 — 5 — 6 — 7 *Todos os dias*

21. No meu trabalho, fico muito relaxado ao lidar com problemas emocionais.

Nunca 1 — 2 — 3 — 4 — 5 — 6 — 7 *Todos os dias*

22. Tenho a sensação de que meus colegas me culpam por alguns de seus problemas.

Nunca 1 — 2 — 3 — 4 — 5 — 6 — 7 *Todos os dias*

Passo 2 — Some suas respostas para descobrir sua pontuação:

*Pontuação geral para **exaustão:***

Some as respostas das perguntas 1, 2, 3, 6, 8, 13, 14, 16 e 20

≤ 20	21–42	≥ 43
Baixo grau	Grau moderado	Alto grau ***de exaustão***

*Pontuação geral para **cinismo:***

Some as respostas das perguntas 5, 10, 11, 15 e 22

≤ 11	12–23	≥ 24
Baixo grau	Grau moderado	Alto grau ***de cinismo***

*Pontuação geral para **ineficácia:***

Some as respostas das perguntas 4, 7, 9, 12, 17, 18, 19 e 21

≤ 38	37–19	≥ 18
Baixo grau	Grau moderado	Alto grau ***de ineficácia***

Passo 3 — Use suas pontuações do Passo 2 para descobrir sua Avaliação do Perfil de Burnout:

- **Engajado:** Grau baixo a moderado de **exaustão, cinismo** e **ineficácia**
  - Você está indo muito bem. Pelo menos bem.
  - **Sua principal oportunidade:** *Monitore quais situações fazem com que você siga em direção ao burnout e estabeleça limites ativamente.*

- **Sobrecarregado:** alto grau de **exaustão**
  - Parece que tudo o sobrecarrega e você trabalha demais. Sentir-se sobrecarregado costuma ser o resultado de ter muito trabalho ou estar em uma cultura de trabalho que nunca para. Mas também pode acontecer quando você assumiu muitos projetos paralelos ou tem problemas de saúde ou obrigações familiares que tomam muito do seu tempo.
  - **Sua principal oportunidade:** *Fique confortável vivendo em 80%. Reduza o número de horas que você trabalha (seja o trabalho integral ou outras obrigações). Aprenda a estabelecer — e respeitar — suas próprias condições.*

- **Desconectado:** alto grau de **cinismo**
  - Você não se sente conectado com seus colegas e não tem empatia por quem está à sua volta. Costumamos ficar desconectados quando estamos exagerando ou quando não sentimos mais que o que fazemos é importante.
  - **Sua principal oportunidade:** *Encontre pequenas maneiras de se conectar ou reconectar com seus colegas.*

- **Ineficaz:** algo grau de **ineficácia**
  - Você se sente incompetente e improdutivo. Pode ser que, na verdade, você seja eficaz em seu trabalho, mas sua percepção seja de ineficácia.
  - **Sua principal oportunidade:** *Tenha clareza do seu valor e mude seu trabalho para se alinhar com esses valores.*

- **Com burnout:** Alto grau de **exaustão**, **cinismo** e **ineficácia**
  - Você está além de cansado — você está desmotivado e alienado.
  - **Sua principal oportunidade:** *Desconecte seu valor daquilo que você faz e arrume tempo para "jogar fora".*

AVALIAÇÃO DO PERFECCIONISMO

Você é saudavelmente ambicioso ou perfeccionista?

Passo 1 — Indique onde você está na escala entre as duas opções:

1. Você tem um projeto "só para passar o tempo" para hoje. Como você se sente a respeito disso?

   Revigorado e animado 1 — 2 — 3 — 4 — 5 — 6 — 7 *Aterrorizado: o produto final ficará bom o suficiente?*

2. Com que frequência você perde prazos porque está muito ansioso sem saber se seu trabalho está bom o suficiente?

   Nunca 1 — 2 — 3 — 4 — 5 — 6 — 7 *Com frequência*

3. Com que frequência você pensa: "Sentirei que conquistei alguma coisa ou que tenho valor quando eu ______"?

   Nunca 1 — 2 — 3 — 4 — 5 — 6 — 7 *Com frequência*

4. Quando você se afasta do trabalho por um dia, você:

   Mentalmente sigo em frente 1 — 2 — 3 — 4 — 5 — 6 — 7 *Fico ruminando acerca do que tinha que fazer no dia e do restante da lista de afazeres*

5. Sem validação externa, você pensa: "Meu trabalho duro valeu a pena. Está muito bom!"

   Com bastante frequência 1 — 2 — 3 — 4 — 5 — 6 — 7 *Nunca*

6. Quando você recebe validação externa, o que é mais provável que você pense:

   Estou feliz por terem visto o quanto me dediquei! 1 — 2 — 3 — 4 — 5 — 6 — 7 *Como é possível que não tenham visto as falhas?*

7. Você está extremamente cansado. É mais provável que você:

   Aperte os freios 1 — 2 — 3 — 4 — 5 — 6 — 7 *Use a ansiedade como combustível e continue em frente*

8. Você dormiu muito e perdeu a aula de exercícios do sábado. Como se sente a respeito do seu dia?

   Tudo bem, posso me exercitar depois 1 — 2 — 3 — 4 — 5 — 6 — 7 *Está arruinado. Como posso ser sempre tão improdutivo?*

9. Você disse que levaria a sobremesa para um jantar entre amigos. Como se sente a respeito disso?

   Feliz em contribuir 1 — 2 — 3 — 4 — 5 — 6 — 7 *ESTRESSADO!! Fico com medo de odiarem*

Passo 2 — Some suas respostas para descobrir sua pontuação e tendência ao perfeccionismo:

- **20 ou menos: Você é um ambicioso saudável**
    - Quando se importa com um projeto, é uma boa motivação para dar seu máximo, fazer a tempo e sentir orgulho dele quando terminar.
    - **Sua principal oportunidade:** *Monitore que situações fazem com que você entre em tendências perfeccionistas (acontece com todo mundo!) e mitigue esses gatilhos.*

- **21–42: Você tem algumas tendências perfeccionistas**
    - Elas podem aparecer quando você está muito envolvido em um projeto ou em algumas áreas de sua vida mais do que outras (por exemplo, você é perfeccionista no trabalho, mas não em situações sociais).
    - **Sua principal oportunidade:** *Tente usar um diário do perfeccionismo. Identifique os momentos em que você sente que suas dúvidas perfeccionistas começam a dar as caras e as compare com os momentos em que se sente satisfeito com seus esforços. Qual a diferença? Uma pessoa específica ou um tipo de atividade está desencadeando seus sentimentos de perfeccionismo/inadequação? Como pode evitar ou mitigar esses gatilhos?*

- **43 ou mais: Você é um perfeccionista completo**
  - Seu mantra parece ser "Se farei, eu o farei com perfeição." Ele o guia, você se importando ou não com um projeto, e aparece em muitas áreas de sua vida, sejam elas relacionadas ao trabalho ou à vida pessoal.
  - **Sua principal oportunidade:** *Para os perfeccionistas, "bom o suficiente" não parece bom o suficiente. Mas colocar 110% de si em todos seus projetos o levará ao burnout. Tente dar uma olhada na seção sobre valores no Capítulo 4. Quais de suas atividades ou tarefas atuais estão fora de seus valores centrais? Você pode abrir mão do "perfeito" para um ou mais deles?*

TENDÊNCIA DA EXPRESSÃO DA RAIVA

Esta é uma avaliação modificada baseada no State-Trait Anger Expression Inventory 2 (STAXI-2), um teste usado por terapeutas para avaliar vários aspectos da raiva de uma pessoa e como se relacionam com condições psicológicas e médicas. Quatro desses aspectos são traços que se relacionam com a expressão da raiva e são considerados relativamente independentes uns dos outros.

Passo 1 — Indique com que frequência as frases a seguir se aplicam a você:

1. Eu me impeço de perder o controle.

   Frequentemente 1 — 2 — 3 — 4 — 5 — 6 — 7 *Raramente*

2. Não expresso minha raiva.

   Frequentemente 1 — 2 — 3 — 4 — 5 — 6 — 7 *Raramente*

3. Quando estou com raiva, digo coisas ruins ou desagradáveis.

   Frequentemente 1 — 2 — 3 — 4 — 5 — 6 — 7 *Raramente*

4. Quando estou com raiva, tento entrar em contato com o que me levou a ela.

Frequentemente 1 — 2 — 3 — 4 — 5 — 6 — 7 *Raramente*

5. Se estou incomodado, compartilho como me sinto.

Frequentemente 1 — 2 — 3 — 4 — 5 — 6 — 7 *Raramente*

6. Quando estou com raiva, tento me acalmar.

Frequentemente 1 — 2 — 3 — 4 — 5 — 6 — 7 *Raramente*

7. Perco a cabeça.

Frequentemente 1 — 2 — 3 — 4 — 5 — 6 — 7 *Raramente*

8. Controlo meus sentimentos de raiva.

Frequentemente 1 — 2 — 3 — 4 — 5 — 6 — 7 *Raramente*

9. Tento amenizar meus sentimentos de raiva.

Frequentemente 1 — 2 — 3 — 4 — 5 — 6 — 7 *Raramente*

10. Em vez de ficar com raiva, me sinto triste ou deprimido.

Frequentemente 1 — 2 — 3 — 4 — 5 — 6 — 7 *Raramente*

11. Brigo com outras pessoas.

Frequentemente 1 — 2 — 3 — 4 — 5 — 6 — 7 *Raramente*

12. Quando estou com raiva, faço uma pausa e reconheço isso.

Frequentemente 1 — 2 — 3 — 4 — 5 — 6 — 7 *Raramente*

13. Fico confortável com o conflito.

Frequentemente 1 — 2 — 3 — 4 — 5 — 6 — 7 *Raramente*

14. Fico mais irritado do que as outras pessoas percebem.

Frequentemente 1 — 2 — 3 — 4 — 5 — 6 — 7 *Raramente*

15. Quando estou com raiva, faço algo relaxante para me acalmar.

Frequentemente 1 — 2 — 3 — 4 — 5 — 6 — 7 *Raramente*

16. Fico na defensiva quando outras pessoas me perguntam se estou com raiva.

Frequentemente 1 — 2 — 3 — 4 — 5 — 6 — 7 *Raramente*

17. Faço coisas como bater portas.

Frequentemente 1 — 2 — 3 — 4 — 5 — 6 — 7 *Raramente*

18. Quando estou com raiva, tento ser paciente comigo mesmo e com os outros.

Frequentemente 1 — 2 — 3 — 4 — 5 — 6 — 7 *Raramente*

19. Expresso minha raiva.

Frequentemente 1 — 2 — 3 — 4 — 5 — 6 — 7 *Raramente*

20. Tendo a guardar rancor.

Frequentemente 1 — 2 — 3 — 4 — 5 — 6 — 7 *Raramente*

21. Eu faço birra ou fico de cara feia.

Frequentemente 1 — 2 — 3 — 4 — 5 — 6 — 7 *Raramente*

22. Eu me sinto culpado quando estou com raiva.

Frequentemente 1 — 2 — 3 — 4 — 5 — 6 — 7 *Raramente*

23. Sou conhecido como uma pessoa que se mantém calma sob pressão.

Frequentemente 1 — 2 — 3 — 4 — 5 — 6 — 7 *Raramente*

24. Eu me fecho ou me isolo das pessoas quando estou chateado.

Frequentemente 1 — 2 — 3 — 4 — 5 — 6 — 7 *Raramente*

25. Faço comentários sarcásticos para as outras pessoas.

Frequentemente 1 — 2 — 3 — 4 — 5 — 6 — 7 *Raramente*

26. Fico taciturno.

Frequentemente 1 — 2 — 3 — 4 — 5 — 6 — 7 *Raramente*

27. Tento ser tolerante e compreensivo.

Frequentemente 1 — 2 — 3 — 4 — 5 — 6 — 7 *Raramente*

28. Posso ser passivo-agressivo na expressão da raiva.

Frequentemente 1 — 2 — 3 — 4 — 5 — 6 — 7 *Raramente*

29. Ignoro as coisas que me incomodam ou chateiam, em vez de lidar com elas.

Frequentemente 1 — 2 — 3 — 4 — 5 — 6 — 7 *Raramente*

30. Sou passivo na expressão da raiva.

Frequentemente 1 — 2 — 3 — 4 — 5 — 6 — 7 *Raramente*

31. Fico amargurado, com inveja e ressentido.

Frequentemente 1 — 2 — 3 — 4 — 5 — 6 — 7 *Raramente*

32. Sou agressivo na maneira de expressar minha raiva.

Frequentemente 1 — 2 — 3 — 4 — 5 — 6 — 7 *Raramente*

33. Sinto que expressar a raiva é desagradável.

Frequentemente 1 — 2 — 3 — 4 — 5 — 6 — 7 *Raramente*

Passo 2 — Some suas respostas para descobrir sua pontuação e suas tendências de expressão da raiva:

Controlador da raiva:

Some sua pontuação nas perguntas 1, 2, 8, 13, 23, 30 e 33.

≤ 16	17–32	≥ 33
Baixo grau	Grau moderado	Alto grau de ***controle da raiva***

- Você tem a tendência de controlar como expressa sua raiva. Você se monitora para evitar expressar raiva descontrolada. Pode ser que sinta raiva mas não esteja completamente sintonizado com a necessidade por trás dela, então você não consegue entender e resolver a causa da raiva.

- **Sua principal oportunidade:** *Fique confortável com sua própria raiva. Vivenciá-la não deveria te causar desconforto. Foque em reconhecer conscientemente sua raiva para que possa lidar com a causa-raiz.*

Some sua pontuação nas perguntas 4, 6, 9, 12, 15, 18 e 27.

≤ 16	17–32	≥ 33
Baixo grau	Grau moderado	Alto grau **de transformação da raiva**

- Quando está se sentindo com raiva, tenta resolvê-la reconhecendo-a e entendendo a necessidade mais profunda. Você usa técnicas como meditação, trabalho de respiração e paciência para ajudar a lidar com a raiva de uma maneira produtiva, em vez de silenciá-la. Você entende que a raiva pode ser esclarecedora e saudável (quando não projetada em outras pessoas ou em si mesmo).
- **Sua principal oportunidade:** *Continue fazendo o que está fazendo. Observe quando escorregar para maneiras menos saudáveis de expressar sua raiva e quais são seus gatilhos.*

Projetor da raiva:

Some sua pontuação nas perguntas 3, 5, 7, 11, 17, 19, 21, 25 e 32.

≤ 20	21–42	≥ 43
Baixo grau	Grau moderado	Alto grau **da projeção da raiva**

- Você frequentemente expressa sua raiva de uma maneira agressiva, seja em pessoas ou objetos. Pode ser que expresse sua raiva fisicamente (por exemplo, batendo portas) ou verbalmente (insultos, profanidades, sarcasmo).
- **Sua principal oportunidade:** *Seu objetivo deveria ser não reprimir sua raiva, mas, em vez disso, expressá-la de maneira mais saudável. Uma forma de expressar a raiva criativamente é por meio da escrita (fazen-*

do um diário, escrevendo cartas que nunca enviará) ou do movimento (dançar, correr, fazer ioga). Trabalhe na aceitação de sua raiva e no desenvolvimento de maneiras para liberá-la de forma que seja menos tóxica para quem estiver ao seu redor.

Some sua pontuação nas perguntas 10, 14, 16, 20, 22, 24, 26, 28, 29 e 31.

≤ 19	20–39	≥ 39
Baixo grau	Grau moderado	Alto grau
		de silenciamento da raiva

- Você silencia sua raiva. Em alguns casos, sentir raiva é tão desconfortável, que, em vez de livremente senti-la, você sente uma emoção diferente, como tristeza ou culpa. Pode ser que tenha tendência a se culpar pela situação que foi a base da raiva, mesmo que não seja culpa sua. Quando a raiva é silenciada, tende a causar ansiedade e depressão. O silenciamento da raiva também está associado com a hipertensão.
- **Sua principal oportunidade:** *Concentre-se em expressar livremente sua raiva de maneira produtiva, que não seja descontando em outras pessoas. A expressão aberta permite que você trabalhe com a emoção para resolvê-la de maneira consciente.*

AVALIAÇÃO DA TOLERÂNCIA À INCERTEZA

Esta é uma avaliação modificada baseada na Intolerance of Uncertainty Scale (IUS), que mede as respostas à incerteza, a situações ambíguas e ao futuro.

Passo 1 — Indique onde você está na escala entre as duas opções:

1. Eventos não previstos me chateiam profundamente.

   Não parece comigo 1 — 2 — 3 — 4 — 5 — 6 — 7 *Parece exatamente comigo*

2. Não ter todas as informações de que preciso me frustra.

   Não parece comigo 1 — 2 — 3 — 4 — 5 — 6 — 7 *Parece exatamente comigo*

3. A incerteza me impede de viver uma vida plena.

   Não parece comigo 1 — 2 — 3 — 4 — 5 — 6 — 7 *Parece exatamente comigo*

4. As pessoas sempre deveriam pensar no futuro para evitar surpresas.

   Não parece comigo 1 — 2 — 3 — 4 — 5 — 6 — 7 *Parece exatamente comigo*

5. Um pequeno evento inesperado pode estragar tudo, mesmo com o melhor planejamento.

   Não parece comigo 1 — 2 — 3 — 4 — 5 — 6 — 7 *Parece exatamente comigo*

6. Quando é hora de agir, a incerteza me paralisa.

   Não parece comigo 1 — 2 — 3 — 4 — 5 — 6 — 7 *Parece exatamente comigo*

7. Quando estou incerto, não funciono muito bem.

   Não parece comigo 1 — 2 — 3 — 4 — 5 — 6 — 7 *Parece exatamente comigo*

8. Sempre quero saber o que o futuro reserva para mim.

   Não parece comigo 1 — 2 — 3 — 4 — 5 — 6 — 7 *Parece exatamente comigo*

9. Não suporto ser pego de surpresa.

   Não parece comigo 1 — 2 — 3 — 4 — 5 — 6 — 7 *Parece exatamente comigo*

10. A menor dúvida pode me impedir de agir.

    Não parece comigo 1 — 2 — 3 — 4 — 5 — 6 — 7 *Parece exatamente comigo*

11. Eu deveria poder organizar tudo com antecedência.

    Não parece comigo 1 — 2 — 3 — 4 — 5 — 6 — 7 *Parece exatamente comigo*

12. Preciso me livrar de todas as situações de incerteza.

    Não parece comigo 1 — 2 — 3 — 4 — 5 — 6 — 7 *Parece exatamente comigo*

Passo 2 — Some suas respostas para descobrir sua pontuação e sua avaliação de tolerância à incerteza:

- **28 ou menos: Você busca pela incerteza**
  - Situações de incerteza não te estressam tanto. Na verdade, pode ser que você progrida em ambientes de rápida mudança.
  - **Sua principal oportunidade:** *Fique atento, pois sua tolerância à incerteza pode mudar com o tempo. Mas, por ora, pode ser que seja mais feliz com uma vida profissional ou pessoal que envolva muitos avanços e recuos. Se você se sentir pouco estimulado, há alguma maneira de incorporar mais variação em seu trabalho ou outras partes de sua vida? Se sim, pode iluminar a sua alegria de viver!*
- **29–56: Você gosta de equilíbrio em relação à incerteza**
  - Sua tolerância a situações de incerteza pode variar, a depender da esfera de sua vida (pessoal *versus* profissional) ou outros fatores, como quanto você está dormindo.
  - **Sua principal oportunidade:** *Se você sente que sua vida pessoal ou profissional está ultrapassando sua tolerância à incerteza (e possivelmente sua saúde mental), veja se há maneiras de incorporar mais regularidade em seu dia. Para ideias específicas, verifique o box sobre* ***pequenas maneiras de manter os pés no chão quando está tudo de pernas para o ar, no Capítulo 1.*** *Por outro lado, se está se sentindo pouco estimulado em alguma parte de sua vida, procure maneiras de incorporar mais variação em seu dia, sua semana ou seu ano.*
- **57 ou mais: Você evita a incerteza**
  - Muitas vezes, você está sintonizado com a incerteza da vida. Se tem um trabalho com alto grau de incerteza (por exemplo, seus projetos estão constantemente mudando ou você muda muito de lugar), isso pode afetar muito sua saúde mental.

- **Sua principal oportunidade:** *Para ajuda no curto prazo, considere o box* ***"Pequenas maneiras de manter os pés no chão quando está tudo de pernas para o ar", no Capítulo 1.*** *No entanto, pode ser que você precise fazer mudanças maiores e de longo prazo para honrar melhor com sua necessidade por mais certeza. Isso pode contrastar com as visões que tinha de si mesmo; o* ***Mito nº2 no Capítulo 7*** *pode ajudá-lo a pensar com mais profundidade sobre essas questões. Mas, no geral, quanto melhor estiver sua saúde mental, mais bem equipado você estará para lidar com a incerteza que não se pode evitar.*

Lista de Recursos Gerais*

UMA OBSERVAÇÃO SOBRE A TERAPIA E ALGUMAS OPÇÕES GRÁTIS E DE BAIXO CUSTO

Como dissemos, a terapia pode ser incrivelmente transformadora, mas em muitos casos, são necessários meses (ou anos) de sessões semanais para verdadeiramente desfazer traumas ou padrões prejudiciais de pensamento. Infelizmente, isso significa que os custos com a terapia podem aumentar, principalmente se seu plano de saúde tiver uma taxa de participação alta ou não pagar por um tipo específico de terapia. Por exemplo, se você está lidando com transtorno do estresse pós-traumático ou transtorno de alimentação, é necessário procurar um profissional especializado nessas questões.

Se estiver tendo problemas para encontrar um terapeuta que acomode suas necessidades individuais e esteja dentro do orçamento, explore algumas opções de menor custo.

- Alguns terapeutas cobram preços variáveis, que costumam ir de US$75 a US$160 por sessão, dependendo do que os clientes podem pagar. Para ajudar a encontrar tais terapeutas, verifique os arquivos em **goodtherapy.org** e o site ***Psychology Today***.

---

* N.E.: Os recursos disponibilizados nesta seção não estão disponíveis no Brasil.

- A organização sem fins lucrativos **Open Path Collective** tem uma rede de cerca de mil terapeutas com diferentes especialidades. Depois de uma assinatura única de US$60, oferecem conselho online ou pessoalmente por US$30 a US$80 por sessão.
- Um bom recurso para opções grátis ou de baixo custo são clínicas locais, nas quais os serviços de saúde mental costumam ser oferecidos por estudantes (por exemplo, quem estuda psicologia ou serviço social) supervisionados por profissionais experientes. Como resultado, costumam oferecer uma ampla gama de serviço sem custo ou a um valor extremamente baixo. Para encontrar clínicas:
    - Nos Estados Unidos, é possível entrar em contato com a **National Alliance on Mental Illness (NAMI) HelpLine** (info@nami.org; 800-950-6264) para obter referências.
    - No site **mentalhealth.gov** e no Substance Abuse and Mental Health Services Administration, **https://findtreat ment.samhsa.gov/locator** [conteúdo em inglês], é possível selecionar as opções para encontrar estabelecimentos com assistência de pagamento ou opções de valor variável.
    - Peça opções para seu **médico clínico.**

Também é melhor se você sentir confiança e conexão com seu terapeuta. Se possível, pode ser que queira se consultar com alguns terapeutas diferentes primeiro, para ver com quem você se conecta. Apenas avise antes ou durante a consulta inicial que você ainda está procurando opções de terapia diferentes.

LIVROS EM GERAL QUE PODEM SER ÚTEIS QUANDO VOCÊ ESTÁ PASSANDO POR UMA EMOÇÃO INTENSA

- *The Poetry Remedy: Prescriptions for the Heart, Mind, and Soul,* de William Sieghart
- *How Lovely the Ruins: Inspirational Poems and Words for Difficult Times,* editado por Annie Chagnot e Emi Ikkanda
- *Everything Happens for a Reason: And Other Lies I've Loved,* de Kate Bowler
- *We Are the Luckiest: The Surprising Magic of a Sober Life*, de Laura McKowen
- *Talvez Você Deva Conversar com Alguém: Uma Terapeuta, O Terapeuta DELA e a Vida de Todos Nós,* de Lori Gottlieb
- *Quando Acontecem Coisas Más às Pessoas Boas,* de Harold S. Kushner
- *Brave Enough*, de Cheryl Strayed
- *Good Poems for Hard Times*, editado por Garrison Keillor
- *Stitches: A Handbook on Meaning, Hope and Repair,* de Anne Lamott
- *Aceitação Radical: Como Despertar o Amor que Cura o Medo e a Vergonha Dentro de Nós*, de Tara Brach
- *First, We Make the Beast Beautiful: A New Journey through Anxiety,* de Sarah Wilson
- *Why Buddhism Is True: The Science and Philosophy of Meditation and Enlightenment*, de Robert Wright
- *Going to Pieces without Falling Apart: A Buddhist Perspective on Wholeness,* de Mark Epstein
- *Minor Feelings: An Asian American Reckoning,* de Cathy Park Hong

Lista de Recursos por Capítulo

CAPÍTULO 1: INCERTEZA

LISTA DE MEDITAÇÕES GUIADAS FAVORITAS

- Insight Timer app (grátis, com os áudios em inglês):
    - Tara Brach: "Breath and Awareness", "A Pause for Presence", "Vipassana (Basic) Meditation"
    - Sarah Blondin: "You Are Allowed", "Learning to Surrender", "Accepting Change"
    - Judson Brewer: "Working with Stress", "Body Scan for When You Only Have a Few Minutes"
    - Annemaree Rowley: "Letting Go Meditation", "Pause"
    - Jack Kornfield: "Breathing Meditation", "How to Transform Any Hard Situation"
    - Wim Hof: "Invigorating Breathing Exercise"
    - Mary Maddux: "Guided Meditation for Patience"
    - Thich Nhat Hanh: "Mindful Breathing", "How Do We Deal with Regrets?"

- Ten Percent Happier (algumas faixas são grátis, mas a maioria é para membros, e o site é em inglês)
    - Sharon Salzberg: "Feeling the Breath", "Balance"
    - Joseph Goldstein: "Fear", "Mindfulness Meditation"
    - Jon Kabat-Zinn: "Attending to Awareness"

CAPÍTULO 3: RAIVA

RECURSOS SOBRE A RAIVA

- *Rage Becomes Her: The Power of Women's Anger*, de Soraya Chemaly
- *This Is How: Surviving What You Think You Can't*, de Augusten Burroughs
- *Angry White Men: American Masculinity at the End of an Era*, de Michael Kimmel
- *Good and Mad: The Revolutionary Power of Women's Anger*, de Rebecca Traister
- *The Anger Gap: How Race Shapes Emotion in Politics*, de Davin L. Phoenix
- *The End of Anger: A New Generation's Take on Race and Rage*, de Ellis Cose
- *Irmã Outsider: Ensaios e Conferências*, de Audre Lorde

CAPÍTULO 4: BURNOUT

LISTA DE VALORES (FONTE: JAMES CLEAR)

- Abertura
- Amizades
- Amor
- Aprendizado
- Autenticidade
- Autonomia
- Autoridade
- Aventura
- Beleza
- Cidadania
- Compaixão
- Competência

- Comunidade
- Concretização
- Conhecimento
- Contribuição
- Credibilidade
- Crescimento
- Criatividade
- Curiosidade
- Desafio
- Determinação
- Diversão
- Elegância
- Equilíbrio
- Espiritualidade
- Estabilidade
- Fama
- Fé
- Felicidade
- Gentileza
- Harmonia Interna
- Honestidade
- Humor
- Influência
- Justiça
- Lealdade
- Liderança
- Otimismo
- Ousadia
- Paz
- Popularidade
- Prazer
- Reconhecimento
- Religião
- Reputação
- Respeito
- Respeito Próprio
- Responsabilidade
- Riqueza
- Sabedoria
- Segurança
- Serviço
- Status
- Sucesso
- Trabalho Significativo

CAPÍTULO 5: PERFECCIONISMO

RECURSOS SOBRE A VERGONHA E A CULPA

- *Eu Achava que Isso Só Acontecia Comigo: Como Combater a Cultura da Vergonha e Recuperar o Poder e a Coragem*, de Brené Brown
- *A Arte da Imperfeição: Abandone a Pessoa que Você Acha que Deve Ser e Seja Você Mesmo*, de Brené Brown

- *O Corpo Guarda as Marcas: Cérebro, Mente e Corpo na Cura do Trauma*, de Bessel van der Kolk
- "What's the Difference Between Guilt and Shame?" TED Talk por June Tangney

CAPÍTULO 6: DESESPERO

RECURSOS SOBRE O SUICÍDIO

- Centro de Valorização da Vida, 188
- To Write Love on Her Arms, twloha.com/find-help [conteúdo em inglês]
- The Trevor Project, thetrevorproject.org [conteúdo em inglês]
- *So Much I Want to Tell You: Letters to My Little Sister*, de Anna Akana
- *If You Feel Too Much: Thoughts on Things Found and Lost and Hoped For*, de Jamie Tworkowski
- *Boy Meets Depression: Or Life Sucks and Then You Die Live*, de Kevin Breel
- *You Will Get Through This Night*, de Daniel Howell

RECURSOS SOBRE O DESESPERO

- *Quando Tudo Se Desfaz: Orientação para Tempos Difíceis*, de Pema Chödrön
- *On Being* (podcast) episódio: "The Soul in Depression"
- *O Demônio do Meio-dia: Uma Anatomia da Depressão*, de Andrew Solomon
- *Faith: Trusting Your Own Deepest Experience*, de Sharon Salzberg
- *Viver a Catástrofe Total: Como Utilizar a Sabedoria do Corpo e da Mente para Enfrentar o Estresse, a Dor e a Doença*, de Jon Kabat-Zinn

RECURSOS SOBRE O LUTO

- *Resilient Grieving: Finding Strength and Embracing Life after a Loss That Changes Everything*, de Lucy Hone
- *Plano B: Como Encarar Adversidades, Desenvolver Resiliência e Encontrar Felicidade*, de Sheryl Sandberg e Adam Grant
- *The Beauty of What Remains: How Our Greatest Fear Becomes Our Greatest Gift*, de Steve Leder
- *Finding Meaning: The Sixth Stage of Grief*, de David Kessler

RECURSOS SOBRE A DOR CRÔNICA

- *The Lady's Handbook for Her Mysterious Illness: A Memoir*, de Sarah Ramey
- *Invisible: How Young Women with Serious Health Issues Navigate Work, Relationships, and the Pressure to Seem Just Fine*, de Michele Lent Hirsch
- *A Anatomia da Esperança: A Descoberta pela Medicina Moderna do Poder da Emoção no Combate às Doenças*, de Jerome Groopman
- *Disability Visibility: First-Person Stories from the Twenty-first Century*, de Alice Wong
- *More Beautiful Than Before: How Suffering Transforms Us*, de Steve Leder

Notas

INTRODUÇÃO

1. Valerie Strauss. "Feeling bad about feeling bad can make you feel really, really bad. New research really says this", *The Washington Post*, 10 de agosto de 2017, <www.washingtonpost.com/news/answer-sheet/wp/2017/08/10/feeling-bad-about-feeling-bad-can-make-you-feel-really-really-bad-new-research-really-says-this>.
2. Ruth Whippman. *America the Anxious.* Nova York: St. Martin's Press, 2016.
3. James Coyne. "Positive psychology is mainly for rich white people", *Coyne of the Realm*, 23 de agosto de 2013, <www.coyneoftherealm.com/2013/08/21/positive-psychology-is-mainly-for-rich-white-people>.
4. Erin Petrun. "Happy Week: Positive Psychology", CBS News, 14 de setembro de 2009, <www.cbsnews.com/news/happy-week-positive-psychology>.

CAPÍTULO 1: INCERTEZA

1. Adam Tooze, citado em Neil Irwin. "It's the End of the World Economy as We Know It", *The New York Times*, 16 de abril de 2020, <www.nytimes.com/2020/04/16/upshot/world-economy-restructuring-coronavirus.html>.
2. Guy Trebay, vídeos de Isak Tiner. "Awake at 3 A.M.? We Are Too", *The New York Times*, 30 de outubro de 2020, <www.nytimes.com/2020/10/30/style/insomnia-why-am-i-waking-up-at-3-am.html>.
3. Annie Lowrey. "Millennials Don't Stand a Chance", *The Atlantic*, 13 de abril de 2020, <www.the atlantic.com/ideas/archive/2020/04/millennials-are-new-lost-generation/609832>.
4. Robert M. Sapolsky. *Why Zebras Don't Get Ulcers.* Nova York: W. H. Freeman, 1994.
5. Julie Beck. "How Uncertainty Fuels Anxiety", *The Atlantic*, 18 de março de 2015, <www.theatlantic.com/health/archive/2015/03/how-uncertainty-fuels-anxiety/388066>.
6. Pequisa do Google Trends: unprecedented [sem precedentes], <https://trends.google.com/trends/explore?date=today%205-y&q=unprecedented>.

7. Alexandra Ossola. "Why Are Humans So Bad at Predicting the Future?", *Quartz*, 20 de novembro de 2019, <https://qz.com/1752106/why-are-humans-so-bad-at-predicting-the-future>.
8. Pema Chödrön. *Comfortable with Uncertainty: 108 Teachings on Cultivating Fearlessness and Compassion*. Boulder, CO: Shambhala, 2018, p. 5.
9. Yuval Rottenstreich; Christopher K. Hsee. "Money, Kisses, and Electric Shocks: On the Affective Psychology of Risk", *Psychological Science* 12, n. 3 (2001): 185–90, <https://doi.org/10.1111/1467-9280.00334>.
10. Manisha Aggarwal-Schifellite; Juan Siliezar. "3 Takes on Dealing with Uncertainty", *Harvard Gazette*, 10 de julho de 2020, <https://news.harvard.edu/gazette/story/2020/07/3-takes-on-dealing-with-uncertainty>.
11. Marc Lewis. "Why We're Hardwired to Hate Uncertainty", *The Guardian*, 8 de abril de 2016, <www.theguardian.com/commentisfree/2016/apr/04/uncertainty-stressful-research-neuroscience>.
12. Archy O. de Berker *et al.* "Computations of Uncertainty Mediate Acute Stress Responses in Humans", *Nature Communications* 7, 10996 (2016), <https://doi.org/10.1038/ncomms10996>.
13. Barbara Ehrenreich. "Smile! You've Got Cancer", *The Guardian*, 2 de janeiro de 2010, <www.theguardian.com/lifeandstyle/2010/jan/02/cancer-positive-thinking-barbara-ehrenreich>.
14. "Gartner Cautions HR Leaders That the Risk of Change Fatigue among Employees Has Doubled in 2020", *Gartner.com*, 14 de outubro de 2020, <www.gartner.com/en/newsroom/pressreleases/2020gartnerleadersthatthechangefatigueamongemployeeshasdoubled2020thisyear>.
15. "Overcoming Disruption in a Distributed World", Asana.com, s.d., <https://asana.com/resources/anatomy-of-work>.
16. Megan Cerullo, "Nearly 3 million U.S. women have dropped out of the labor force in the past year", CBS News, 5 de fevereiro de 2021, <www.cbsnews.com/news/covid-crisis-3-million-women-labor-force>.
17. Pooja Lakshmin. "How Society Has Turned Its Back on Mothers", *The New York Times*, 4 de fevereiro de 2021, <www.nytimes.com/2021/02/04/parenting/working-mom-burnout-coronavirus.html>.
18. Rebecca Solnit, citada em Maria Popova. "*A Field Guide to Getting Lost:* Rebecca Solnit on How We Find Ourselves", *Brain Pickings*, 4 de agosto de 2014, <www.brainpickings.org/2014/08/04/field-guide-to-getting-lost-rebecca-solnit>.
19. Robert M. Sapolsky. *Why Zebras Don't Get Ulcers*. Nova York: W. H. Freeman, 1994.
20. Kate Sweeny, citada em *Atlantic* Marketing Team. "How Planning for Tomorrow Can Ease Uncertainty Today", Atlantic Re:think/Equitable, s.d., <www.theatlantic.com/sponsored/equitable-2020/planning-for-tomorrow/3523>.
21. Sarah Wilson, *First, We Make the Beast Beautiful: A New Story about Anxiety*. Sydney, NSW: Pan Macmillan, 2019.
22. Jill Bolte Taylor. *My Stroke of Insight: A Brain Scientist's Personal Journey*. Nova York: Plume, 2016.

23. Francesca Gino; Michael I. Norton. "Why Rituals Work", *Scientific American*, 14 de maio de 2013, <www.scientificamerican.com/article/why-rituals-work>.
24. Marielle Segarra. "What Is Makeup for during a Pandemic?" (podcast), *Marketplace*, Minnesota Public Radio, 10 de fevereiro de 2021, <www.marketplace.org/2021/02/10/why-wear-makeup-during-pandemic>.
25. Ijeoma Oluo, citada em Leah Chernikoff. "Why It's Totally Fine to Wear Makeup during a Pandemic", *Time*, 7 de abril de 2020, <https://time.com/5816846/coronavirus-makeup>.
26. Sharon Salzberg. *Faith: Trusting Your Own Deepest Experience*. London: Element, 2003.
27. Entrevista com as autoras, 26 de março de 2021.
28. Entrevista com as autoras, 6 de abril de 2021.
29. Entrevista com as autoras, 30 de setembro de 2020.
30. Entrevista com as autoras, 14 de setembro de 2020.
31. *Headspace: Unwind Your Mind*. Andy Puddicombe, Vox Media Group, 2020, Netflix, <www.netflix.com/title/81328829>.
32. Emmy E.Werner. "Resilience in Development", *Current Directions in Psychological Science* 4, n. 3 (1º de junho de 1995): 81–84, <https://doi.org/10.1111/1467-8721.ep10772327>.
33. Maria Konnikova. "How People Learn to Become Resilient", *The New Yorker*, 11 de fevereiro de 2016, <www.newyorker.com/science/maria-konnikova/the-secret-formula-for-resilience>.
34. Entrevista com as autoras, 20 de setembro de 2020.

CAPÍTULO 2: COMPARAÇÃO

1. Nihar Chhaya. "The Upside of Career Envy", *Harvard Business Review*, 16 de junho de 2020, <https://hbr.org/2020/06/the-upside-of-career-envy>.
2. Timothy B. Lee. "Study: Lottery Winners' Neighbors Tend to Spend Themselves into Bankruptcy", *Vox*, 23 de fevereiro de 2016, <www.vox.com/2016/2/23/11095102/inequality-lottery-bankruptcy-study>.
3. Christine Harris, citada em Nancy Wartik. "Quarantine Envy Got You Down? You're Not Alone", *The New York Times*, 10 de agosto de 2020, <www.nytimes.com/2020/08/10/smarter-living/quarantine-envy-pandemic.html>.
4. Scott L. Feld. "Why Your Friends Have More Friends Than You Do", *American Journal of Sociology* 96, n. 6 (maio de 1991): 1464–77, <https://doi.org/10.1086/229693>.
5. Amy Summerville; Neal J. Roese, "Dare to Compare: Fact-Based versus Simulation--Based Comparison in Daily Life", *Journal of Experimental Social Psychology* 44, n. 3 (maio de 2008): 664–71, <https://doi.org/10.1016/j.jesp.2007.04.002>.
6. Joanne V. Wood. "What Is Social Comparison and How Should We Study It?", *Personality and Social Psychology Bulletin* 22, n. 5 (1996): 520–37, <https://doi.org/10.1177/0146167296225009>.
7. Charles Cooley. *Human Nature and the Social Order*. Nova York: Schocken Books, 1964.

8. Woodruff Health Sciences Center; Adam Galinsky; Maurice Schweitzer. *Friend & Foe: When to Cooperate, When to Compete, and How to Succeed at Both*. New York: Currency, 2015.
9. Entrevista com as autoras, 17 de janeiro de 2021.
10. Entrevista com as autoras, 22 de janeiro de 2021.
11. Daniel Kahneman; Amos Tversky. "Prospect Theory: An Analysis of Decision under Risk", capítulo 6 do *Handbook of the Fundamentals of Financial Decision Making*, editado por Leonard William T. Ziemba (World Scientific, 2013), 99–127, <https://doi.org/10.1142/9789814417358_0006>.
12. Entrevista com as autoras, 24 de janeiro de 2021.
13. Entrevista com as autoras, 15 de janeiro de 2021.
14. Aminatou Sow. "Gentle Suggestions", Crème de la Crème, 3 de fevereiro de 2021, <https://aminatou.substack.com/p/gentle-suggestions-1db>.
15. Abby Govindan (@abbygov), post do Twitter, 23 de junho de 2021, <https://twitter.com/abbygov/status/1407924254516166665>.
16. Maria Konnikova. "Can Envy Be Good for You?" *The New Yorker*, 10 de agosto de 2015, <www.newyorker.com/science/maria-konnikova/can-envy-be-good-for-you>.
17. H. W. Van Den Borne, J. F. A. Pruyn; W. J. A. Van Den Heuvel. "Effects of Contacts between Cancer Patients on Their Psychosocial Problems", *Patient Education and Counseling* 9, n. 1 (fevereiro de 1987): 33–51, <https://doi.org/10.1016/0738-3991(87)90107-8>.
18. Johannes Haushofer. "Johannes Haushofer CV of Failures", versão acessada em 20 de setembro de 2021, <www.uni-goettingen.de/de/document/download/bed2706fd34e29822004dbe29cd00bb5.pdf/Johannes_Haushofer_CV_of_Failures[1].pdf>.
19. Susan Pinker. "The Worst Form of Envy? In the Future Tense", *The Wall Street Journal*, 14 de junho de 2019, <www.wsj.com/articles/the-worst-form-of-envy-in-the-future-tense-11560527404>.
20. The Newsroom. "Three Quarters of Us Admit to Lying on Social Media", *Hemel Today*, 24 de abril de 2016, <www.hemeltoday.co.uk/news/three-quarters-us-admit-lying-social-media-1246364>.
21. Mai-Ly Nguyen Steers, citada em Rebecca Webber. "The Comparison Trap", *Psychology Today*, 7 de novembro de 2017, <www.psychologytoday.com/intl/articles/201711/the-comparison-trap>.
22. Alison Wood Brooks *et al.* "Mitigating Malicious Envy: Why Successful Individuals Should Reveal Their Failures", *Journal of Experimental Psychology: General* 148, n. 4 (2019): 667–87, <https://doi.org/10.1037/xge0000538>.
23. Cheryl Strayed. *Brave Enough*. Nova York: Alfred A. Knopf, 2017.
24. Carrie Kerpen. "Stop Comparing Your Behind-the-Scenes with Everyone's Highlight Reel", *Forbes*, 29 de julho de 2017, <www.forbes.com/sites/carriekerpen/2017/07/29/stop-comparing-your-behind-the-scenes-with-everyones-highlight-reel/?sh=72cc8ed03a07>.
25. University of Houston. "Facebook Use Linked to Depressive Symptoms", *ScienceDaily*, 6 de abril de 2015, <www.sciencedaily.com/releases/2015/04/150406144600.htm>.

26. Naomi Fry. "Cazzie David's Existential Dread", *The New Yorker*, 16 de novembro de 2020, <www.newyorker.com/magazine/2020/11/23/cazzie-davids-existential-dread>.
27. James Hamblin. "The Key to Healthy Facebook Use: No Comparing to Other Lives", *The Atlantic*, 8 de abril de 2015, <www.theatlantic.com/health/archive/2015/04/ways-to-use-facebook-without-feeling-depressed/389916>.
28. University of Houston. "Facebook Use Linked to Depressive Symptoms."
29. Shai Davidai; Sebastian Deri. "The Second Pugilist's Plight: Why People Believe They Are Above Average but Are Not Especially Happy about It", *Journal of Experimental Psychology: General* 148, n. 3 (março de 2019): 570–87, <https://doi.org/10.1037/xge0000580>.
30. Moya Sarner. "The Age of Envy: How to Be Happy When Everyone Else's Life Looks Perfect", *The Guardian*, 9 de outubro de 2018, <www.theguardian.com/lifeandstyle/2018/oct/09/age-envy-be-happy-everyone-else-perfect-social-media>.
31. Sarner, "Age of Envy".
32. Entrevista com as autoras, 21 de janeiro de 2021.
33. Laura Morgan Roberts; Emily D. Heaphy; Brianna Barker Caza. "To Become Your Best Self, Study Your Successes", *Harvard Business Review*, 14 de maio de 2019, <https://hbr.org/2019/05/to-become-your-best-self-study-your-successes>.
34. Entrevista com as autoras, 20 de setembro de 2020.

CAPÍTULO 3: RAIVA

1. Charles Duhigg. "The Real Roots of American Rage", *The Atlantic*, 3 de janeiro de 2019, <www.theatlantic.com/magazine/archive/2019/01/charles-duhigg-american-anger/576424>.
2. David Kessler, citado em Elizabeth Bernstein. "How to Move Forward after Loss", *The Wall Street Journal*, 6 de abril de 2021, <www.wsj.com/articles/finding-meaning-as-we-grieve-a-year-of-pandemic-loss-11617724799>.
3. Entrevista com as autoras, 2 de abril de 2021.
4. Diana Kwon. "Explaining Rage: A Q&A with R. Douglas Fields", *Scientific American*, 1º de março de 2016, <www.scientificamerican.com/article/explaining-rage-a-q-a-with-r-douglas-fields>.
5. Myisha Cherry. "Anger Can Build a Better World", *The Atlantic*, 25 de agosto de 2020, <www.the atlantic.com/ideas/archive/2020/08/how-anger-can-build-better-world/615625>.
6. Audre Lord. "Uses of Anger", *Black Past*, 12 de agosto de 2012, <www.blackpast.org/african-american-history/speeches-african-american-history/1981-audre-lorde-uses--anger-women-responding-racism>.
7. Augusten Burroughs. *This Is How: Surviving What You Think You Can't*. Londres: Picador, 2013.
8. Richard A. Fabes; Carol Lynn Martin. "Gender and Age Stereotypes of Emotionality", *Personality and Social Psychology Bulletin* 17, n. 5 (1º de outubro de 1991): 532–40, <https://doi.org/10.1177/0146167291175008>.

9. Melissa Harris-Perry. "Women Are Angrier Than Ever Before — and They're Doing Something About It", *ELLE*, 9 de março de 2018, <www.elle.com/culture/career-politics/a19297903/elle-survey-womens-anger-melissa-harris-perry>. *Esquire* Editors, "American Rage: The *Esquire*/ NBC News Survey", *Esquire*, 3 de janeiro de 2016, <www.esquire.com/news-politics/a40693/american-rage-nbc-survey>.
10. Liz Clarke. "In Her Anger, in Defeat, Serena Williams Starts an Overdue Conversation", *The Washington Post*, 9 de setembro de 2018, <www.washingtonpost.com/sports/tennis/in-her-anger-in-defeat-serena-williams-starts-an-overdue-conversation/2018/09/09/9d9125ea-b468-11e8-94eb-3bd52dfe917b_story.html>.
11. Marc Berman. "Serena Acted Like a Sore Loser", *New York Post*, 8 de setembro de 2018, <https://nypost.com/2018/09/08/serena-acted-like-a-sore-loser>.
12. Marc Berman, "Novak Djokovic's Excessive Punishment Is Terrible for US Open", *New York Post*, 6 de setembro de 2020, <https://nypost.com/2020/09/06/novak-djokovics-disqualifica tion-is-terrible-for-the-us-open>. Chandni G. "Why Did We Treat Novak Djokovic So Differently to Serena Williams?" *Upworthy*, 8 de setembro de 2020, <https://scoop.upworthy.com/why-did-we-treat-novak-djokovic-so-differently-to-serena-williams>.
13. Shoshana N. Jarvis; Jason A. Okonofua, "School Deferred: When Bias Affects School Leaders", *Social Psychological and Personality Science*, 10 de outubro de 2019, <https://journals.sagepub.com/doi/abs/10.1177/1948550619875150>.
14. Soraya Chemaly, "Five Myths about Anger", *The Washington Post*, 14 de setembro de 2018, <www.washingtonpost.com/outlook/five-myths/five-myths-about-anger/2018/09/14/ad457dc8-b7a2-11e8-94eb-3bd52dfe917b_story.html>.
15. J. Celeste Walley-Jean, "Debunking the Myth of the 'Angry Black Woman': An Exploration of Anger in Young African American Women", *Black Women, Gender + Families* 3, n. 2 (outono de 2009): 68–86, <www.jstor.org/stable/10.5406/blacwomegendfami.3.2.0068>.
16. Yuhua Wang, "Asians Are Stereotyped as 'Competent but Cold.' Here's How That Increases Backlash from the Coronavirus Pandemic", *The Washington Post*, 18 de maio de 2020, <www.wash ingtonpost.com/politics/2020/04/06/asians-are-stereotyped-competent-cold-heres-how-that-increases-backlash-coronavirus-pandemic>.
17. Nan Ma. "Suspended Subjects: The Politics of Anger in Asian American Literature" (Ph.D. diss., University of California, Riverside, 2009), <https://escholarship.org/uc/item/7kx173md>.
18. Ah Joo Shin. "'Angry Asian Man' Blogger Talks Stereotypes", *Yale Daily News*, 21 de março de 2011, <https://yaledailynews.com/blog/2011/03/21/angry-asian-man-blogger-talks-stereotypes>.
19. Brad J. Bushman. "Does Venting Anger Feed or Extinguish the Flame? Catharsis, Rumination, Distraction, Anger, and Aggressive Responding", *Personality and Social Psychology Bulletin* 28, n. 6 (2002): 724–31, <https://doi.org/10.1177/0146167202289002>.
20. Chemaly. "Five Myths about Anger".
21. Jason Kornwitz. "Why 'Rage Rooms' Won't Solve Your Anger Issues", News@Northeastern, Northeastern University, 16 de agosto de 2017, <https://news.northeastern.edu/2017/08/16/why-rage-rooms-wont-solve-your-anger-issues>.
22. Bushman, "Does Venting Anger Feed or Extinguish the Flame?".

23. Jeanne Whalen. "Angry Outbursts Really Do Hurt Your Health, Doctors Find", *The Wall Street Journal*, 23 de março de 2015, <www.wsj.com/articles/angry-outbursts-really-do-hurt-your-health-doctors-find-1427150596>.

24. Margot Bastin *et al.* "Brooding and Reflecting in an Interpersonal Context", *Personality and Individual Differences* 63 (junho de 2014): 100–105, <www.sciencedirect.com/science/article/abs/pii/S0191886914000890>.

25. Entrevista com as autoras, 20 de setembro de 2020.

26. Kelly Conaboy. "Women React to Kavanaugh Hearing With Rage and Pain", *The Cut*, 27 de setembro de 2018, <www.thecut.com/2018/09/women-react-to-kavanaugh-hearing-on-twitter-sexual-assault.html>. Opheli Garcia Lawler. "The Collective Wail of Women", *The Cut*, 6 de outubro de 2018, <www.thecut.com/2018/10/women-react-to-brett-kavanaughs-supreme-court-confirmation.html>.

27. R. Douglas Fields. *Why We Snap:* Understanding *the Rage Circuit in Your Brain*. Nova York: Dutton, 2016, 341.

28. Diana Kwon. "*Scientific American MIND* Reviews *Why We Snap*", *Scientific American*, 1º de março de 2016, <www.scientificamerican.com/article/scientific-american-mind-reviews-why-we-snap>.

29. Soraya Chemaly. *Rage Becomes Her: The Power of Women's Anger.* Nova York: Atria Books, 2018, xx.

30. Entrevista com as autoras, 1º de junho de 2021.

31. Elizabeth Bernstein. "The Art of the Pandemic Meltdown", *The Wall Street Journal*, 6 de outubro de 2020, <www.wsj.com/articles/the-art-of-the-meltdown-11602015018>.

32. Tim Heaton. "Heaton: 35 Southern Expressions for Anger", *hottytoddy.com*, 10 de dezembro de 2015, <www.hottytoddy.com/2015/12/10/heaton-35-southern-expressions-for-anger>.

33. Anne Kreamer. *It's Always Personal: Navigating Emotion in the New Workplace*. Nova York: Random House Trade Paperbacks, 2012.

34. National Institute of Mental Health. "Men and Depression", janeiro de 2017, <www.nimh.nih.gov/health/publications/men-and-depression>.

35. Chemaly. *Rage Becomes Her*, 260.

36. Entrevista com as autoras, 6 de julho de 2021.

37. Emily Shapiro. "Georgia Sheriff's Department under Fire after Official Says Spa Shootings Suspect Had 'Really Bad Day'", *ABC News*, 19 de março de 2021, <https://abcnews.go.com/US/georgia-sheriffs-department-fire-official-spa-shootings-suspect/story?id=76533598>.

38. Jennifer Li. "Dear Asian American Girls, Let Yourselves Be Angry", *HelloGiggles*, 19 de março de 2021, <https://hellogiggles.com/lifestyle/asian-american-girls-anger>.

39. Peter Bregman. "Outsmart Your Next Angry Outburst", *Harvard Business Review*, 6 de maio de 2016, <https://hbr.org/2016/05/outsmart-your-next-angry-outburst>.

40. Entrevista com as autoras, 20 de setembro de 2020.

41. Chris Gilbert. "7 Creative Ways to Express Hot Anger", *Heal the Mind to Heal the Body* (blog), *Psychology Today*, 19 de maio de 2018, <www.psychologytoday.com/us/blog/heal-the-mind-heal-the-body/201805/7-creative-ways-express-hot-anger>.

42. JR Thorpe. “18 Words for Sadness That Don’t Exist in English”, *Bustle*, 29 de junho de 2015 (atualizado em 24 de fevereiro de 2020), <www.bustle.com/p/18-words-for-sadness-depression-that-dont-exist-in-english-7260841>.
43. “Harnessing the Power of ‘The Angry Black Woman’”, *All Things Considered*, NPR, 24 de fevereiro de 2019, <www.npr.org/2019/02/24/689925868/harnessing-the-power-of-the-angry-black-woman>.
44. Lina Perl, citada em Rebecca Dolgin. “Rage On: A Use Case for Anger”, *Psycom*, 17 de agosto de 2020, <www.psycom.net/rage-anger>.
45. Chemaly. “Five Myths about Anger”.
46. Cherry. “Anger Can Build a Better World”.
47. Anna Chui. “How Can You Transform Your Hulk Anger into Something Good?” *Lifehack*, 27 de fevereiro de 2018, <www.lifehack.org/659502/how-can-you-transform-your-hulk-anger-into-something-good>.
48. Kwon. “*Scientific American MIND* Reviews *Why We Snap*”.
49. Jen-Shou Yang; Ha Viet Hung. “Emotions as Constraining and Facilitating Factors for Creativity: Companionate Love and Anger”, *Creativity and Innovation Management* 24, n. 2 (junho de 2015): 217–30, <https://doi.org/10.1111/caim.12089>.
50. Adam Grant. “Frustrated at Work? That Might Just Lead to Your Next Breakthrough”, *The New York Times*, 8 de março de 2019, <www.nytimes.com/2019/03/08/smarter-living/frustrated-at-work-that-might-just-lead-to-your-next-breakthrough.html>.

CAPÍTULO 4: **BURNOUT**

1. Grillo. “Jill Soloway Is a ‘Weird Girl’”, *Lenny*, 30 de março de 2018, <www.lennyletter.com/story/jill-soloway-is-a-weird-girl>.
2. Karlyn Borysenko. “Burnout Is Now an Officially Diagnosable Condition: Here’s What You Need to Know about It”, *Forbes*, 29 de maio de 2019, <www.forbes.com/sites/karlynborysenko/2019/05/29/burnout-is-now-an-officially-diagnosable-condition-heres-what-you-need-to-know-about-it/?sh=4779e7992b99>.
3. Asana. “Academy of Work Index 2021: Overcoming Disruption in a Distributed World”, 2021, <https://resources.asana.com/rs/784-XZD-582/images/PDF-FY21-Global-EN-Anatomy%20of%20Work%20Report.pdf>.
4. American College Health Association. “ACHA National College Health Assessment Spring 2019 Report”, 2019, www.acha.org/documents/ncha/NCHA-II_SPRING_2019_US_REFERENCE_GROUP_DATA_REPORT.pdf.
5. Da-Yee Jeung, Changsoo Kim e Sei-Jin Chang, “Emotional Labor and Burnout: A Review of the Literature”, *Yonsei Medical Journal* 59, n. 2 (1º de março de 2018): 187–93, <https://doi.org/10.3349/ymj.2018.59.2.187>.
6. Nancy Beauregard *et al.* “Gendered Pathways to Burnout: Results from the SALVEO Study”, *Annals of Work Exposures and Health* 62, n. 4 (maio de 2018): 426-37, <https://doi.org/10.1093/annweh/wxx114>. Garret D. Evans *et al.* “Ethnic Differences in Burnout, Coping, and Intervention Acceptability among Childcare Professionals”,

Child and Youth Care Forum 33 (outubro de 2004): 349–71, <https://doi.org/10.1023/b:ccar.0000043040.54270.dd>. Liselotte N. Dyrbye *et al.* "A Multicenter Study of Burnout, Depression, and Quality of Life in Minority and Nonminority US Medical Students", *Mayo Clinic Proceedings* 81, n. 11 (novembro de 2006): 1435–42, <www.mayoclinicproceedings.org/article/S0025-6196(11)61249-4/fulltext>.

7. Kelly Pierre-Louis, citada em Brianna Holt. "Beyond Burnout", *The Cut*, 13 de agosto de 2020, <www.thecut.com/article/black-women-on-burnout.html>.
8. Moya Sarner. "How Burnout Became a Sinister and Insidious Epidemic", *The Guardian*, 21 de fevereiro de 2018, <www.theguardian.com/society/2018/feb/21/how-burnout-became-a-sinister-and-insidious-epidemic>.
9. Dax Shepard. "Day 7", *Armchair Expert with Dax Shepard* (podcast), 21 de setembro de 2020, <https://armchairexpertpod.com/pods/day-7>.
10. Richard Gunderman. "For the Young Doctor About to Burn Out", *The Atlantic*, 21 de fevereiro de 2014, <www.theatlantic.com/health/archive/2014/02/for-the-young-doctor-about-to-burn-out/284005>.
11. "Study Finds People Check Email an Average of 74 Times Daily", *WTOP News*, 18 de junho de 2014, <https://wtop.com/news/2014/06/study-finds-people-check-email-an-average-of-74-times-daily>.
12. Tara Haelle. "Your 'Surge Capacity' Is Depleted—It's Why You Feel Awful", *Elemental*, 17 de agosto de 2020, <https://elemental.medium.com/your-surge-capacity-is-depleted-it-s-why-you-feel-awful-de285d542f4c>.
13. Emily Nagoski; Amelia Nagoski. *Burnout: The Secret to Solving the Stress Cycle.* Londres: Vermilion, 2019.
14. Claudia Canavan. "How to De-stress: Why You Need to Learn How to Complete the 'Stress Cycle'", *Women's Health,* 11 de fevereiro de 2020, <www.womenshealthmag.com/uk/health/mental-health/a27098268/how-to-de-stress>.
15. Christina Maslach; Michael P. Leiter. "How to Measure Burnout Accurately and Ethically", *Harvard Business Review,* 19 de março de 2021, <https://hbr.org/2021/03/how-to-measure-burnout-accurately-and-ethically>.
16. Maslach e Leiter. "How to Measure Burnout Accurately and Ethically".
17. Mary Bray Pipher. *Seeking Peace: Chronicles of the Worst Buddhist in the World.* Nova York: Riverhead Books, 2010, 12.
18. Constance Grady. "The Uneasy Intimacy of Work in a Pandemic Year", *Vox*, 19 de março de 2021, <www.vox.com/culture/22308547/pandemic-anniversary-labor-works-intimacy-how-to-do-nothing>.
19. Entrevista com as autoras, 13 de dezembro de 2020.
20. David Sedaris. "Laugh, Kookaburra", *The New Yorker*, 17 de agosto de 2009, <www.newyorker.com/magazine/2009/08/24/laugh-kookaburra>. Veja também: James Clear; Nir Eyal, "The Four Burner Theory for How to Manage Your Ambitions", *Next Big Idea Club,* <https://nextbigideaclub.com/magazine/conversation-four-burner-theory-manage-ambitions/15027>.
21. Kaitlyn Greenidge. "The Once & Future Beyoncé", *Harper's Bazaar*, setembro de 2021, <www.harpersbazaar.com/culture/features/a37039502/beyonce-evolution-interview-2021>.

22. Nagoski e Nagoski. *Burnout.*
23. Nedra Glover Tawwab. *Set Boundaries, Find Peace: A Guide to Reclaiming Yourself.* Nova York: TarcherPerigee, 2021, xviii.
24. Entrevista com as autoras, 3 de julho de 2021.
25. Ryan Holiday. "33 Things I Stole from People Smarter than Me", *Forge*, 17 de junho de 2020, <https://forge.medium.com/33-things-istolefrompeoplesmarterthanmeon-theway-to-33-c38e368e5cb8>.
26. Entrevista com as autoras, 20 de setembro de 2021.
27. Connie Wang. "The 'Grateful to Be Here' Generation Has Some Apologizing to Do", *Refinery 29*, 22 de junho de 2020, <www.refinery29.com/en-us/2020/06/9867469/working-in-toxic-media-industry-diversity-movement>.
28. Yu Tse Heng; Kira Schabram. "Your Burnout Is Unique. Your Recovery Will Be, Too", *Harvard Business Review*, 19 de abril de 2021, <https://hbr.org/2021/04/your-burnout-is-unique-your-recovery-will-be-too>.
29. Jenna Wortham (@jennydeluxe), post do Twitter, 5 de março de 2021, <https://twitter.com/jennyde luxe/status/1367957368315797507>.
30. Monique Valcour. "Beating Burnout", *Harvard Business Review*, novembro de 2016, <https://hbr.org/2016/11/beating-burnout>.
31. Dare Obasanjo (@Carnage4Life), post do Twitter, 30 de março de 2021, <https://twitter.com/Carnage4 Life/status/1376943805589413888>.
32. Entrevista com as autoras, 4 de dezembro de 2020.
33. Toni Morrison. "The Work You Do, the Person You Are", *The New Yorker*, 29 de maio de 2017, <www.newyorker.com/magazine/2017/06/05/the-work-you-do-the-person-you-are>.
34. Janna Koretz. "What Happens When Your Career Becomes Your Whole Identity", *Harvard Business Review,* 26 de dezembro de 2019, <https://hbr.org/2019/12/what-happens-when-your-career-becomes-your-whole-identity>.
35. Brené Brown; Scott Sonenshein. "Brené with Scott Sonenshein on Stretching and Chasing", *Unlocking Us with Brené Brown* (podcast), 9 de setembro de 2020, <https://brenebrown.com/podcast/brene-with-scott-sonenshein-on-stretching-and-chasing/#close-popup>.
36. "It's All Quality Time", *Daily Dad*, 19 de junho de 2019, <https://dailydad.com/its-all-quality-time>.
37. Jonathan Smallwood; Jonathan W. Schooler. "The Science of Mind Wandering: Empirically Navigating the Stream of Consciousness", *Annual Review of Psychology* 66, n. 1 (janeiro de 2015): 487–518, <https://doi.org/10.1146/annurev-psych-010814-015331>.
38. David Goss, citado em Brad Stulberg. "Sometimes Not Working Is Work, Too", *The Cut*, 10 de julho de 2017, <www.thecut.com/article/sometimes-not-working-is-work-too.html>.
39. Entrevista com as autoras, 2 de julho de 2021.
40. Jeremy Bailenson. "Why Zoom Meetings Can Exhaust Us", *The Wall Street Journal*, 3 de abril de 2020, <www.wsj.com/articles/why-zoom-meetings-can-exhaust-us-11585953336>.
41. Bill Chappell. "Overwork Killed More than 745,000 People in a Year, WHO Study Finds", *NPR*, 17 de maio de 2021, <www.npr.org/2021/05/17/997462169/thousands-of-people-are-dying-from-working-long-hours-a-new-who-study-finds>.

42. Nagoski e Nagoski. *Burnout.*
43. Pema Chödrön. *When Things Fall Apart: Heart Advice for Difficult Times.* Boulder, CO: Shambhala, 2016.

CAPÍTULO 5: PERFECCIONISMO

1. Gordon L. Flett; Paul L. Hewitt. "The Perils of Perfectionism in Sports and Exercise", *Current Directions in Psychological Science* 14, n. 1 (2005): 14–18, <https://journals.sagepub.com/doi/10.1111/j.0963-7214.2005.00326.x>.
2. Ray Williams. "Why Perfectionism Is So Damaging and What to Do about It", s.d., <https://raywilliams.ca/why-perfectionism-is-so-damaging-and-what-to-do-about-it>.
3. Jane Adams. "More College Students Seem to Be Majoring in Perfectionism", *The New York Times*, 18 de janeiro de 2018, <www.nytimes.com/2018/01/18/well/family/more-college-students-seem-to-be-majoring-in-perfectionism.html>.
4. Thomas Curran; Andrew P. Hill. "Perfectionism Is Increasing Over Time: A MetaAnalysis of Birth Cohort Differences from 1989 to 2016", *Psychological Bulletin* 145, n. 4 (2019): 410–29, <www.apa.org/pubs/journals/releases/bul-bul0000138.pdf>.
5. Thomas Curran; Andrew P. Hill. "How Perfectionism Became a Hidden Epidemic among Young People", *The Conversation*, 3 de janeiro de 2018, <https://theconversation.com/how-perfectionism-became-a-hidden-epidemic-among-young-people-89405>.
6. Curran e Hill. "How Perfectionism Became a Hidden Epidemic".
7. Anne Lamott. *Stitches: A Handbook on Meaning, Hope and Repair.* Nova York: Riverhead Books, 2013), 34.
8. Sharon F. Lambert; W. LaVome Robinson; Nicholas S. Ialongo. "The Role of Socially Prescribed Perfectionism in the Link between Perceived Racial Discrimination and African American Adolescents' Depressive Symptoms", *Journal of Abnormal Child Psychology* 42 (2014): 577–87, <https://doi.org/10.1007/s10802-013-9814-0>.
9. Entrevista com as autoras, 3 de dezembro de 2020.
10. Michael Brustein, citado em Olga Khazan. "The Problem with Being Perfect", *The Atlantic*, 5 de novembro de 2018, <www.theatlantic.com/health/archive/2018/11/how-perfectionism-can-be-destructive/574837>.
11. Entrevista com as autoras, 13 de dezembro de 2020.
12. Entrevista com as autoras, 3 de dezembro de 2020.
13. Entrevista com as autoras, 5 de dezembro de 2020.
14. Williams. "Why Perfectionism Is So Damaging."
15. Amanda Ruggeri. "The Dangerous Downsides of Perfectionism", *BBC*, 21 de fevereiro de 2018, <www.bbc.com/future/article/20180219-toxic-perfectionism-is-on-the-rise>.
16. Entrevista com as autoras, 12 de dezembro de 2020.
17. Lavinia E. Damian *et al.* "On the Development of Perfectionism: The Longitudinal Role of Academic Achievement and Academic Efficacy", *Journal of Personality* 85, n. 4 (agosto de 2017): 565–77, <https://doi.org/10.1111/jopy.12261>.

18. Aurélien Graton; François Ric. "How Guilt Leads to Reparation? Exploring the Processes Underlying the Effects of Guilt", *Motivation and Emotion* 41 (2017): 343–52, <https://doi.org/10.1007/s11031-017-9612-z>.
19. Brené Brown, *Daring Greatly* (New York: Avery, 2015).
20. Entrevista com as autoras, 3 de dezembro de 2020.
21. Jessica Pryor, citada em Khazan. "Problem with Being Perfect".
22. Christina Chwyl, Patricia Chen; Jamil Zaki. "Beliefs about Self-Compassion: Implications for Coping and Self-Improvement", *Personality and Social Psychology Bulletin* 47, n. 9 (setembro de 2021), <https://doi.org/10.1177/0146167220965303>.
23. Paul Hewitt, citado em Christie Aschwanden. "Perfectionism Is Killing Us", *Vox*, 5 de dezembro de 2019, <www.vox.com/the-highlight/2019/11/27/20975989/perfect-mental-health-perfectionism>.
24. Aaron J. Nurick. "Good Enough Can Be Great", *Harvard Business Review*, 12 de agosto de 2011, <https://hbr.org/2011/08/good-enough-can-be-great>.
25. Entrevista com as autoras, 12 de dezembro de 2021.
26. Entrevista com as autoras, 5 de dezembro de 2021.
27. Entrevista com as autoras, 20 de setembro de 2020.
28. Entrevista com as autoras, 27 de junho de 2021.
29. Entrevista com as autoras, 3 de dezembro de 2020.
30. Entrevista com as autoras, 8 de dezembro de 2020.
31. Entrevista com as autoras, 7 de dezembro de 2020.
32. Benedict Carey. "Unhappy? Self-Critical? Maybe You're Just a Perfectionist", *The New York Times*, 4 de dezembro de 2007, <www.nytimes.com/2007/12/04/health/04mind.html>.
33. David Robson. "The Four Keys That Could Unlock Procrastination", *BBC*, 5 de janeiro de 2021, <www.bbc.com/worklife/article/20201222-the-four-keys-that-could-unlock-procrastination>.
34. Ellen J. Langer; Alison I. Piper. "The Prevention of Mindlessness", *Journal of Personality and Social Psychology* 53, n. 2 (1987): 280–87, <https://doi.org/10.1037/0022-3514.53.2.280>.
35. Entrevista com as autoras, 20 de setembro de 2020.
36. Entrevista com as autoras, 3 de agosto de 2021.
37. Melody Wilding. "Stop Being So Hard on Yourself", *Harvard Business Review*, 31 de maio de 2021, <https://hbr.org/2021/05/stop-being-so-hard-on-yourself>.

CAPÍTULO 6: DESESPERO

1. Bruce Bower. "'Deaths of Despair' Are Rising. It's Time to Define Despair", *Science News*, 2 de novembro de 2020, <www.sciencenews.org/article/deaths-of-despair-depression-mental-health-covid-19-pandemic>.
2. William E. Copeland *et al.* "Associations of Despair with Suicidality and Substance Misuse among Young Adults", *JAMA Network Open* 3, n. 6 (23 de junho de 2020), <https://jamanetwork.com/journals/jamanetworkopen/fullarticle/2767515>.

3. Bower. "'Deaths of Despair' Are Rising".
4. Shayla Love. "More People Are Feeling Despair and It Might Be Killing Us", *VICE*, 22 de abril de 2019, <www.vice.com/en/article/kzmajw/more-people-are-feeling-despair-and-it-might-be-killing-us>.
5. Equipe da Mayo Clinic. "Suicide: What to Do When Someone Is Suicidal", Mayo Clinic, 31 de janeiro de 2018, <www.mayoclinic.org/diseases-conditions/suicide/in-depth/suicide/art-20044707>.
6. Andrew Solomon. *The Noonday Demon: An Atlas of Depression*. Nova York: Scribner, 2015), 55.
7. Entrevista com as autoras, 20 de setembro de 2020.
8. Lori Gottlieb. *Maybe You Should Talk to Someone: A Therapist, Her Therapist, and Our Lives Revealed*. Nova York: Houghton Mifflin Harcourt, 2019, 344.
9. David Kessler, citado em Elizabeth Bernstein. "How to Move Forward after Loss", *The Wall Street Journal*, 6 de abril de 2021, <www.wsj.com/articles/finding-meaning-as-we-grieve-a-year-of-pandemic-loss-11617724799>.
10. GSnow reply to u/[deleted], "My friend just died. I don't know what to do", Reddit, 14 de maio de 2011, <www.reddit.com/r/Assistance/comments/hax0t/my_friend_just_died_i_dont_know_what_to_do/c1u0rx2>.
11. Entrevista com as autoras, 1º de junho de 2021.
12. Alan Morinis. *Everyday Holiness: The Jewish Spiritual Path of Mussar*. Boston: Trumpeter Books, 2007.
13. Entrevista com as autoras, 17 de janeiro de 2021.
14. Molly Flinkman. "Polished Pain", *Coffee+Crumbs*, 22 de junho de 2021, <www.coffeeandcrumbs.net/blog/2021/6/22/polished-pain>.
15. Summer Luk. "How I Forgave My Parents' Rejection When I Came Out as Transgender", *Teen Vogue*, 16 de junho de 2017, <www.teenvogue.com/story/how-i-forgave-my-parents-transgender>.
16. Dira M. "Meet Tik Tok content creator Summer Luk", *The Knockturnal*, 22 de julho de 2021, <https://theknockturnal.com/exclusive-meet-tik-tok-content-creator-summer-luk-interview>.
17. Christine Miserandino. "The Spoon Theory", *But You Don't Look Sick?*, 2003, <https://butyoudontlooksick.com/articles/written-by-christine/the-spoon-theory>.
18. Meghan O'Rourke. "What's Wrong with Me?" *The New Yorker*, 19 de agosto de 2013, <www.newy orker.com/magazine/2013/08/26/whats-wrong-with-me>.
19. Glynnis MacNicol. *No One Tells You This: A Memoir*. Nova York: Simon & Schuster, 2018, 94, 65.
20. Sarah Manguso. *Ongoingness: The End of a Diary*. Londres: Picador, 2018, 41.
21. Joy Ekuta. "Please Stop Asking Me, 'How Are You Doing?'" *Medium*, 2 de junho de 2020, <https://medium.com/@joyekuta>.
22. Entrevista com as autoras, 28 de março de 2021.

23. Ashleigh Reddy. "A Look Into Our History", *HellaJuneteenth*, <www.hellajuneteenth.com/juneteenth-history>.
24. Joan D. Chittister. *Scarred by Struggle, Transformed by Hope*. Grand Rapids, MI: William B. Eerdmans, 2005, 63.

CAPÍTULO 7: ARREPENDIMENTO

1. Jason G. Goldman. "Why Bronze Medalists Are Happier Than Silver Winners", *Scientific American*, 9 de agosto de 2012, <https://blogs.scientificamerican.com/thoughtful-animal/why-bronze-medalists-are-happier-than-silver-winners>.
2. Anne Lamott. *Stitches: A Handbook on Meaning, Hope and Repair*. Nova York: Riverhead Books, 2013, 87.
3. Søren Kierkegaard. *Either/Or: A Fragment of Life*, ed. Victor Eremita, trans. Alistair Hannay. Londres: Penguin Books, 2004 (originalmente publicado em 1843), 54.
4. Susan B. Shimanoff. "Commonly Named Emotions in Everyday Conversations", *Perceptual and Motor Skills* 58, n. 2 (1984): 514, <https://doi.org/10.2466/pms.1984.58.2.514>.
5. Lila MacLellan. "A New Study on the Psychology of Persistent Regrets Can Teach You How to Live Now", *Quartz at Work*, 10 de junho de 2018, <https://qz.com/work/1298110/a--new-study-on-the-psychology-of-persistent-regrets-can-teach-you-how-to-live-now>.
6. Giorgio Coricelli *et al.* "Regret and Its Avoidance: A Neuroimaging Study of Choice Behavior", *Nature Neuroscience* 8 (setembro de 2005): 1255–62, <https://doi.org/10.1038/nn1514>.
7. David Whyte. "Ideas for Modern Living: Regret", *The Guardian*, 25 de julho de 2010, <www.theguardian.com/lifeandstyle/2010/jul/25/david-whyte-ideas-modern-living-regret>.
8. Michael Craig Miller. "Go Ahead, Have Regrets", *Harvard Business Review*, 6 de abril de 2009, <https://hbr.org/2009/04/go-ahead-have-regrets>.
9. Colleen Saffrey; Amy Summerville; Neal J. Roese. "Praise for Regret: People Value Regret above Other Negative Emotions", *Motivation and Emotion* 32 (março de 2008): 46–54, <https://doi.org/10.1007/s11031-008-9082-4>.
10. Sugar [Cheryl Strayed], "Dear Sugar, *The Rumpus* Advice Column #71: The Ghost Ship That Didn't Carry Us", *The Rumpus*, 21 de abril de 2011, <https://therumpus.net/2011/04/dear-sugar-the-rumpus-advice-column-71-the-ghost-ship-that-didnt-carry-us>.
11. Cheryl Strayed. *Brave Enough*. Nova York: Penguin Random House, 2015, 22.
12. Colin Jost. *A Very Punchable Face: A Memoir*. Nova York City: Crown, 2020, 304.
13. Thomas Gilovich; Victoria Husted Medvec. "The Experience of Regret: What, When, and Why", *Psychological Review* 102, n. 2 (1995): 379–95, <https://doi.org/10.1037/0033-295x.102.2.379>.
14. Entrevista com as autoras, 15 de agosto de 2021.
15. Entrevista com as autoras, 30 de dezembro de 2020.
16. Entrevista com as autoras, 20 de setembro de 2020.

17. Mr. SponsorPants. "Mr. SponsorPants' Guide on How to Not Regret the Past nor Wish to Shut the Door on It", *Mr. SponsorPants (blog),* 11 de setembro de 2008, <https://mrsponsorpants.typepad.com/mr_sponsorpants/2008/09/mr-sponsorpan-3.html>.
18. Alcoholics Anonymous. "The Twelve Steps of Alcoholics Anonymous", revisão de agosto de 2016, <www.aa.org/assets/en_US/smf-121_en.pdf>.
19. Harold S. Kushner. *Nine Essential Things I've Learned about Life.* Nova York: Anchor Books, 2016, 54.
20. Gilovich e Medvec. "Experience of Regret".
21. Gilovich e Medvec. "Experience of Regret".
22. Entrevista com as autoras, 31 de dezembro de 2020.
23. Hongmei Gao *et al.* "Regret Causes Ego-Depletion and Finding Benefits in the Regrettable Events Alleviates EgoDepletion", *Journal of General Psychology* 141, n. 3 (2014): 169–206, <https://doi.org/10.1080/00221309.2014.884053>.
24. Charles Duhigg. "'We Don't Really Have Language for Telling the Truth about Parenting': Cheryl Strayed Helps a How To! Listener Decide Whether to Have a Baby", *Slate*, 5 de outubro de 2019, <https://slate.com/human-interest/2019/10/cheryl-strayed-making-decision-have-kids-how-to.html>.
25. Augusten Burroughs. *This Is How: Proven Aid in Overcoming Shyness, Molestation, Fatness, Spinsterhood, Grief, Disease, Lushery, Decrepitude & More. For Young and Old Alike.* Nova York: Picador, 2012, 171–72.
26. Jost. *A Very Punchable Face*, 305.

CONCLUSÃO

1. Richard Tedeschi; Lawrence Calhoun. "The Posttraumatic Growth Inventory: Measuring the Positive Legacy of Trauma", *Journal of Traumatic Stress*, julho de 1996, <https://pubmed.ncbi.nlm.nih.gov/8827649>.
2. Rainer Maria Rilke. Letter VIII, *Letters to a Young Poet*, trans. A. S. Kline, *Poetry in Translation*, <www.poetryintranslation.com/PITBR/German/RilkeLetters.php#anchor_Toc58662123>.

Índice

C

D

E

F

G

H

I

Q

R

S

T

V

Z

Este livro foi impresso nas oficinas gráficas da Editora Vozes Ltda.,
Rua Frei Luís, 100 – Petrópolis, RJ.